Petra Skibbe und Joachim Skibbe

Backen nach Ayurveda

Kuchen, Torten & Gebäck

Petra Skibbe und Joachim Skibbe

Backen nach Ayurveda

Kuchen, Torten & Gebäck

eifrei & vollwertig

pala verlag

Backen nach Ayurveda erhebt nicht den Anspruch eines Heilbuches, das konkrete Diätvorschläge zum Ausgleich bestimmter Beschwerden und Krankheiten anbietet. Die Informationen dieses Buches können die Diagnose und Hilfe eines Arztes bzw. Heilpraktikers nicht ersetzen.

Inhaltsverzeichnis

Backen nach Ayurveda

Unsere Ernährung ist längst nicht mehr allein unsere Privatsache. In einer Welt mit steigender Umweltzerstörung, Gentechnologie und Fabriknahrung ist die ethische Küche, die den Menschen als Teil der kosmischen Ordnung sieht und versucht, wieder in Harmonie mit Natur, Mensch und Tier zu leben, ein erster wichtiger Schritt.
Backen nach Ayurveda will den Menschen wieder mit den Prinzipien des altindischen Ayurveda, der ältesten ganzheitlichen Heil- und Lebenskunde der Erde, vertraut machen. Backen nach den Prinzipien des Ayurveda heißt vollwertig, vegetarisch und eifrei backen. Ebenso selbstverständlich für die Küche nach Ayurveda-Prinzipien sind phosphatfreie Triebmittel und Vollrohrzucker bzw. Jaggery und Gur als gesunde Süßungsmittel. Selbst die Warnung, dass Honig nicht erhitzt werden sollte, stammt aus dem 5.000 Jahre alten Ayurveda.
Harmonie beginnt in der Küche. Denn Backen nach Ayurveda-Prinzipien ist eine Kunst und gleichzeitig eine Wissenschaft. Es ist eine Kunst, wenn die Köchin oder der Koch inspiriert und mit großer Hingabe ein neues Gericht ersinnt und voller Kreativität einen neuen Geschmack, eine neue Kombination findet. Und Backen wird zur Wissenschaft, wenn die Köchin oder der Koch um die Wirkung und Eigenart der einzelnen Zutaten und ihrer Verwendung in der Küche weiß. Ayurveda-Ernährung heißt Ernährung im Einklang mit den Naturgesetzen. Die Kenntnis von Vollwertigkeit, Nährwert und Nahrungsgleichgewicht, Gewaltfreiheit und Liebe beruht auf Wissen. Wer nach diesem Wissen auch in der Küche handelt, erfreut nicht nur den Gaumen, sondern auch die physische und psychische Gesundheit von sich und seiner ganzen Familie.
Möge dieses Buch den Leserinnen und Lesern nicht nur ein reines Backbuch sein, sondern auch ein Lesebuch und vielleicht sogar ein Lebensbuch, aus dem sie Denkanstöße ziehen und in ihr Leben einbauen können. Dann betrachten wir unsere Gedanken, Bemühungen und Zeit, die wir die vergangenen fünf Jahre investiert haben, als erfolgreich.

Danke!

Wir möchten uns bei all denen bedanken, die uns durch Rezepte, Tipps und Ermutigungen bei der Arbeit an diesem Buch unterstützt haben. Ein ganz besonderer Dank geht an unsere verschiedenen Lehrer, ohne die dieses Buch nicht entstanden wäre.

Die Prinzipien des Ayurveda

Ayurveda, wörtlich »die Wissenschaft des Lebens«, ist die älteste der Menschheit bekannte Medizin und Heilkunst. Ursprünglich mündlich überliefert, wurde diese Heilkunde vor 5.000 Jahren im *Atharva-Veda,* einer der vier Überlieferungen der uralten indischen Hochkultur, schriftlich festgehalten. Ayurveda ist eine ganzheitliche Heilkunde, er sieht und behandelt den Menschen als Einheit von Körper, Geist und Seele, eingebunden in eine höhere Ordnung. Seine Therapieformen beinhalten Diätetik, Kräuterheilkunde, Edelsteintherapie, Yoga, Hygienik usw. und werden in acht Bereichen angewandt: Innere Medizin, Chirurgie, Hals-Nasen-Ohren-Augen-Heilkunde, Kinder- und Frauenheilkunde, Psychiatrie, Toxikologie, Vajikarana (Wissenschaft der Aphrodisiaka) und Rasayana (Wissenschaft der Verjüngung). Die noch heute erhaltenen bedeutendsten Ayurveda-Kommentare sind die *Carak Samhita* und *Susruta Samhita.*

Essen als Medizin

Ebenfalls bis heute erhalten geblieben sind die Empfehlungen für richtige, individuelle Ernährung und gute Verdauung – nach dem Ayurveda die Eckpfeiler der Gesundheit. Eine gesunde Ernährung setzt sich aus vielen verschiedenen Faktoren zusammen, wie der richtigen Kombination, Menge und Zubereitung der Nahrungsmittel und des richtigen Rhythmus der Nahrungsaufnahme. Der Ayurveda ist ein ganzheitliches Heilsystem. Aus diesem Grund achtet man auch auf die rechte Zeit, den geeigneten Ort für die Mahlzeit und die richtige Stimmung der Person, die das Essen zubereitet. Außerdem sollte die Nahrung der Jahreszeit, dem Klima, dem Alter, der Konstitution, dem Gesundheits- bzw. Krankheitszustand angepasst sein und geistiger bzw. körperlicher Arbeit Rechnung tragen.

Nahrung, die vegetarisch, vollwertig, frisch, saftig, fetthaltig, schmackhaft und bekömmlich ist, wird als sattvisch (rein) bezeichnet und verleiht Kraft, Gesundheit und erfreut das Herz (s. *Die Kunst des Backens,* S. 34). Idealerweise sollte jede Mahlzeit alle sechs Geschmacksrichtungen (Süß, Sauer, Salzig, Scharf, Bitter, Zusammenziehend) enthalten.

Die drei Doshas (Bioenergien)

Das ganzheitliche Heilsystem des Ayurveda basiert auf einem universalen Naturgesetz: Der Aufrechterhaltung des harmonischen Gleichgewichts der fünf Elemente Äther, Luft, Feuer, Wasser und Erde, aus denen der gesamte Kosmos und alles darin Existierende zusammengesetzt ist.

Der menschliche Körper ist das mikrokosmische Abbild des Makrokosmos »Universum«. Sind alle fünf Elemente im Gleichgewicht, so ist der menschliche Körper gesund. Geraten aber eines oder mehrere dieser fünf Elemente aufgrund ungeeigneter Ernährungsweise, schlechter Verdauung oder falschen Lebenswandels aus der Balance, so entstehen verschiedene Störungen und

Krankheiten, die sich auf der psychischen oder körperlichen Ebene manifestieren. Nach dem Ayurveda werden die fünf Elemente des Körpers durch drei feinstoffliche Bioenergien, die Doshas, intakt gehalten. Die drei Doshas heißen **Vata, Pitta** und **Kapha.**

Vata herrscht über das Gleichgewicht der Äther- und Luftelemente, **Pitta** entspricht dem Feuer- und Wasserelement und **Kapha** ist für die Wasser- und Erdelemente verantwortlich. Befinden sich diese drei Doshas in harmonischem Gleichgewicht zueinander (durch typgerechte Ernährung etc.), so führt dies zu psychischer und physischer Gesundheit. In jedem individuellen Organismus nehmen die drei Doshas unterschiedliche Anteile ein, was zu der charakteristischen Vielfalt der unterschiedlichen körperlichen Erscheinungen führt.

Vata-(Luft-) Typen beklagen sich häufig über Beschwerden wie Trockenheit, Schmerzen, Steifheit, Mangelerscheinungen, Nervosität, geistige Unausgeglichenheit und Ängste. Sie sollten auf eine nahrhafte, beruhigende und »erdige« Diät achten. Ihre Speisen sollten warm, schwer, flüssig, stärkend und von salzigem, saurem und süßem Geschmack sein.

Wer einen großen **Pitta-(Feuer-)**Anteil in seinem Körper besitzt und nun zu viel scharfe, saure oder salzige Nahrungsmittel zu sich nimmt, verstärkt die Hitze seines Organismus nur noch mehr. Über kurz oder lang wird er sein Feuerelement stören. Fleisch, Fisch, Eier, Geflügel, Alkohol und Zigaretten beispielsweise sind für alle Typen gesundheitsschädlich, speziell aber für Pitta-Typen, da sie außerordentlich er-

Die drei Doshas

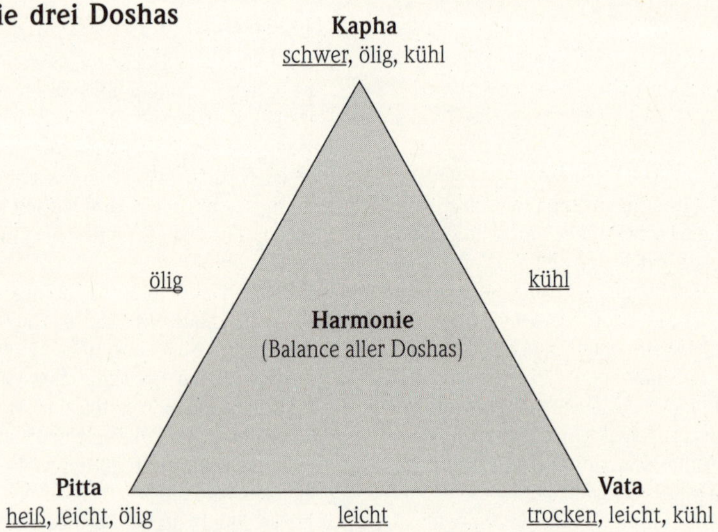

hitzende Eigenschaften haben. Auf der psychischen Ebene aktivieren sie negative Pitta-Eigenschaften wie Egoismus und Aggression. Auf der körperlichen Ebene kann es zu Fieber, Sodbrennen, Hautkrankheiten, Leberproblemen, vorzeitigem Ergrauen der Haare usw. kommen. Nimmt ein Pitta-Typ nun süße, bittere und zusammenziehende Nahrungsmittel zu sich, die eine kühlende Wirkung auf den Körper ausüben, so wird das Feuerelement auf seine normale Funktion reduziert.

Kapha-(Erd-)Typen schließlich neigen zu Husten, Erkältungen, Bronchitis und fühlen sich oft müde, schlapp und unzureichend durchblutet. Sie sollten eine Kapha reduzierende Diät einhalten mit Speisen, die warm, leicht, trocken und von scharfem, bitterem und zusammenziehendem Geschmack sind. Ideale Essenszeiten für Kapha-Typen liegen zwischen 10 Uhr morgens und 18 Uhr abends. Außerdem empfiehlt der Ayurveda ihnen einen Fastentag pro Woche. Das fördert die Verdauungskapazität und verbrennt überschüssiges Fett.

Die Übersicht auf den folgenden Seiten vermittelt Ihnen ein allgemeines Bild von den drei Konstitutionen.

Die drei Doshas (Konstitutionstypen)

Hauptelement	Vata Luft/Äther	Pitta Feuer/(Wasser)	Kapha Wasser/Erde
Funktion im Körper	Bewegung, Atmung, Ausscheidung, Freude/Schmerz	Körperwärme, Verdauung, Stoffwechsel, Farbe, Auffassungsgabe	Stabilität, Schutz, Schmierfähigkeit/Öligkeit, Widerstandskraft
Eigenschaften	trocken, leicht, kühl, beweglich, rau, hart	ölig, fettig, leicht, heiß, beweglich, flüssig, weich	ölig, fettig, schwer, kühl, statisch, klebrig, weich
Körperbau	schlank bis unterentwickelt, zu groß oder klein, Hände und Füße meist kalt, Knochen u. Venen treten hervor	schlank bis athletisch, schwitzt viel	gut entwickelt bis Übergewicht, rundes Gesicht, Venen nicht sichtbar, kräftig, ausdauernd, allgemein gutes Immunsystem
Haut	trocken, rau, kühl, rissig, dunkel	ölig, weich, warm, hell, rot, gelblich	ölig, fest, kühl, blass, weiß
Haare	lockig, schwarz, alle Zwischentöne (z. B. aschblond), trocken	fein, weich, rotblond, kupferrot, früh grau u. Geheimratsecken	fettig, kräftig, gewellt, hell oder dunkel
Augen	klein, stumpf, trocken, grau/graublau	durchdringend, kupferbraun, grün, gelber Rand der Iris	anziehend, groß, blau, dunkelbraun, »Rehaugen«
Nase	gebogen, dünn	ausgeprägt, gerade	fleischig, groß
Zähne	vorstehend, krumm, klein, oft bräunlich, Zahnfleischschwund	durchschnittliche Größe, rosa Zahnfleisch	stark, weiß, groß, weißliches Zahnfleisch
Appetit/Durst	eher wenig bis veränderlich, unregelmäßig, vergisst zu trinken	gut bis übermäßig, isst und trinkt oft	gleichmäßig, wenig Durst

Haupt-element	Vata Luft/Äther	Pitta Feuer/(Wasser)	Kapha Wasser/Erde
Essen bevorzugt	süß, sauer, salzig	süß, bitter, zusammenziehend	scharf, bitter, zusammenziehend
Aus-scheidung	trocken, hart, Verstopfungsneigung	weich, ölig, locker, viel	zäh, ölig, schwer
Energie	überaktiv	aktiv, gezielt energetisch	reguliert, langsam, beständig
Aufnahme-fähigkeit	schnell, schlechtes Kurz- und Langzeitgedächtnis	selektiv, gutes Kurzzeitgedächtnis, selektives Langzeitgedächtnis	langsam, extrem gutes Kurzzeitgedächtnis, gutes Langzeitgedächtnis
Sprache	schnell, abschweifend	guter Redner, provokant, sarkastisch	langsam, überlegt
Gemüt/ Wesen	kreativ, musisch, aktiv, gesprächig, flexibel, offen	intelligent, analytisch, ehrgeizig, ordentlich, erfinderisch	tolerant, ruhig, geduldig, fürsorglich, sanftmütig
Überzeugung	liberal bis veränderlich	fixiert bis fanatisch	stetig bis konservativ
Schlaf	weniger als 6 Stunden, unterbrochen	6 – 8 Stunden, tief, träumt viel	mehr als 8 Stunden, schwer
Finanzen	verdient schnell, gibt es schnell aus	durchschnittlich, gibt es für Luxus aus	spart, vermögend, gibt es für Essen aus
Krankheits-neigung	psych. Beschwerden, Ängste, Trockenheit, Schmerz, Steifheit, Schlaflosigkeit, Kopfschmerzen, Verstopfung, Blähungen, Nervosität, Erschöpfung	entzündliche Erkrankungen, z. B. Gastritis, Hepatitis, Magenbrennen, Brennen im Körper, übler Körpergeruch, Hautkrankheiten, Bluthochdruck, Reizbarkeit, Eifersucht, Jähzorn	Übergewicht, Ansammlung von Gift- und Schlackenstoffen, Diabetes, Husten, Bronchitis, Erkältung, Müdigkeit, Ödeme, Depression, Lethargie, Gier
positiver ausge-wogener Zustand (Sattva)	enthusiastisch, innovativ, kommunikativ, Sinn für Einheit aller Menschen, gute Heiler, Musiker, Künstler	intelligent, klar erfassend, selbstständig, mutig, gute Manager und Leiter	ruhig, stabil, konsequent, loyal, vergebend, zufrieden, unterstützend, liebevoll, Berufe in Verwaltung, Medizin, Erziehung

Die sechs Geschmacksrichtungen (Rasas)

Wie alles im Kosmos bestehen auch unsere Nahrungsmittel aus den fünf Elementen. Sie setzen sich aus sechs Geschmacksrichtungen (oder Rasas) zusammen:

Rasa	**Elemente**
1. süß (madhura)	Erde + Wasser
2. sauer (amla)	Erde + Feuer
3. salzig (lavana)	Wasser + Feuer
4. scharf (katu)	Luft + Feuer
5. bitter (tikta)	Luft + Äther
6. zusammenziehend, herb (kashaya)	Luft + Erde

Wer sich über seinen Ayurveda-Konstitutionstyp im klaren ist (im Zweifelsfall lieber einen Ayurveda-Therapeuten fragen), kann sich anhand der unten stehenden Tabellen informieren, welche Nahrungsmittel seine Gesundheit fördern bzw. welche Nahrungsmittel er eher meiden sollte. Die folgenden Tabellen zeigen die vorherrschende Hauptwirkung der einzelnen Nahrungsmittel:

Vata-Typ

Empfohlen: süß, sauer, salzig, mäßig scharf (aber nicht *zu* scharf), d. h. Nahrungsmittel, die Kapha und Pitta vermehren.
Reduzieren: bitter, zusammenziehend (da Vata vermehrend).
Menschen mit Vata-Konstitution sollten bittere und zusammenziehende Substanzen im Übermaß meiden. Diese verstärken sonst ihr Luft-Element und können zu Vata-Beschwerden wie Blähungen, Trockenheit etc. führen.

Pitta-Typ

Empfohlen: süß, bitter, zusammenziehend, d. h. Nahrungsmittel, die Kapha und Vata vermehren.
Reduzieren: sauer, scharf, salzig (da Pitta vermehrend).

Kapha-Typ

Empfohlen: scharf, bitter, zusammenziehend, d. h. Nahrungsmittel, die Pitta und Vata vermehren.
Reduzieren: süß, sauer, salzig (da Kapha vermehrend).

Kapha vermehrend (* = sanft vermehrend)

Milchprodukte	**Früchte**	**Gemüse/ Hülsenfrüchte**	**Getreide**	**Nüsse/ Ölsamen**	**Gewürze/ Süßungsmittel**
Milch	Bananen (reif)	Zucchini	Weizen	Pinienkerne	Meersalz
Süßrahmbutter	Pflaumen	Kürbis*	Dinkel*	Cashewnüsse*	Vanille*
Quark	Trauben (süß)	Gurken	Hafer*	Walnüsse	Carob
Sahne	Melonen	Tomaten	Vollkornflocken	Haselnüsse	Vollrohrzucker
Käse	Orangen (süß)	Avocados	(Vollkorn-) Nudeln	Pistazien	Jaggery/Gur
Ghee	Pfirsiche*	Auberginen	(Vollkorn-) Reis	Sesam	Honig (vor weniger als 6 Monaten abgefüllt)
Panir	Ananas (süß)	(Süß-)Kartoffeln	Wildreis*	Mohn	Ahornsirup
Tofu	Feigen (frisch)	Spinat*		Erdnüsse	
Sojadrink	Datteln (frisch)	Urad Dal			
Reismilch	Kokos (frisch)				
	Papayas				
	Mangos*				
	Rhabarber				

Pitta vermehrend *(* = sanft vermehrend)*

Milchprodukte	Früchte	Gemüse/ Hülsenfrüchte	Getreide	Nüsse/ Ölsamen	Gewürze/ Süßungsmittel
Sauerrahmbutter Quark* Joghurtquark* Joghurt* saure Sahne	alle sauren Früchte, Beeren Aprikosen (sauer) Kirschen (sauer) Orangen (sauer) Pflaumen (sauer) Papayas (reif) Johannisbeeren (zu viel Johannisbeeren vermehren Vata) Erdbeeren* Himbeeren* Rhabarber	Karotten (roh) Tomaten Radieschen Rettich Rote Bete (roh) Auberginen* Paprika Meerrettich Rucola*	Hirse Buchweizen Mais Roggen Amaranth* Quinoa* Wildreis* Hafer*	Pistazien Sesam Erdnüsse* Walnüsse* Haselnüsse*	Chili Ingwerpulver Salinensalz schwarzer Pfeffer Muskat Senfkörner Asafötida Anis, Nelken Kümmel* Zimt*, Rosmarin* Thymian* Kresse* Bockshornklee* Kardamom* Vanille*

Vata vermehrend *(* = sanft vermehrend)*

Milchprodukte	Früchte	Gemüse/ Hülsenfrüchte	Getreide	Nüsse/ Ölsamen	Gewürze/ Süßungsmittel
	Äpfel (herb) Bananen (unreif) Trockenfrüchte Ananas (fest)	Blattsalat Kohl Brokkoli Blumenkohl Erbsen* Kichererbsen Bohnen Linsen Kartoffeln* Spinat* Grüne Bohnen*	alle industriell verarbeiteten Getreide (z. B. Haferflocken) Gerste* geschälter weißer Reis* Buchweizen Mais Roggen* Auszugsmehle	Kokosraspel* Cashewnüsse (ungeröstet) Mandeln* (ungehäutet) Erdnüsse	Bockshornklee* herbe Kräuter: Borretsch Petersilie* Löwenzahn Giersch Brennnessel Sprossen

Förderlich für alle Dosha-Typen *(** = in Maßen)*

Milchprodukte	Früchte	Gemüse/ Hülsenfrüchte	Getreide	Gewürze	Süßungsmittel	Öle/ Ölsamen
Buttermilch**	Zitronen** Kirschen (süß) Aprikosen (süß) Birnen (süß) Rosinen (eingeweicht) Granatäpfel (süß) Äpfel (gekocht)	Spargel Rote Bete (gekocht) Okra Mungsprossen Artischocken Mung Dal	Basmati-Reis	Kardamom Kurkuma Dill Steinsalz Rosenwasser Kreuzkümmel frischer Ingwer Koriander Fenchel, Safran frische Korianderblätter	Birnen-/ Apeldicksaft Honig (vor mehr als 6 Monaten abgefüllt)	Olivenöl* Sonnenblumenöl Sonnenblumenkerne Mandeln (eingeweicht + enthäutet) Kürbiskerne Mandelmilch Leinsamen

Ernährung im Wechsel der Jahreszeiten

Der Wechsel der Jahreszeiten beeinflusst nicht nur die Natur, sondern auch unseren Organismus und unsere Verdauung. Entsprechend den vier Jahreszeiten empfehlen Ayurveda-Ärzte unterschiedliche Nahrungsmittel:

Frühling – Kapha vorherrschend

(Empfehlenswert:
Kapha reduzierende Speisen)
Der Frühling ist die Jahreszeit der Reinigung. Jetzt will sich der Körper von den angesammelten Gift- und Schlackenstoffen des Winters befreien. Durch das Wetter (Feuchtigkeit und Frühjahrsregen) wird Kapha verstärkt, zugleich wird das Verdauungsfeuer *(Agni)* im Magen schwächer.
Jetzt helfen kurze Fastentage und eine Ernährung, die Agni energetisiert und somit den Körper reinigt.
Diese Vorgänge werden durch Nahrungsmittel wie Dinkel, Buchweizen, Äpfel, Birnen, Asafötida, Bockshornklee (gut für Haut und Haare), Karotten, Ingwer, Cumin (Kreuzkümmel), Senfkörner, alle Linsensorten (Dal) und auch kleine Mengen Ghee unterstützt. Kaltgeschleuderter Honig, der älter als sechs Monate ist, ist ebenfalls sehr zu empfehlen, da er Kapha vermindert und Körper und Geist Energie verleiht.
Einen Bogen sollten Sie um schwere und ölige Speisen machen. Auch Salz sollten Sie nur in kleinen Mengen zu sich nehmen.

Sommer – Pitta vorherrschend

(Empfehlenswert:
Pitta reduzierende Speisen)
Die Wärme des Sommers beeinflusst vor allem Agni. Das Verdauungsfeuer im Magen und Körperinneren vermindert sich, unter der Haut verstärkt es sich aber (Schweißbildung). Schwer verdauliche Speisen kann der Körper nur mit viel Energieaufwand verarbeiten.
Gut ist es jetzt, mehr zu trinken und leicht Verdauliches zu essen. Eisgekühlte Getränke empfiehlt der Ayurveda allerdings niemals. Sie mögen vielleicht im ersten Augenblick angenehm erscheinen, reduzieren aber das ohnehin schwache Verdauungsfeuer im Magen noch mehr, das die Getränke erst erwärmen muss. Im Sommer sind zimmertemperierte oder warme Getränke die Flüssignahrung der Wahl. Zu ihrer Aromatisierung greift man gerne auf die kühlenden Eigenschaften von Rosenwasser zurück. Auch Joghurt-Zubereitungen, wie Lassi (Getränk aus Joghurt und Wasser) oder Raita (Salat auf Joghurtbasis), sind ideale Sommerköstlichkeiten. Joghurt regt nämlich nicht nur das Verdauungsfeuer im Magen an, sondern übt in seiner sekundären Wirkung einen kühlenden Effekt auf den gesamten Körper aus. Einen günstigen Einfluss haben jetzt auch alle Beerenfrüchte, gelagerter Reis und Weizen, alle wässrigen und weichen Gemüsesorten und Blattgemüse sowie Gewürze, die Agni im Magen anregen. Die kühlenden Eigenschaften der Minze werden gerade im Sommer zum Verzieren und Würzen von Fruchtsalaten, Salaten, Torten (s. a. Erdbeer-Sahne-Rolle S. 111), Pfefferminz-Chutney etc. genutzt.

Dagegen sollten im Sommer saure, beißend scharfe und zu salzige Geschmacksrichtungen weitestgehend vermieden werden.

Herbst – Vata und Kapha vorherrschend
(Empfehlenswert:
Vata und Kapha reduzierende Speisen)
Im Herbst werden Vorbereitungen für den Winter nicht nur in Haus und Garten getroffen, sondern auch im eigenen Körper. Zu dieser Zeit beginnt der Organismus Hitze anzusammeln, um sich gegen die bevorstehende Kälte zu schützen. Die kalten Winde und Herbstregen lassen Vata und Kapha vorherrschen. Kurze Fasten- und Reinigungskuren in dieser Zeit fördern diese Umstellung.
Im Herbst helfen scharfe, süße und salzige Nahrungsmittel, Vata und Kapha zu beruhigen. Der mäßige Gebrauch von Milch und Milchprodukten hält gesund und verleiht Energie. Sehr zu empfehlen sind auch Dinkel, Weizen, Mais, Reis, Gerste sowie Trockenfrüchte (wie Datteln, Feigen), Nussmilch, Bananen, Waldbeeren und Gewürze wie schwarzer Pfeffer, Ingwer, Asafötida, Muskat und Koriander.
Einen Bogen sollte man allerdings um herbe oder bittere und saure Nahrungsmittel machen.

Winter – Vata vorherrschend
(Empfehlenswert:
Vata reduzierende Speisen)
Die Wintermonate sind kalt und trocken. Die Härte und Kälte dieser Jahreszeit erhöhen das Luft-(Vata-)Element. Im Körper herrscht jetzt ebenfalls Trockenheit vor – Agni im Körperinneren hat sich verstärkt. Jetzt ist ölhaltige Nahrung das Mittel der Wahl. Selbst schwere Gerichte können im Winter leicht verdaut werden – das ist die ideale Zeit für Nüsse, Ölsamen, Früchtebrote und mit Gewürzen vermischte Trockenfrüchte.
Empfehlenswert sind des Weiteren Weizen (neue Ernte), Dinkel, Buchweizen, Hirse, Mungbohnen, Kartoffeln, Rote Bete, weiße Rüben, Spinat und Weichgemüsesorten. Außerdem warten heiße Milch, Panir (selbst gemachter Frischkäse), Butter, Ghee, Buttermilch, Bananen, Äpfel und Wintergewürze wie Zimt, Nelken, Kardamom, Muskat, Asafötida, Turmerik (Gelbwurz, Kurkuma), Ingwer u. Ä. auf ihren Wintereinsatz. Ebenfalls positiv wirken süße, saure und leicht gesalzene Speisen, da sie Vata verringern. Ölmassagen verschaffen dem Körper im Winter ebenfalls Erleichterung.

Allgemeine Ayurveda-Tipps

Gesundheit ist nach dem Ayurveda nichts Selbstverständliches, sondern muss durch aktive, vorbeugende Maßnahmen erhalten werden. Von den vielen wertvollen Ratschlägen in Bezug auf Ernährung haben wir die wichtigsten herausgegriffen. Wer sie tatsächlich in seinem Leben anwendet, wird die positiven Folgen schon rasch spüren.
Die Speisen sollten nicht nur dem Individuum, sondern auch der Jahreszeit angepasst sein. Und auf bestimmte Nahrungsmittelkombinationen verzichten Sie lieber völlig: In ein und derselben Mahlzeit kombiniert der Ayurveda **kein rohes Obst mit rohem oder gekochtem Gemüse.** Ebenso verträgt sich

Milch nicht mit Salzigem oder Saurem, wie Joghurt bzw. rohen sauren Früchten.
Seien Sie wählerisch, was Ihren **Essplatz** betrifft. Essen Sie nur in einer ruhigen und entspannten Atmosphäre. Hektische Umgebung, Essen an überfüllten Orten mit vielen unbekannten Menschen oder sogar auf der Straße, im Stehen, sind höchst ungesund. Streit oder Aggressionen können einem im wahrsten Sinne des Wortes auf den Magen schlagen. Die Auseinandersetzung lässt ihn schlecht arbeiten, schnürt ihn zu und »vergiftet« ihn regelrecht. Die Speisen werden nur ungenügend verdaut und belasten so über einen längeren Zeitraum den Körper.
Außerdem wird eine Mahlzeit, die **hastig** heruntergeschlungen, ungenügend gekaut, durch andere Tätigkeiten unterbrochen (z. B. durch Fernsehen, Zeitunglesen) oder unaufmerksam gegessen wird, nur ungenügend verdaut. Dies führt zu vermehrten Toxinablagerungen (Ama) im Körper, die auf Dauer die Ursache von vielen Krankheiten werden.
Vermeiden Sie es, direkt vor dem Essen (bis zu einer Stunde vorher) und eineinhalb Stunden nach der Mahlzeit Wasser oder andere **Getränke** zu trinken. Denn dies verdünnt die Verdauungsenzyme und löscht Agni, das Verdauungsfeuer. Die Folge: Krankheiten und Trägheit (Während des Essens jedoch ist Buttermilch in kleinen Mengen empfehlenswert).
Ein wahres Wundermittel bei Magenproblemen ist **Ingwer.** Probieren Sie einmal vor dem Essen, ein kleines Stück frischen Ingwer zu kauen oder eine Scheibe Zitrone mit Salz zu lutschen. Dies regt den Appetit an und fördert die Verdauung.
Eine alte ayurvedische Empfehlung besagt, dass der Magen beim Essen zu einem Drittel mit Speisen, einem Drittel mit Flüssigkeit und einem Drittel mit Luft gefüllt sein soll. Auf diese Weise hat er genügend Platz für seine Bewegungen bei der Verdauungsarbeit.
Achten Sie einmal darauf, wann Sie beim Essen das erste Mal aufstoßen müssen. Dies ist eigentlich der Zeitpunkt, zu **dem der Magen genug hat** (nur meist wollen die Zunge und die Augen noch nicht aufhören, stimmt's?).
Ein **Mittagsschlaf** nach dem Essen ist keine gute Angewohnheit, denn er vermehrt Kapha und führt zu Gewichtszunahme. Fünfminütiges Liegen auf der linken Seite regt aber die Verdauung an.
Wussten Sie, dass man nach einer Mahlzeit vier, besser noch sechs Stunden bis zur **nächsten Nahrungsaufnahme** warten sollte? (Nach einem kleinen und leichten Essen ohne Getreide – z. B. nach Früchten – sollten Sie mindestens zwei Stunden warten.) In westlichen Ernährungslehren ist man sich über diese Zusammenhänge kaum bewusst.
Nimmt man Speisen zu sich, bevor die vorhergehende Mahlzeit vollständig verdaut worden ist, so verwandeln sich die unverdauten Speisereste im Magen und im Darmtrakt in Ama. **Ama** ist die Gesamtheit gesundheitsschädlicher Stoffwechselprodukte, die über den Blutkreislauf im ganzen Körper verbreitet werden und zu Krankheiten aller Art führen.
Symptome wie dicker Zungenbelag, Mundgeruch, Körpergeruch, übler Geruch von Urin und Stuhl, Verstopfung, Reizbarkeit usw. sind Anzeichen, dass

sich im Körper Ama angesammelt hat. Ama ist die Wurzel der meisten chronischen Erkrankungen, wie chronische Erkältungskrankheiten, Fieber, Asthma, Arthritis, und eines schwachen Immunsystems, was Allergien, Heuschnupfen und sogar Krebs nach sich ziehen kann. Nur durch gezielte Therapie und Reinigungskuren (z. B. Pancha-Karma-Kur unter Aufsicht eines ayurvedischen Therapeuten) kann Ama reduziert und ausgeschieden werden. Besser jedoch ist es, es erst gar nicht zu produzieren. Es lohnt sich also, seine schlechten Ess- und »Zwischendurch-Nasch«-Gewohnheiten zu ändern. Unsere Gesundheit wird es uns danken.

Backen ohne Ei – einfach und gesund

Die ayurvedische Küche legt Wert auf sattvische (reine) Lebensmittel, die vegetarisch, vollwertig, frisch, saftig, fetthaltig, schmackhaft und bekömmlich sind. Nur durch eine derartige Ernährung können alle drei Doshas ausgeglichen werden. Tamasische Nahrungsmittel, wie beispielsweise Eier, Fleisch und Fisch, stehen energetisch am tiefsten, da sie nicht nur Fäulnisprozessen ausgesetzt sind, sondern auch mit Gewalt erworben wurden.
Daher ist auch das Backen ohne Eier viel gesünder. Und dabei außerdem kinderleicht. Geschmacklich werden Sie keinen Unterschied zwischen Gebäck mit oder ohne Ei wahrnehmen, doch für Sie und Ihre Familie wird sich eine eifreie und pflanzliche Kost auf vielen Ebenen positiv auswirken. Denn pflanzliche Nahrung enthält nicht nur mehr Vitalstoffe, als es Eier oder Fleisch jemals bieten könnten, sondern hält darüber hinaus auch gesund und jung. Die gesundheitlichen Vorteile pflanzlicher Nahrung wurden unter anderem auch in einer groß angelegten Langzeitstudie des Deutschen Krebsforschungszentrums in Heidelberg zum Krebsrisiko von Vegetariern und Fleischessern bestätigt. Und Gründe, auf Eier in der Ernährung zu verzichten, gibt es wirklich mehr als genug: neben gesundheitlichen auch tierrechtliche, ökologische und ethische.

Fäulnisbakterien, Salmonellen, Antibiotika & Co

Obwohl der Mensch für seine Ernährung nicht auf Eier angewiesen ist, hat sich der jährliche Eiverbrauch seit 1950 fast verdoppelt: Durchschnittlich 219 Eier pro Kopf sind es in Deutschland mittlerweile. Eier kommen auch in verarbeiteter Form auf den Tisch, z. B. in Nudeln, Süßwaren, Speiseeis, Suppen, Mayonnaisen, Fertiggerichten, Würsten, Säften (zum Klären) – und in Gebäck.
Nach den Erkenntnissen des Ayurveda sind Eier schwer verdaulich und belasten über ihre Fäulnisprozesse den ganzen Körper. In der Folge entsteht Ama, gesundheitsschädliche Stoffwechselprodukte, die über den ganzen Körper verbreitet werden.
Die Zersetzung beginnt sofort, nachdem das Ei gelegt ist. Ein Gramm eines »sauberen« Eis enthält bereits zehn- bis fünfzehnmal so viele Fäulnisbakterien wie ein Gramm Kalbsmist! Selbst Kochen und Erhitzen können nicht verhindern, dass diese Stoffe im Körper weiterfaulen und verwesen. Im Dünndarm entstehen durch diese faulige Zersetzung Gase, die zu Stuhlverstopfung, Darmlähmung und sogar zu Darmkrebs führen können. Über Blut und Lymphe können die Giftstoffe weiter zu verschiedenen Organen gelangen und dort ebenfalls gesundheitsschädigend wirken. Eier haben es wirklich in sich.
Der menschliche Körper scheint auf sie nicht eingestellt zu sein.

Fäulnisbakterien pro Gramm

Ei	150 000 000 – 220 000 000 (!)
Fischfleisch	120 000 000
Schweineleber	95 000 000
Hamburgerbeef	75 000 000
Ziegenmist	69 000 000
Pferdemist	25 000 000
Kalbsmist	15 000 000

(Quelle: Gregor Wilz; Die vegetarische Rohkost; S. 81)

Aber damit noch nicht genug: Über 45.000 Menschen erkranken in Deutschland jährlich an Salmonellose, mehr als 30 Fälle davon enden tödlich, insbesondere bei älteren Menschen. Die Hauptursache für diese gefährliche Krankheit ist schnell gefunden: der Verzehr von Eiern, Masthähnchen und Speiseeis. Salmonellen und andere Bakterien und Mikroorganismen befinden sich von Anfang an am oder sogar im Ei. So genannte »Bio-Eier« aus Freilandhaltung und artgerechter Fütterung bilden hier keine Ausnahme. Auch sie enthalten von Anfang an Fäulnisbakterien, Schimmelpilze und Salmonellen, die sich schon vom zweiten Tag an sprunghaft vermehren. Und »frisch« sind sie mit Sicherheit nicht. Im Handel (auch im Biohandel) sind Eier oft sieben Tage alt oder sogar älter.
Eine Vielzahl anderer gesundheitsschädlicher Stoffe kommt noch dazu: Da sich durch die enge Käfig- bzw. Bodenhaltung der Massentierzucht Krankheiten unter den Hühnern zwangsläufig schnell ausbreiten, werden schon vorbeugend Medikamente verabreicht. Die Palette, die der Konsument mit dem Ei gleich kostenlos mitgeliefert bekommt, ist schier endlos: Antibiotika sollen Krankheiten vermeiden, das Wachstum stimulieren und die Legeleistung fördern. Gegen Parasiten und Pilze werden Coccidiostatika und Antihelmintika eingesetzt. Und Nitrofurane, arsenhaltige Arzneimittel, Antioxidantien, Psychopharmaka und Östrogene (in Deutschland offiziell verboten) runden das traurige Ei-Bild ab.
Pestizide, Schwermetalle und weitere Schadstoffe aus Futtermitteln, »Stallhygiene« und Umwelt gelangen ebenfalls ins Ei und werden dort im Eiklar gespeichert. Damit das Ei aus der unnatürlichen Hühnerhaltung nicht ganz so unappetitlich blass aussieht, werden den Hennen zuletzt noch Farbstoffe (Carotinoide) zugefüttert.
Ein Ei, ob befruchtet oder nicht, ist für etwas ganz anderes bestimmt als für den menschlichen Speisezettel: Aus ihm soll einmal ein Küken schlüpfen. Selbst wenn es sich dabei um »glückliche, frei laufende« Hühner handelt, ändert sich daran rein gar nichts. Besser, wir lassen den Hühnern ihre Eier und uns unsere Gesundheit!

Legefabriken – die Leiden des jungen Huhns

Nicht nur gesundheitliche, sondern auch ethische und tierrechtliche Gründe sprechen gegen den Eiverzehr.
Moderne Massentierhaltung, neue Züchtungen, Arzneimittel und Mastfutter treiben die »Hochleistungshühner« zu immer neuen Rekorden. Im Jahr 1950 legte eine Legehenne im Schnitt 120 Eier pro Jahr, heute sind es schon 250 (!). Die Zahl der Legehennen hat im gleichen Zeitraum fast um die Hälfte abgenommen.

2006 stammten rund 45 % aller hierzulande »produzierten« Eier aus Käfighaltung. Diese grausame Haltungsform wird ab 2010 endgültig durch die Kleingruppen- und Volierenhaltung abgelöst, die nicht wesentlich besser sind. In Deutschland vegetieren Millionen von Hühnern in Hallen ohne jegliches Tageslicht. Sie werden unter qualvollen Bedingungen gemästet oder müssen im Akkord Eier legen. In der Kleingruppenhaltung darf für zehn Legehennen eine minimale Einstreufläche von lediglich 900 Quadratzentimetern zur Verfügung stehen. Und in der Volierenhaltung, einer Abart der Bodenhaltung mit mehreren Ebenen übereinander, dürfen 18 Hennen pro Quadratmeter gehalten werden.

Nach zwölf bis sechzehn Monaten Leiden im Akkord mit permanentem Durchfall, Stress, Knochenbrüchen, Lähmungen, Infektionen usw. hat die Qual der Hennen endlich ein Ende. Wenn sie ihre Sollleistungen nicht mehr erfüllen können, werden sie »entfernt« und landen als Suppenhuhn auf dem Mittagstisch. Ein schöner Dank.

Bodenhaltung: reine Augenwischer-Ei

Ein Großteil der Verbraucher will diese Tierquälerei nicht mehr unterstützen. Diese Verbraucher wählen Eier aus Bodenhaltung. Die Lebensbedingungen dieser Hühner sind aber nicht viel besser als die der Käfighühner. Die Bodenhaltung – typisch für die Hähnchenmast – steht der Volierenhaltung in puncto Grausamkeit kaum nach. Bodenhaltung ist noch lange keine Freilandhaltung. Statt in Käfigen leben die Hühner in Hallen zu Abertausenden zusammengepfercht und müssen jetzt auch noch eine Hackordnung auskämpfen. Neun Hühner müssen sich einen Quadratmeter teilen. In einem Stall dürfen sich bis zu 6.000 Tiere befinden. Auslauf gibt es meist keinen. Solche Bedingungen sind alles andere als artgerecht. Normalerweise bräuchten Hühner viel Auslauf, um ihrem Pick- und Scharrtrieb nachzugehen, sie schlafen auf Sitzbäumen und legen ihre Eier in Nester. Weder in der Boden- noch in der Volieren- oder Kleingruppenhaltung haben sie dazu meist die Gelegenheit.

Nach vier Monaten (!) – so die Empfehlung – soll der Stall endlich einmal wieder gereinigt werden, damit die Eier nicht auch noch die monatealten Arzneirückstände aus dem Kot enthalten. Doch die sind durch die kleinen Eiporen längst in das Innere des Eis gelangt.

Wer sich eifrei ernährt, tritt nicht nur für seine eigene Gesundheit ein, sondern zeigt auch seinen wahren Respekt vor der leidenden Kreatur und der Natur. In einer gesundheitsbewussten und ethischen Küche sind Eier überflüssig.

Vollkorn – die geniale Idee der Natur

Das ganze Getreidekorn ist eines der wertvollsten und in sich vollkommensten Lebensmittel, das die Natur hervorbringt. Mit 55 – 75 % Kohlenhydraten, 0,5 – 7 % Fett und 7 – 15 % Eiweiß liefert es dem Körper nicht nur fast alle lebenswichtigen Nährstoffe, sondern auch einen großen Schatz von Vitalstoffen. Dazu gehören Vitamine, Mineralstoffe, Spurenelemente, Enzyme oder Fermente, ungesättigte Fettsäuren, Aromastoffe, Ballast- oder Faserstoffe, die vor Arteriosklerose und Dickdarmkrebs schützen und für eine gute Verdauung sorgen. In ihren wertvollen Inhaltsstoffen variieren die einzelnen Getreidesorten nur unwesentlich. Das ausgewogenste Nährstoffverhältnis aller Getreidearten bieten jedoch Weizen und ganz besonders Dinkel (der Urweizen). Es ist offensichtlich: Damit dem Körper all diese gesunderhaltenden Inhaltsstoffe wirklich zugute kommen können, sollten auch wirklich alle Bestandteile des Korns verwendet werden.

Weißmehl: Das Beste bleibt auf der Strecke

Lange Zeit war unbekannt, dass gerade die Randschichten und der Keimling des Korns die meisten und für die Gesundheit wichtigsten Inhaltsstoffe enthalten. Weißbrot und -brötchen galten als fortschrittlich und waren ein Zeichen von Wohlstand. Heute allerdings weiß man, dass gerade die Vitalstoffe der Randschichten nicht nur gut für Herz, Gehirn und Nerven sind, sondern auch benötigt werden, um den stärkehaltigen Mehlkörper und das glutenhaltige Klebereiweiß verdauen zu können.
Bei weißem Auszugsmehl ist das Beste verloren gegangen. So finden sich dort z. B. nur noch die Hälfte des ursprünglichen Calciums und Magnesiums wieder; sowohl Vitamin E als auch Provitamin A haben sich sogar vollständig verflüchtigt.

Nährstoffverluste bei weißem Weizenmehl

Mineralstoffe/ Spurenelemente	**Verluste in %**
Eisen	84
Kupfer	75
Magnesium	52
Mangan	71
Kalium	76
Calcium	50
Vitamine:	
Vitamin B_1	86
Vitamin B_2	69
Vitamin B_6	50
Niacin	86
Panthothensäure	54
Provitamin A	100
Vitamin E	100

(Quelle: Ilse Gutjahr; Die vitalstoffreiche Vollwertkost nach Dr. M. O. Bruker; S. 71)

Der Gesundheits-Flop

Denaturierte, weiße Auszugsmehle waren dem Ayurveda verständlicherweise gänzlich unbekannt. Auch andere »Errungenschaften« der modernen Ernährung, wie weißer Fabrikzucker, Fast Food, phosphathaltiges Backpulver, Dosen- und Tiefkühlkost etc. haben wenig mit einer Ernährung im Sinne des Ayurveda zu tun, in der Kriterien wie Frische, Vielfalt und Vollwertigkeit zählen. Sicherlich stirbt der Mensch nicht an Weißmehlprodukten und anderer denaturierter Nahrung allein. Denn er ernährt sich ja zur gleichen Zeit auch noch von anderen Dingen. Dennoch entstehen fast alle der sich immer weiter verbreitenden Allergien und Wohlstandskrankheiten durch falsche Ernährung. Das zeigen die Arbeiten von Prof. Dr. Kollath, Dr. Bircher-Benner, Dr. Schnitzer, Dr. Bruker, Dr. Evers und vielen anderen Medizinern.
Besorgniserregend ist auch, dass immer mehr Neugeborene und Kleinkinder schon von ernsthaften Krankheiten betroffen sind, seien es nun Neurodermitis, Allergien aller Art, Pseudokrupp, Asthma o. Ä. Eine auf Vollkorn basierende Ernährung stärkt die Abwehrkräfte und hilft, solchen Erkrankungen vorzubeugen.

Design-Getreide: Der Mensch denkt, er lenkt

Geschmack, Vitalstoffe und Bioenergien scheinen für die Agrarindustrie zur Bedeutungslosigkeit verkommen zu sein. Multinationale Lebensmittelkonzerne und Handelsketten bestimmen, was angebaut und zu welchem Preis verkauft wird. Nicht ökologisches Gleichgewicht und langfristige Überlebensfähigkeit von Pflanze, Tier und Mensch sind das Zuchtziel, sondern Ertragssteigerung. Doch der Boden verkraftet diese Ausbeutung nicht länger: Trotz steigenden Einsatzes sinken die Erträge. Außerdem werden immer mehr Schädlinge gegen die diversen Spritzmittel resistent. Den natürlichen Feinden dieser Schädlinge (wie Vögel und Nutzinsekten) hat der Mensch schon lange ihre natürlichen Lebensgrundlagen entzogen. Nicht nur Pflanzen, Tiere, Menschen und das ganze Ökogefüge der Erde leiden unter einer derartig profitzentrierten Politik – auch der Beruf des Bauern stirbt allmählich aus. Die vermeintlich höheren Erträge des Hybridgetreides sind schnell von gestiegenen Unkosten und Bankzinsen für die teuren Landmaschinen aufgezehrt. Viele können da nicht mehr mithalten. Allein in Deutschland gehen knapp 30 Bauernhöfe täglich bankrott!

Brot für das Vieh – Hunger für die Welt?

Obwohl weltweit mindestens 10 % mehr Nahrungsmittel produziert werden, als zur Versorgung der gesamten Menschheit notwendig wären, müssen eine Milliarde Millionen Menschen auf der Welt hungern. Die Nahrungsmittel, die an Masttiere verfüttert werden, könnten diesen Menschen zur Verfügung stehen. Allein in Deutschland sind es über 60 % des angebauten Getreides. Welch eine Verschwendung, wenn wir uns vorstellen, dass man bis zu sechzehn Kilogramm Getreide verfüttern muss, um ein Kilogramm Fleisch zu »produzieren«.

Die Nachfrage scheint die Nahrungs-»veredelung« durch die Fleischindustrie zu rechtfertigen. Doch die andere Seite dieser »Veredelung« ist (vorerst) nicht auf dem Tisch des Konsumenten zu finden: Der Regenwald wird gerodet, um neue Weiden für Schlachtvieh zu schaffen; die Überweidung macht aus Wiesen Wüsten; Exkremente der Massentierhaltung verstärken den sauren Regen und den Treibhauseffekt; Weideland auf Kosten von Ackerland vergrößert Armut und Hunger in den Entwicklungsländern.

»Solange es Schlachthöfe gibt, wird es auch immer Schlachtfelder geben«, warnt der russische Schriftsteller Leo Tolstoi. Die Schar derer, die einen Zusammenhang zwischen der Gewalt an Tieren, der Übertretung von Naturgesetzen und individuellen wie kollektiven Reaktionen für die menschliche Gesellschaft sehen, wächst mit jedem Tag. Alles, was wir tun, übt nicht nur auf andere einen Einfluss aus, sondern auch auf uns selbst.

Die Revolution am Küchentisch

Auch wenn mit unserem täglichen Brot so viel Schindluder getrieben wird, sind wir diesem Treiben keineswegs machtlos ausgeliefert. Jede und jeder Einzelne von uns besitzt mehr Einfluss, als sie oder er oft denkt. Es gibt genug ökologisch angebautes Getreide, das ein gesundheits- und umweltbewusster Mensch mit gutem Gewissen kaufen und essen kann. Selbst gemachtes Backpulver, wie es in diesem Buch vorgestellt wird, ist ein weiterer Baustein für die gesunde Ernährung (s. S. 40). Vielleicht müssen wir unser Konsumverhalten etwas umstellen, doch Gewohnheiten lassen sich schnell ändern. Gerade bei Getreide geht dies noch am einfachsten. Jeder kann in seinem Umfeld mit seinem eigenen Beispiel Impulse setzen, Alternativen aufzeigen und durch sein kritisches und waches Kauf- oder Boykottverhalten Einfluss ausüben. Dies hat nicht zuletzt die Reaktion der Großkonzerne auf die Proteste gegen genetisch verändertes Soja gezeigt. Auch unsere Gesellschaft ist nur die Summe vieler Einzelner.

Die süßeste Versuchung

Im Ayurveda ist Süß eine von sechs Geschmacksrichtungen. Betrachtet man den Zuckerverbrauch bei uns heute, so könnte allerdings der Eindruck entstehen, es gäbe kaum mehr als ein oder zwei Geschmacksrichtungen. Denn Zucker essen die Deutschen in rauen Mengen: Am Tag durchschnittlich so viel wie 33 Stückchen Würfelzucker, was einem Jahreskonsum von 34 – 36 Kilogramm entspricht. Kinder bringen es sogar fast auf das Doppelte. Doch das war nicht immer so. Gegen Ende des 18. Jahrhunderts gab man sich mit einem Kilogramm Zucker pro Jahr zufrieden – und auch damals war das schon die fünfzigfache Menge des Zuckerkonsums im 15. Jahrhundert!

Die gestylte Rübe

Nicht nur der Verbrauch hat sich geändert, sondern auch die Zuckergewinnung. In den Industrienationen hat der Zucker aus der Zuckerrübe schon lange das tropische Zuckerrohr ersetzt. Bei der Verarbeitung kommen aufwendige industrielle Verfahrenstechniken zum Zuge, um das ehemalige Viehfutter für den Menschen genießbar zu machen. Zucker oder Saccharose heißt das denaturierte Endprodukt.
Was Schleckermäulern ebenfalls unbekannt sein dürfte: Zuckerrüben gehören zu den am intensivsten kunstgedüngten Feldfrüchten. Pestizide und Mittel gegen Pilz- und Ungezieferbefall kommen gleich mit dem Saatgut in die Erde, werden aber auch noch später in großzügigen Mengen über die Felder gesprüht. Neben den Agrargiften sorgen die Monokulturen dafür, dass der Boden völlig ausgelaugt und langfristig zerstört wird. Der Zuckerrübenanbau zerstört die Natur.

Zucker-krank

Frisches Obst, Gemüse und Vollkornprodukte liefern die für den Stoffwechsel nötigen Enzyme, Vitamine, Mineralstoffe usw. mit den Kohlenhydraten gleich mit. Industriezucker dagegen ist ein leerer Energieträger, der bei seiner Verwertung dem Körper sogar noch weitere Vitamine, Mineralstoffe u. Ä. entzieht. Das aber ist noch nicht alles. Beim Verzehr größerer Mengen an Industriezucker kommt es darüber hinaus zu einem sofortigen und überfallartigen Anstieg des Blutzuckerspiegels. Das versetzt die Bauchspeicheldrüse in Alarm, die daraufhin überreagiert: Der Blutzuckerspiegel sinkt zu stark und es kommt zur Unterzuckerung. Das führt zu einem Leistungsknick, begleitet von Heißhunger und Lust auf neuen Zucker-Nachschub.
Klingenden Werbeaussagen zum Trotz geben daher immer mehr Ärzte, Ernährungswissenschaftler und Verbraucherverbände weißem Zucker die Mitschuld an zahllosen ernährungsbedingten Krankheiten. Sie bezeichnen ihn als Vitamin-B-Räuber, Zahnkiller, Krankmacher und sogar als Droge.
In der Tat leiden viele Menschen an einer Vielzahl von Zivilisationskrankheiten, wie Bluthochdruck, Immunschwäche, psychischen Beeinträchtigun-

gen, Verstopfung, Infektionen mit Candida-Pilzen, Übergewicht, Verdauungsstörungen, Diabetes (Zuckerkrankheit), Karies, Parodontose, Rheuma, Arthritis, Arthrose usw., die sich u. a. auf eine einseitige Ernährung zurückführen lassen. Wer wirklich gesund leben will, sollte raffinierten Fabrikzucker auf seiner Speisekarte drastisch reduzieren oder – noch besser – ganz streichen.

Versteckter Zucker

Nur ein Viertel unseres Zuckerkonsums nehmen wir in direkter Form zu uns. Raffinierter Fabrikzucker wird mittlerweile nahezu allen vorbereiteten und abgepackten Nahrungsmitteln zugesetzt. Rund 75 % des Zuckers, den wir zu uns nehmen, erhalten wir versteckt durch die Lebensmittelindustrie. Diese füttert uns nicht nur mit süßen Riegeln, Bonbons, Cola, Schokolade, Nougatcremes, Fruchtjoghurts und anderen süßen Überflüssigkeiten; weißer Fabrikzucker wird auch Senf, Tomatenketchup, Fischkonserven, Fertigsalatsaucen, Tütensuppen usw. zugesetzt. Dabei handelt es sich nicht etwa, wie viele annehmen, um kleine Mengen. Tomatenketchup beispielsweise kann zu 50 % aus Zucker bestehen, Instant-Kakaogetränke gar zu 97 % und Kindertee-Granulat zu 96 %! Auch wenn es nicht auf dem Etikett angegeben ist, essen wir auf diese Weise häufig Zucker. Der Aufdruck »ohne Zucker« bedeutet erst einmal nur, dass keine Saccharose zugegeben wurde. Andere industriell gewonnene Zuckersorten, wie Glucose (Traubenzucker), Glucosesirup, Maltose (Malzzucker), Fructose (Fruchtzucker), können durchaus enthalten sein. Achten Sie auf Wörter mit der Endung »ose«, hinter ihnen verstecken sich Industriezucker als Nahrungsmittelzusätze. Es lohnt sich, das Kleingedruckte jeder zum Kauf anstehenden Packung zu lesen. Und es lohnt sich, zu entscheiden, ob man sein Mittagessen nicht doch lieber mit frischem Obst und Gemüse zubereiten will – als mit Zucker aufgepeppten Fertiggerichten.

Brauner Zucker ist nicht besser

Brauner Zucker aus Zuckerrüben ist nichts anderes als mit Melasseresten braun gefärbter Fabrikzucker. Er ist keinesfalls eine »gesunde« Alternative zum weißen Fabrikzucker. Bis auf einen verschwindend geringen Rest an Spurenelementen in den Melasserückständen ist sein Gehalt an Vitalstoffen wie beim Fabrikzucker gleich null.
In die gleiche Kategorie fallen »Rohrzucker« (Weißzucker aus Zuckerrohr), »Traubenzucker« (Glucose oder Dextrose, meist aus Mais- oder Weizenstärke und nicht aus Trauben) und der häufig gepriesene »Fruchtzucker«. Da Fruchtzucker anders aufgenommen wird als der normale Zucker (Saccharose), wird er gern und viel in Diätprodukten eingesetzt. Dabei ist industrieller Fruchtzucker nicht nur ein leerer Kalorienträger, sondern macht sogar noch schneller dick, da ihn die Leber bevorzugt in Fett umwandelt. Wissenschaftler befürchten inzwischen gar, dass Fruchtzucker für Diabetiker gefährlich werden kann.
Anders steht es mit dem in Früchten vorkommenden Fruchtzucker. Denn im Obst befindet sich Fruchtzucker im natürlichen Verbund und ausgewogenen

Verhältnis mit Vitaminen, Mineralien usw. Alle Stoffe, die der Mensch für die gesunde Verdauung und Aufnahme des Fruchtzuckers braucht, liefert die Natur bereits mit – selbst solche, die wir noch gar nicht kennen.

Süße Alternativen

Niemand soll auf Süßes verzichten. Doch hat der immense Zuckerkonsum die Geschmacksnerven von vielen von uns meist schon so abgestumpft, dass sie nicht einmal mehr eine frische Birne oder Banane als süß empfinden. Am besten ist daher die Taktik der kleinen Schritte. Essen Sie zunächst einfach weniger gesüßte Produkte, diese aber bewusst. Tee beispielsweise kann man ungesüßt oder in der Übergangszeit mit nur wenig Honig gesüßt trinken. Später können Sie völlig auf gesunde Süßungsmittel umsteigen (s. Anhang: »Kleine Warenkunde« S.180). Bald werden Sie spüren, dass Sie nicht mehr so viel wie früher süßen müssen, um wirklich »süß« zu empfinden.

Der nächste Geheimtipp sind Trockenfrüchte aller Art. Ein leckeres Konfekt aus Trockenfrüchten und Nüssen beispielsweise ist schnell selbst gemacht und kann unser Bedürfnis nach Süßem auf natürliche und gesunde Weise zufrieden stellen.

Zum Backen von Kuchen und Keksen kann man auf die vielen alternativen Süßungsmittel zurückgreifen, die jeder nach eigener Vorliebe und Art des Gebäcks wählen kann. Trotzdem sollten diese Süßungsmittel kein Freibrief für ungezügeltes Konsumieren sein. Vielmehr ist es hilfreicher, wenn Sie versuchen, Ihren übersteigerten Wunsch nach Süßem auf ein gesundes Maß zu bringen. So kann die liebevolle und aufmerksame Beschäftigung mit den Kindern oder auch der Partnerin oder dem Partner eher ein Vakuum füllen, als wenn wir uns mit Süßigkeiten (auch gesunden) vor den Fernseher setzen.

Der Ayurveda-Tipp: Vollrohrzucker, Jaggery oder Gur

Zum Kochen und Backen sind Vollrohrzucker (kristallisierter Zuckerrohrsaft), Jaggery (eingekochter Zuckerrohrsaft) und Gur (eingekochter Palmensaft) die Süßungsmittel der Wahl. Honig sollte nach dem Ayurveda nicht erhitzt werden. Jaggery und Gur sind weder raffiniert noch mit chemischen Lösungsmitteln bearbeitet. Da sie noch alle natürlichen Bestandteile enthalten (insbesondere Eiweiß, Kohlenhydrate, Calcium, Kalium, Schwefel, Eisen, Phosphor, Vitamin A und Vitamin-B-Komplex), sind sie von allen Süßungsmitteln am gesündesten und vollwertigsten.

Der Ayurveda verwendet Jaggery und Gur sogar direkt als Heilmittel. Sie vermehren Kapha und etwas Pitta. Ayurveda-Therapeuten geben sie gerne als Stärkung für Herz, Leber und den Körper allgemein. Zudem regen Jaggery oder Gur den Stoffwechsel sowie die Verdauung an und werden bei Tumoren, Furunkeln, Husten, Anämie, Blasen- und Nierenerkrankungen, Hämorrhoiden, Gelbsucht und Appetitlosigkeit eingesetzt. Ein Stückchen Jaggery oder Gur nach einer üppigen Mahlzeit bringt auch die Verdauung wieder in Schwung.

Vollrohrzucker (z. B.»Rapadura«, »Sucanat«, Ursüße) wird ähnlich wie Jaggery hergestellt, nur noch weiter getrocknet und gesiebt.

Honig als Heilmittel

Honig ist nicht einfach nur ein Süßungsmittel, sondern ein Heilmittel, vorausgesetzt, er wurde sachgemäß kaltgeschleudert und abgefüllt. Nach dem Ayurveda sollte Honig unter keinen Umständen erhitzt oder zum Backen verwendet werden, da dabei nicht nur sein natürliches, lösliches Wachs, sondern auch zahllose Vitalstoffe zerstört bzw. verändert werden. Wird Honig über 40 °C erwärmt, gehen die Enzyme Diastase und Invertase teilweise verloren. Beim Erhitzen verliert Honig nicht nur seine medizinischen Eigenschaften, sondern reagiert – über die veränderten Wachssubstanzen – auch leicht toxisch. Erhitzter Honig kann Arteriosklerose fördern, er fermentiert im Magen und verursacht Blähungen.

Will man gekochte Speisen mit Honig süßen, dann sollte man ihn erst nach dem Kochprozess in die handwarmen Speisen geben. Ideal eignet sich Honig allerdings zum Süßen von Konfekt, welches nicht erhitzt wird (s. auch Honigmarzipan S. 49, Kokossahne-Trüffel S. 149, Energiebällchen S. 151). Ziehen Sie bei Backwaren also lieber andere gesunde Süßungsmittel, wie z. B. Vollrohrzucker oder Jaggery, dem Honig vor.

Von Zucker aus Zuckerrüben (und erst recht vom weißen Fabrikzucker) in der menschlichen Ernährung rät die Ayurveda-Heilkunde ganz ab, da diese, genau wie weiße Auszugsmehle, im Körper zu einer Vata-Störung mit all ihren Nebenerscheinungen führt. Besser wir greifen auf die Süßungsmittel zurück, die uns die Natur ursprünglich zur Verfügung gestellt hat. (Genauere Informationen finden Sie im Anhang: »Kleine Warenkunde« S. 180.)

Die Milch macht´s

Die größten Wunder der Natur nehmen wir heute als selbstverständlich hin. Milch mit ihren mehreren hundert Inhaltsstoffen ist eines dieser Wunder – vorausgesetzt, der Mensch hat nicht zu sehr an ihr herumgepfuscht. Wie Schadstoffbelastung, Massentierhaltung und Milchbearbeitung zeigen, hat die moderne Nahrungsmittelindustrie vor der Milch nicht Halt gemacht.
Der Ayurveda empfiehlt einzig Rohmilch und »nur-pasteurisierte« Milch für die Ernährung. Nur bei diesen sind wirklich alle wertvollen Bestandteile erhalten geblieben. Ein halber Liter Milch deckt beispielsweise den Tagesbedarf an nahezu allen essenziellen Aminosäuren. Auch das Fett der Milch ist für eine Überraschung gut. Im Gegensatz zu anderen tierischen Fetten enthält es nur wenig Cholesterin und ist leicht verdaulich. Aus diesem Grund sind Milch und Butter bei etlichen Magen- und Darmerkrankungen, Nieren-, Gallen- und Fettverdauungsstörungen sogar empfehlenswert.
Milchzucker (Lactose) hilft bei bestimmten Verdauungsbeschwerden, der Calciumaufnahme und beim Aufbau bestimmter Gehirnsubstanzen. Calcium, Phosphor, Eisen, Zinn, Zink und viele andere Spurenelemente sowie ungesättigte Fettsäuren und fast alle Vitamine, vor allem die Vitamine A, B_1, B_2, B_6, B_{12}, C und D runden das Milch-Bild ab.

Milchsorten

(geordnet nach ihrem gesundheitlichen Wert)

Empfehlenswert

Rohmilch: Allgemeiner Begriff für unbehandelte Milch.
Ab-Hof-Milch: rohe, unbehandelte Milch direkt vom Bauernhof. Die Erlaubnis zur Ab-Hof-Abgabe ist aus hygienischen Gründen und um die Konkurrenz zu den Molkereien gering zu halten, mit strengen Auflagen verbunden. Am besten kaufen Sie Rohmilch nur vom Biohof. Rohmilch ist nur kurz haltbar (1 – 2 Tage).
Vorzugsmilch: unbehandelte Rohmilch aus dem Naturkostladen oder Reformhaus, unterliegt strengen hygienischen Auflagen.

Pasteurisierte Milch: Kurzzeiterhitzung (71 – 74 °C, 40 Sekunden) oder Hocherhitzung (85 – 90 °C, 10 – 15 Sekunden). Das Milcheiweiß wird dabei nur geringfügig verändert (Denaturierung bis 10 %), die Vitamine bleiben weitgehend erhalten. Die Haltbarkeit verlängert sich auf 5 – 7 Tage bei kühler Lagerung.

Nicht empfehlenswert

Homogenisierte Milch: Unter 250 Atmosphärenüberdruck (atü) wird die Milch auf eine Stahlplatte gespritzt, damit die Fettkügelchen zerplatzen und die Milch nicht mehr aufrahmen kann – ein energieaufwendiges Verfahren. Mit den zerschlagenen Fettteilchen kann ein

Enzym ins Blut gelangen, das die Fettablagerung an Blutgefäßen und Herzmuskeln begünstigt. Folge: Arterienverkalkung, Herzinfarkt, eine um das 20fache erhöhte Empfindlichkeit gegenüber Allergien.

ESL-Milch: Extended Shelf Life (ESL): längere Haltbarkeit im Regal. Milch wird durch Mikrofiltration entkeimt und anschließend bis zu 3 Sekunden auf 127 °C erhitzt. Die Mikrofiltration kann auch entfallen. Durch die höhere Erhitzung kommt es zu einer stärkeren Milcheiweiß-Denaturierung, einem höheren Vitaminverlust und einem Geschmacksverlust im Vergleich zur pasteurisierten Milch. Ungeöffnet 2 – 3 Wochen haltbar, einmal geöffnet ist ESL-Milch jedoch auch nur so lange haltbar wie pasteurisierte Milch.

H-Milch: Ultrahocherhitzte Milch. Erhitzung für 3 – 6 Sekunden auf 135 – 150 °C oder Erhitzung für 2 – 4 Sekunden auf 150 °C. Weitere Behandlung: Homogenisierung und Verpackung in wasserstoffperoxidsterilisierten Kartons, 6 – 8 Wochen haltbar. In H-Milch sind viele wertvolle Inhaltsstoffe und der Geschmack verloren gegangen.

Sterilmilch: Wird vorerhitzt (110 – 140 °C, 10 – 20 Minuten), homogenisiert, in Flaschen abgefüllt und sterilisiert, Vollkonserve.

Kondensmilch: Im Unterdruck bei 55 – 65 °C eingedickt, anschließend in der Dose bei 110 – 120 °C für zirka 20 Minuten sterilisiert, Vollkonserve.

Milchpulver: Ultrahocherhitzte und homogenisierte Milch wird zunächst zu einem Konzentrat eingedampft. Dieses Konzentrat wird entweder auf heißen Walzen getrocknet und anschließend vermahlen oder sprühgetrocknet (Zerstäubung in 180 °C heißer Luft), energieaufwendiges Verfahren, Vollkonserve.

Der Fettgehalt der Milch

Empfehlenswert

Vollmilch: Auf 3,5 % Fettgehalt eingestellte Milch. Bei Deklaration »mit natürlichem Fettgehalt« ist ein Fettgehalt bis 4 % möglich. Vollmilch ist in jedem Fall fettarmer Milch oder Magermilch vorzuziehen. Achten Sie allerdings auf die weitere Behandlung der Milch (s. unter *Milchsorten)!*

Nicht empfehlenswert

Fettarme Milch: Teilentrahmt, enthält nur noch 1,5 – 1,8 % Fett. In der Regel pasteurisiert und homogenisiert.

Magermilch: Entrahmt, weniger als 0,3 % Fett. Pasteurisiert und homogenisiert. Durch die Verminderung des Fettgehalts kommt es zu einem Mangel an fettlöslichen Vitaminen und anderen Stoffen.

Heilen mit richtiger Milch

Rohmilch und »nur-pasteurisierte« Milch verwendet der Ayurveda nicht nur als Lebens-, sondern auch als Heilmittel. Ein bis zwei Gläser heiße Milch am Tag sind mit ihren aufbauenden Eigenschaften ideal für Jung und Alt, für viele Kranke und Gesunde, für Denker

und körperlich Arbeitende und garantieren Gesundheit und ein langes Leben. Noch heute gibt es in Indien Weise, die nur von einigen Gläsern Milch am Tag leben.
Ayurveda-Therapeuten setzen Milch erfolgreich bei zahlreichen Krankheiten und Beschwerden ein, die durch gestörtes Vata oder Pitta verursacht sind, wie Sodbrennen, übersäuerter Magen, Verstopfung, Gicht, Nieren- und Blasenkrankheiten, Tuberkulose, Frauenbeschwerden, Kindererkrankungen, Blutarmut, Lähmungen, Altersschwäche, Magersucht, Hauterkrankungen, Haarausfall, Kopfschmerzen, Schlaflosigkeit, Lebererkrankungen (einschließlich Gelbsucht), Drüsenstörungen (z. B. Zuckerkrankheit), Vergiftungen und bei allgemeiner Schwäche.
Selbst bei psychischen Beschwerden, Angstzuständen und Nervosität ist Milch hilfreich. Inzwischen weiß man auch warum. Neben ihren zahlreichen Nähr- und Vitalstoffen enthält Milch nämlich auch so genannte Exorphine. Sie sind es, die nicht nur unseren Stoffwechsel und unser Wachstum regulieren, sondern auch unsere Stimmung heben und unser soziales Verhalten positiv beeinflussen.

Goldene Tipps zur Milch

Frisch gemolkene, euterwarme Milch ist für den Menschen am besten. Bereits drei Stunden nach dem Melken kann ungekochte Milch nicht mehr so gut verdaut werden, verursacht Blähungen und vermehrt Kapha. Wer nun keine frisch gemolkene Milch bekommen kann (und das wird wohl bei den meisten von uns der Fall sein), braucht nicht den Kopf hängen zu lassen. Man muss nur einige Dinge beachten:
Der Ayurveda akzeptiert nur Rohmilch oder »nur-pasteurisierte« Milch. Homogenisieren verändert das Fett, macht Milch schwer verdaulich und führt zu Ama. Um kalte, Kapha vermehrende Rohmilch wieder besser verträglich zu machen, werden ihr die Elemente Feuer (aufkochen lassen) und Luft (mehrere Male umgießen oder mit dem Schneebesen umrühren) hinzugefügt. Auch erwärmende Gewürze wie Zimt, Kardamom, Ingwer, Safran oder Kurkuma machen Milch leichter verdaulich. Serviert werden sollte Milch so heiß, dass man sie nur schlückchenweise zu sich nehmen kann. Und vergessen Sie nicht: alles in Maßen. Wird Milch nämlich – wie es heute oft üblich ist – kalt, in homogenisierter Form oder im Übermaß getrunken, so kann sie neben Blähungen, Durchfall, Herz- und Kreislaufbeschwerden auch Lactoseunverträglichkeit verursachen. Die Inder selbst nehmen viel weniger Milchprodukte zu sich als wir. Auch uns sollte Qualität wieder wichtiger sein als Quantität.
Milchprodukte schmecken selbst gemacht immer noch am besten – und es ist einfacher, als Sie vielleicht denken. (Die genauen Anleitungen finden Sie im Anhang: »Kleine Warenkunde«, S. 176 unter Frischkäse, Joghurtquark, Quark.)
Unser Geheimtipp: Probieren Sie einmal heiße Kardamom-, Ingwer- oder Safranmilch. Auch heiße Milch mit einer reifen Banane verzehrt, ist sehr gut bekömmlich – und wer möchte, kann nach dem Kochen noch mit etwas Vollrohrzucker oder Honig süßen.

Mutter Erde, Mutter Kuh

In der altindischen Hochkultur gehörte die Kuh wie alle Haustiere zur Familie. Auch im heutigen Indien hat sich daran nicht viel geändert. Die Ochsen dienen den 60 Millionen Kleinbauern, deren Land 80 % der indischen Bevölkerung ernährt, als Zugtiere. Anders als die schweren Traktoren, die den Boden verdichten, Mikroorganismen zerstören und damit Hauptursache der Bodenerosion sind, kommen mit Ochsen bewirtschaftete Felder auch ohne Kunstdünger und Pestizide aus. Die Kuh ernährt mit ihrer Milch nicht nur ihr Kalb, sondern auch ihre menschlichen Familienmitglieder. Der Dung der Kühe wird zur Hälfte für die Bodendüngung eingesetzt, der Rest dient getrocknet als Brennstoff für die Kochstellen (und spart so allein in Indien 68 Millionen Tonnen Holz im Jahr). Massentierhaltung und Überzüchtung sind in Asien vielerorts noch Fremdworte. Das erklärt, weshalb die Kühe dort fast ausschließlich von Nahrungsbestandteilen leben, die für den Menschen kaum genießbar sind, wie Küchenabfälle, Spreu, Halme, Blätter, Baumwollsamen, Sojabohnen und Kokosnussrückstände. Mehr als ein Achtel der Weltbevölkerung lebt für das Rind und mit dem Rind. Bis auf den heutigen Tag sind sich die meisten Hindus über die größeren kosmischen Zusammenhänge und Gesetzmäßigkeiten bewusst und streben ein harmonisches Leben von Mensch, Tier, Natur und Schöpfer an. Kein Wunder, dass noch heute der Ochse als Vater und die Kuh als Mutter respektiert werden. Der von Albert Schweitzer geprägte Begriff der »Ehrfurcht vor dem Leben« ist für Hindus seit jeher selbstverständlich. In der altindischen Kultur ist der Schutz der Kuh eine zentrale Aufgabe für den Menschen, weil von ihr so viel Wohlstand, Glück, Frieden und Gesundheit ausgehen. Bis heute ist es für Hindus unverständlich, wie die Menschen im Westen ein Lebewesen essen können, dem sie so viel zu verdanken haben.

In der westlichen Hemisphäre wird die Kuh als »bloßer Fleisch- und Milchproduzent« ausgebeutet. In den »modernen Tierfabriken« der Massentierhaltung zählen nur Steigerung der Milchleistung und schnelle Mast um jeden Preis. Man schreckte sogar nicht einmal davor zurück, Rindern, die von Natur aus Vegetarier sind, ihre zu Tiermehl verarbeiteten Artgenossen, Kadaverfett, Blutmehl und andere Tiere als »Futter« vorzusetzen. Das natürliche Gleichgewicht von Mutter Erde ist nachhaltig gestört.

Kuhschutz und die subtileren Naturgesetze

Erst wenn das gesamte Ausmaß unseres Eingreifens in die kosmischen Gesetzmäßigkeiten vor unseren Augen liegt, werden wohl auch wir ein wenig mehr verstehen, dass die Kuh nicht von uns ausgebeutet, sondern beschützt werden sollte. Und tatsächlich ist es ein Phänomen: Kühe spüren es, wenn man wirklich respektvoll mit ihnen umgeht. Sie geben dann sogar mehr Milch, als ihr Kalb trinken kann. Wir selbst konnten bei befreundeten Bauern in der Schweiz eine fünfzehnjährige Kuh sehen, die vor zehn Jahren das letzte Mal gekalbt hatte, einige Jahre trocken war und danach wieder begonnen hat, Milch zu geben (sechzehn Liter jeden Tag). Kuhschutz ist praktisch.

Respekt und Schutz der Kühe helfen uns Menschen, im Einklang mit den höheren Gesetzen der Natur zu leben. Und dadurch bekommen wir alles, was wir zum Leben brauchen. Frieden, Wohlstand, Gesundheit und Glück sind eben nicht allein durch ich- und menschbezogene Produktivität und Gewinnsteigerungen erzielbar. Ein kleiner Bauer, der sich am heutigen Agrarmarkt beteiligt, ist ohnehin immer auf einer Gratwanderung zwischen hoher Verschuldung und Bankrott. Ganz abgesehen davon würde uns der Ochse als Zug- und Lasttier helfen, von der Abhängigkeit teurer und energieverzehrender Traktoren frei zu werden – wenn wir nur bereit wären, zu einem einfachen, aber erhabenen Lebensstil umzukehren.
Diese Gedanken mögen vielleicht etwas revolutionär erscheinen, aber in Anbetracht unserer fast aussichtslosen Lage im Hinblick auf die Knappheit der Energieressourcen oder Umweltzerstörung durch Agrargifte sind sie so abwegig nicht mehr: Fangen wir doch einmal an, die Kuh und den Ochsen als aktive Teile unserer »Familie Erde« zu behandeln, anstatt sie zu schlachten.

Alternative: Biomilch oder vegane Ernährung

Auch im Zeitalter tierverachtender Massenhaltung und Mastmethoden bleibt jedem einzelnen Verbraucher doch die Freiheit, dieses System nicht weiter durch den Kauf von Milchprodukten aus Massentierhaltung zu unterstützen. Es ist keine große Umstellung, auf Milch und Milchprodukte von Biohöfen mit artgerechter Haltung umzusteigen. Und noch besser ist es, Sie finden jemanden, der seine Kühe überhaupt nicht schlachtet. Vielleicht würde es sich lohnen, wenn wir alle aktiver in diese Richtung hinarbeiten.
Die gehaltvollere Biomilch hat noch einen positiven Nebeneffekt: Man kommt mit weniger aus und hat mindestens genauso viele Nährstoffe aufgenommen wie aus größeren Mengen behandelter Milch. Das gleicht auch die höheren Preise von Biomilch wieder aus. (Dass kleine Biobetriebe nicht mit den Billigpreisen von staatlich subventionierten Milchprodukten aus Massentierhaltung mithalten können, versteht sich von selbst.)
Auch Menschen, die sich völlig ohne tierisches Eiweiß ernähren, können sich über dieses Backbuch freuen: Wenn nicht ohnehin schon angegeben, können sie die Milchprodukte bei den betreffenden Rezepten einfach durch Sojadrink, Reismilch, Tofu oder Lopino ersetzen.

Die Kunst des Backens – die Küche als Ort der Kraft

Nahrungsindustrie und Esskultur

Stolz können wir schon sein auf unsere moderne, »zivilisierte« Gesellschaft mit all den technischen Errungenschaften der letzten 150 – 200 Jahre, erleichtern uns doch heute Computer, Hochtechnologie und Maschinen unsere Arbeit bzw. haben sie ganz übernommen. Doch viele Versprechungen einer glücklichen Zukunft, die uns Naturwissenschaft und Technik gemacht haben, scheinen nicht eingelöst worden zu sein. Wir sind heute von einer zerstörten Umwelt umgeben, deren heikle Lage wir immer noch zu verdrängen versuchen. Designer-Food, Kunstnahrung aus der Fabrik, Gentechnik und Lebensmittelbestrahlung scheinen (trotz massiven Widerstands der Bevölkerung) der Trend der Zukunft zu werden. Die hoch technisierte, chemisch aufgerüstete Landwirtschaft ist zu einem Rohstoff-Lieferanten für die großen Nahrungsmittelkonzerne verkommen. Wir haben uns völlig entfremdet von der Natur, den Tieren, unseren Mitmenschen und sogar uns selbst.

Die Werbung der Nahrungsindustrie, die uns ihre Halbfertigprodukte, Fertigmahlzeiten aus der Dose oder Kühltruhe, Backmischungen usw. verkaufen will, hat uns systematisch eingeimpft, dass es Zeitverschwendung sei, länger als 10 – 15 Minuten in der Küche zu stehen. Der Fortschritt hat uns schließlich mit Fast Food und Mikrowelle gesegnet, damit wir wieder »mehr Zeit für unsere Kinder« haben (auch dafür wird auf bunten Plakaten geworben).

Liebe geht durch den Magen

So traurig diese Entwicklungen sein mögen, sie müssen nicht so weitergehen. Wir sind keine Marionetten, sondern beseelte Lebewesen und können jederzeit auf dieser Einbahnstraße der Technokratie umkehren. Wir können uns jeden Tag mit der göttlichen Kraft und Energie verbinden, durch die alles Leben entstanden ist. Auch ganz praktisch: durch unser Essen. Unsere häusliche Küche kann dabei wieder eine ganz zentrale Rolle einnehmen. Die Küche kann wieder zu einem Ort der Kraft und Inspiration werden, für uns und unsere ganze Familie. Nicht umsonst war der wichtigste Ort im Haus früher die (Wohn-)Küche mit einer großen Sitzecke (und nicht vor dem Fernseher). Ein Platz, an dem alles Leben, alle Kommunikation und aller Austausch innerhalb der Familie und mit Freunden stattfand.

Das alte Sprichwort »Liebe geht durch den Magen« deutet darauf hin, dass mit der Nahrung nicht nur Nährstoffe für den Körper, sondern auch »für die Seele« übertragen werden. Die positiven Einflüsse der Köchin oder des Kochs, die oder der mit menschlicher Wärme und Zuneigung kocht, haben einen direkten Einfluss auf die Sättigung und Zufriedenheit, die man nach einem solchen Essen

erfährt. Forscher haben entdeckt, dass diese Faktoren nicht nur einen positiven Einfluss auf unsere Verdauung und unseren Stoffwechsel ausüben, sondern auch unser Immunsystem stärken.
Auf unseren Studienreisen durch Indien und der eingehenderen Beschäftigung mit dem Ayurveda und anderen Teilen der alten vedischen Texte, wie der berühmten *Bhagavad-Gita,* stießen wir auf genau die gleiche Schlussfolgerung. Im Haus einer befreundeten Priesterfamilie erlebten wir hautnah, wie dieses Wissen um die hohe Kunst und Tradition des Kochens (bzw. Backens) bis heute lebendig geblieben ist. Als hätte man noch nie etwas von Fast Food, Konservendosen und Mikrowelle gehört, ist Kochen dort sowohl Meditation als auch Gottesdienst. Hier vereint die Köchin bzw. der Koch mehrere Personen in sich: Koch, Priester und Arzt. Mit seinen lebendig gebliebenen Kenntnissen des Ayurveda stimmt der Koch die Mahlzeiten auf die individuellen Bedürfnisse oder Krankheiten der Familienmitglieder ab. Entsprechend den Jahreszeiten und vielen anderen Faktoren kocht sie bzw. er eine wahrhaft göttliche Speise. Diese Begegnungen und Erfahrungen haben tiefe Eindrücke bei uns hinterlassen, was sich auch auf unsere Koch- und Essgewohnheiten zu Hause ausgewirkt hat.

Du bist, was du isst!

Die altindischen Vedas gehen sehr genau darauf ein, wie uns unsere Nahrung beeinflusst: Du bist, was du isst! Deshalb verwendet die vedische Küche in erster Linie *sattvische* (reine) Lebensmittel, die energetisch am hochwertigsten sind. »Solche Speisen sind saftig, fetthaltig, bekömmlich und erfreuen das Herz« *(Bhagavad-Gita).* Dazu zählen: frisches Obst und Gemüse, Getreide, Hülsenfrüchte, Ölsamen, Vollrohrzucker, Honig, Quellwasser, Milch und Milchprodukte. Sie schmecken nicht nur gut, sondern geben auch Kraft, Gesundheit und Zufriedenheit. Und: Sie reinigen den Menschen energetisch und verlängern sein Leben.
Nicht verwendet werden hingegen energetisch negativ wirkende Nahrungsmittel, die den Menschen auf Dauer physisch wie psychisch krank machen. Darunter fällt Nahrung, die »zu bitter, zu sauer, zu salzig, zu scharf oder beißend, zu trocken und brennend« ist, z. B. zu scharf gewürzte Gerichte. Sie werden als *rajasisch* (leiden-schaft-lich = schafft Leiden) bezeichnet und können körperliche, aber auch psychische Beschwerden und Krankheiten nach sich ziehen.
Energetisch am tiefsten stehen im Ayurveda Nahrungsmittel, die »ohne Geschmack, abgestanden, gegoren oder faul« sind, sowie Fisch, Fleisch, Eier (Nahrung, die mit Gewalt erworben wurde), Alkohol, Drogen, Stimulanzien (Kaffee, schwarzer Tee, Cola, Tabak u. Ä.), Dosennahrung, Tiefkühlkost usw. Sie gehören zu den *tamasischen* Nahrungsmitteln mit den negativsten Auswirkungen auf Körper, Geist und Seele. Tamasische Nahrungsmittel verstärken negative und destruktive Lebenseinstellungen, wie Pessimismus, Bequemlichkeit, Antriebslosigkeit, Faulheit, Aggressionen und kriminelle Tendenzen.
Eigentlich ist es kein Wunder, dass in einer Gesellschaft, deren Hauptnahrungsmittel Fast Food, Fleisch, Light Food, Design Food usw. sind, destruktive Tendenzen zunehmen! Wer bewusst,

ausgeglichen und energetisch leben will, sollte lieber zu Sattva-Speisen greifen.

Kochen (und Backen) als Meditation

Doch bevor es in der Küche losgeht: Haben Sie es nicht auch schon oft erlebt, wie eine kurze Dusche entspannt, erfrischt und die Energie bündelt? Die heilenden Eigenschaften des Wassers waren nicht nur Pfarrer Kneipp bekannt, sondern auch schon dem Ayurveda, der uns vor dem Kochen eine kurze Dusche empfiehlt. Das reinigt nicht nur äußerlich (Körper), sondern bereitet uns auch innerlich (Bewusstsein) auf das Kochen vor. Probieren Sie es einmal selbst aus. Wenn Sie nun die Gaben von Mutter Natur dankbar zu einer bekömmlichen Mahlzeit zubereiten, kann Kochen zu einem wahren Geschenk und immer wieder aufs Neue zu einem schönen Erlebnis werden. Die Düfte, die aus solchen Töpfen, Schüsseln und Backformen aufsteigen, sind ein wahrer Lichtblick im grauen Alltag! In der indischen Küche ist es noch heute üblich, während des Kochens nicht zu kosten oder abzuschmecken. Das ist nicht nur hygienischer, sondern für die Köchin oder den Koch selbst gesünder – die Verdauung sollte nämlich erst mit der Mahlzeit einsetzen und nicht schon beim Vorkosten. In der Tat kann Vorkosten die Verdauung sogar so durcheinander bringen, dass gesundheitsschädliche Stoffwechselprodukte (Ama, s. S. 16) entstehen. Mit etwas Übung und Erfahrung können Sie beim Kochen und Backen schon bald buchstäblich sehen und riechen, ob noch etwas von einer Zutat fehlt. Lassen Sie sich ruhig einmal auf ein Experiment ein, Sie werden erstaunt sein, wie schnell Sie Ihr Talent für das »Kochen nach Gefühl« entwickeln werden.
Und schließlich: Vor jedem Essen können sich alle ein Weilchen sammeln und wie in allen Traditionen, Glaubensgemeinschaften und Völkern ein Tischgebet sprechen oder eine kleine gemeinsame Meditation machen. Denn der nachdenkliche Mensch ist sich darüber bewusst, dass nur durch Gottes Energie diese Lebensmittel gewachsen sind und die Elemente Sonne, Wasser, Erde, Luft und Raum ihnen dabei hilfreich zur Seite gestanden haben. Nur mit seiner und ihrer Hilfe konnten wir all dies ernten, zubereiten und dankbar annehmen.
Unsere indische Gastfamile weiht die Speisen vor ihrem kleinen Hausaltar auf einem extra dafür reservierten Teller zusammen mit einem kleinen Glas Wasser. Genau wie in den Jahrtausende alten Tempeln der *Vaishnavas* (Verehrer *Vishnus* oder *Krishnas)* spricht sie Gebete (Mantren) zu Gott, den die Veden als *Krishna* (der All-Anziehende) bezeichnen. Nach einigen bewussten Minuten der Besinnung verteilt sie dann diese Portion auf die Essteller, spült Krishnas Teller ab, und anschließend nehmen alle gemeinsam ihre Mahlzeit ein.
Diese Speisen, die mit spiritueller Energie aufgeladen sind, nennt man im Sanskrit (der Sprache der Veden) Prasadam, spiritualisierte Nahrung. Ein befreundeter Physiker hat nach der Reaktorkatastrophe von Tschernobyl bei Untersuchungen nachweislich weniger radioaktive Belastung in solch geweihter Nahrung festgestellt. Kochen als Meditation macht die Küche wahrlich zu einem positiven Kraftort.

Zeit für gemeinsames Essen

Abschließend noch ein Wort zur gemeinsamen Familienmahlzeit: Auch wenn Sie aus beruflichen Gründen tagsüber nicht gemeinsam essen können, sollten Sie doch auf ein gemeinsames Abendbrot bestehen. Und wenn auch dies nicht möglich ist, dann essen Sie wenigstens am Wochenende gemeinsam mit Ihrer Familie. Tun Sie es sich selbst und Ihrer Familie zuliebe!

Denn diese Mahlzeiten, sind (ohne laufenden Fernseher, dem Kommunikationskiller Nr. 1) der Ort, an dem Informationen, Ideen und Visionen ausgetauscht, Beziehungen gepflegt und vertieft werden. Hier findet noch ein gegenseitiges Geben und Nehmen statt. Ihre Kinder werden es Ihnen irgendwann mit Sicherheit danken. Unsere moderne »Ess(un)kultur« von Fast Food, Drive-ins, Snackbars und Würstchenbuden, bei der Menschen im Stehen, Gehen, in Hast und Eile und sogar während des Autofahrens essen, nein schlingen, ist kein wirkliches Vorbild für eine fortschrittliche Gesellschaft.

Zeit zum Essen (und zum Kochen und Backen) sollte kein Luxus sein, sondern Bestandteil eines psychisch und physisch gesunden und harmonischen Lebens. (Sattvische) vegetarische Nahrung kann uns nur dann mit höheren spirituellen Energien versorgen, wenn wir sie in der richtigen Haltung und in Ruhe zu uns nehmen.

Tipps zum Einkaufen

Gesunde Ernährung beginnt schon mit dem Einkauf gesunder Lebensmittel.

Getreide

Getreide, die Grundlage für Ihr Vollkornbrot und -gebäck, kaufen Sie am besten nur aus kontrolliert ökologischem Anbau. Denn nur gesunde Pflanzen, die auf gesunden Böden ohne Agrargifte gewachsen sind, können uns wirkliche Vitalität, Gesundheit und alle wertvollen Nährstoffe liefern.
Kaufen Sie Ihr Getreide entweder im Naturkostladen oder Reformhaus von einem der anerkannten Bio-Anbauverbände – denn auch auf dem Biomarkt kann geschwindelt werden – oder gleich in größeren Mengen direkt vom Biobauern aus der Umgebung (dies ist viel billiger und spart sogar noch Zeit und Energie, wenn man einen Großeinkauf für Freunde, Bekannte und/oder Nachbarn gemeinsam tätigt).
Adressen und weitere Tipps bekommen Sie bei Ihrer Verbraucherzentrale und im Alternativen Branchenbuch.

Obst und Gemüse

Der Mensch lebt nicht vom Brot allein. Frisches Obst und Gemüse sind ebenfalls für eine gesunde Ernährung wichtig. Am besten ist auch hier Obst und Gemüse aus dem eigenen Garten, direkt vom Erzeuger aus kontrolliert ökologischem Anbau und/oder aus dem Bioladen.
Und wer die Augen aufmacht, findet so manchen Kleingärtner, Gartenbesitzer oder Bauern, der sein ganzes Obst gar nicht allein essen kann. Von ihm können Sie oft günstig Obst kaufen oder es durch Mithilfe beim Ernten sogar ganz kostenlos bekommen. Jeder Apfelbaumbesitzer freut sich natürlich sehr über ein Stückchen selbst gebackenen Apfelkuchen als Dankeschön.

Grundsätzliche Kriterien

Kaufen Sie Ihre Ware nicht nach dem äußeren Schein, sondern nach »inneren Werten« – denn Apfel ist längst nicht mehr gleich Apfel. Zwischen einem Chemie-Apfel aus dem Supermarkt und einem aus kontrolliert ökologischem Anbau liegen Welten.
Die Qualitätskriterien sollten Naturbelassenheit, Vollwertigkeit, Frische und möglichst geringe Belastung (Agrargifte, Schwermetalle usw.) sein. Handelsklassen beurteilen nur äußere Gesichtspunkte. Schon lange besteht ein Großteil des Angebotes aus industriell erzeugter Fließbandware. Apfelbäume in herkömmlichen Obstplantagen werden z. B. während der Reifeperiode bis zu zwanzigmal chemisch gespritzt.
Kaufen Sie möglichst natürlich gereiftes Obst und Gemüse.
Richten Sie sich nach den Saisonzeiten und bevorzugen Sie Freilandprodukte. Treibhausware ist unökonomisch und überflüssig – z. B. werden für ein Kilogramm Gurken fünf Liter Heizöl verschwendet. Freilandware ist nicht nur weniger mit Nitrat belastet, sondern auch preisgünstiger. Die Umwelt und Ihre Gesundheit werden es Ihnen danken.

Bevorzugen Sie einheimische Produkte. Sie helfen damit Energie und Kosten sparen. Es ist nicht notwendig, z. B. Äpfel aus Chile, Argentinien oder Neuseeland zu kaufen. Es gibt noch genug einheimische Apfelbäume.
Vermeiden Sie Produkte, bei denen besonders viele Agrargifte zum Einsatz kommen (z. B. Pflanzen, die statt in der Erde in Nährlösungen wachsen).
Kaufen Sie kein bestrahltes Obst und Gemüse (leider werden auch viele Gewürze bestrahlt). Radioaktive Bestrahlung macht Obst und Gemüse zwar fast unbegrenzt haltbar, dafür besitzt es dann weniger Nährwert, und die Gesundheitsfolgen sind nicht abzusehen.
Erdbeeren aus Selbstpflückplantagen sind zwar frisch und reif, aber oft mit Rückständen von Pestiziden belastet.
Kaufen Sie nicht von Verkaufsständen an belebten Straßen (die Belastung durch Staub, Blei und andere Umweltgifte ist dort besonders hoch).
Selbst gezogene Sprossen und Keimlinge können auch in der kleinsten Küche wachsen und gerade im Winter die mangelnde Zufuhr an frischen Vitalstoffen auf sehr schmackhafte Weise ausgleichen.

Milch und Milchprodukte

Für Milch und Milchprodukte gilt das Gleiche wie für Getreide, Obst und Gemüse. Sie sollten möglichst frisch sein und nur von biologisch wirtschaftenden Höfen (ohne Massentierhaltung) kommen. Diese Milch können Sie entweder direkt ab Hof oder im Naturkostladen oder Reformhaus als Vorzugsmilch erhalten.
Kaufen Sie auf keinen Fall H-Milch oder Kondensmilch. Zu sehr behandelte und erhitzte Milch mag vielleicht länger haltbar sein und höhere Profite für die Handelsketten versprechen. Doch die wenigen Cent, die Sie als Verbraucher sparen, wirken sich auf längere Zeit sehr negativ auf Ihre Gesundheit aus.
Wer sich bereits lacto-vegetarisch ernährt, wird schon festgestellt haben, dass es zu Anfang nicht so einfach war, auch die versteckten tierischen Produkte ausfindig zu machen. Wer denkt schon daran, wenn er nichtsahnend zum Joghurt in der Kühltheke eines Supermarktes greift, dass darin Bindemittel enthalten sein können, wie Gelatine (eine Substanz, die durch das Auskochen von blutfrischen Knochen, Knorpeln, Hufen, Schwarten und sonstigen Schlachtabfällen hergestellt wird). Glücklicherweise muss Gelatine auf der Packung angegeben sein.
Noch schwieriger wird es dann bei Quark und Käse, auf denen nicht deklariert sein muss, welches Lab sie enthalten. Meistens jedoch ist es tierisches Lab (ein Milchgerinnungsenzym aus dem Magengewebe von geschlachteten Kälbern).
Käse und Quark aus dem Bioladen oder Reformhaus stammen von ökologisch arbeitenden Höfen und sind da weitaus besser deklariert. So können Sie genau erfahren, ob pflanzliches, mikrobielles oder tierisches Lab verwendet wurde.
Im Zweifelsfall können Sie Frischkäse auch schnell selbst machen (s. Anhang: »Kleine Warenkunde« S. 176).

Wer soll das bezahlen...

Sicher kennen Sie die Situation: Sie würden ja gerne sich selbst und Ihre ganze Familie mit ökologischen Produkten, am besten aus dem Naturkostladen, versorgen, aber ist dies nicht alles viel zu teuer? Diesem Argument stimmen wir zum Teil zu – jedoch haben wir dazu einige Gedanken, die wir mit Ihnen teilen möchten.

Durch eine gesunde vegetarische Vollwerternährung sparen Sie unter dem Strich doch – denn die hohen Kosten für z. B. Fleisch, Wurst, Ei, Fisch, Süßwaren, Alkohol usw. entfallen oder reduzieren sich. Dafür können Sie sich dann auch qualitativ hochwertigere Lebensmittel leisten. (Die anfallenden Mehrkosten für Arzneimittel und Behandlungen, die bei einseitiger Ernährung entstehen, sind in dieser Kalkulation noch gar nicht mitgerechnet.)

Vollkorngebäck und -brot sättigen mehr als weiße »Pappdeckel«-Brötchen. Das bedeutet, dass Sie von Vollkornprodukten auch weniger essen. Qualität spart Quantität. Somit gleicht sich eine Mehrausgabe auch hier wieder aus.

Qualität verdient ihren Preis. Und doch muss eine gesunde Vollwerternährung nicht teurer sein als die konventionelle Industriekost. Natürlich kann Vorzugsmilch nicht mit den Preisen staatlich subventionierter H-Milch mithalten oder echtes Vollkornbrot mit plastikverschweißtem Fabrikbrot. Wer einmal darüber reflektiert, dem wird einleuchten, dass Erzeugnisse, die nicht in Monokulturen angebaut werden und ohne Agrargifte wachsen, viel mehr Pflege brauchen.

Ist es nicht so, dass viele von uns für all jene Dinge, die ihnen wichtig sind, immer genügend Geld haben? Wie viel geben wir für Auto, Urlaub, Bekleidung, Unterhaltung (Kino, Theater), Sport und Freizeit, Restaurantbesuche und »Genuss«mittel wie Kaffee, Alkohol, Zigaretten usw. aus? Unsere Gesundheit dagegen nehmen wir oft als etwas Selbstverständliches hin – wenn sie aber einmal angeschlagen ist, sind wir meist sehr betrübt darüber. Wie viele Menschen sind durch eine ernste Krankheit auf eine gesündere, bewusste (vegetarische) Lebensform umgestiegen? Können wir immer nur durch Fehler lernen?

Liegt Ihnen Ihre Gesundheit und die Ihrer Kinder am Herzen, dann versuchen Sie, so gut Sie können, die Grundsätze in diesem Buch umzusetzen.

Versuchen Sie, Ihren Weg in eine neue, bewusstere, gesündere Ernährung und Lebensführung Schritt für Schritt zu gehen. Sie werden spüren, wie Sie auch nach und nach Dinge wie Kaffee, Zigaretten, Alkohol, Fleisch usw. nicht mehr »brauchen« und sich psychisch und physisch wohler und befreiter fühlen.

Und eine bessere Gesundheit und ein gesteigertes Lebensgefühl lohnen allemal eine kleine Umstellung unserer Gewohnheiten.

Das sollten Sie noch wissen...

Backen macht Freude, wenn Sie einige Dinge beachten, die das Gelingen garantieren.

Mehl- und Flüssigkeitsmengen

Die angegebenen Mehl- und Flüssigkeitsmengen in den Rezepten werden nicht immer genau stimmen. Sie können es auch nicht, weil der Feinheitsgrad beim selbst gemahlenen Vollkornmehl sehr unterschiedlich sein kann. Das hängt vom Mühlentyp ab und von der genauen Gradeinstellung. Sehr fein gemahlenes Mehl braucht weniger Flüssigkeit als gröber gemahlenes oder gar geschrotetes. Es empfiehlt sich daher, von der angegebenen Mehl- bzw. Flüssigkeitsmenge jeweils einen kleinen Teil zurückzubehalten (50 – 100 g), um beim letzten Knetvorgang ausgleichen zu können. Dies gilt hauptsächlich für Hefeteige.

Selbst gemachtes Backpulver

Wer seiner Gesundheit wirklich einen Gefallen tun will, dem empfehlen wir, Backpulver einfach selbst zu machen. Statt der gesundheitsbedenklichen anorganischen Phosphate enthält dieses Backpulver als Säuerungsmittel reines Vitamin-C-Pulver (Ascorbinsäure). Vitamin C erfüllt dabei den Zweck, den Laugengeschmack von Natron zu neutralisieren, seine Vitaminwirkung selbst geht bei den hohen Backtemperaturen verloren. Außerdem benötigen Sie als Triebmittel Natriumhydrogencarbonat, auch unter dem Begriff Natron bekannt, und Wildpfeilwurzelmehl oder Maisstärke als Trennmittel. Die Zutaten bekommen Sie im Naturkostladen, Supermarkt und/oder der Apotheke. Die Rezepte in diesem Buch haben wir mit selbst gemachtem Backpulver gebacken. Nähere Informationen zu Triebmitteln finden Sie im Anhang: »Kleine Warenkunde« (S. 183).
Der folgenden Tabelle können Sie entnehmen, in welchem Mengenverhältnis die Zutaten gemischt werden müssen. **Grundsätzlich beträgt das Mischungsverhältnis immer ein Teil Natron auf zwei Teile Wildpfeilwurzelmehl bzw. Maisstärke und zwei Teile Vitamin-C-Pulver.** Wichtig ist, dass Sie das Backpulver immer erst dann mischen, wenn Sie es benötigen. Bevorraten lässt es sich leider nicht; es bildet mit der Zeit Klumpen.

selbst gemachtes Backpulver	Natriumhydrogencarbonat (Natron)	Wildpfeilwurzelmehl/ Maisstärke	Vitamin C (Ascorbinsäure)		entspricht herkömmlichem Backpulver
5 TL	1 TL	2 TL	2 TL	=	1 Päckchen
2½ TL	½ TL	1 TL	1 TL	=	½ Päckchen
1¼ TL	¼ TL	½ TL	½ TL	=	2 TL
5 Msp	1 Msp	2 Msp	2 Msp	=	1 TL
2½ Msp	2 Prisen	1 Msp	1 Msp	=	½ TL

Die Waage – unverzichtbares Utensil

Für das genaue Abmessen der richtigen Teigzutaten ist eine Waage auf Dauer unumgänglich. Ein Messbecher eignet sich für Flüssigkeiten, jedoch stimmen die Angaben bei Vollkornmehl und Vollrohrzucker nicht immer mit der Gewichtsangabe auf dem Messbecher überein. Besser ist es daher, wenn Sie das Mehl auf einer Waage abwiegen. Sonst ist Ihr Backerfolg nicht sicher.
Achten Sie bei Ihrem Messbecher darauf, dass er auch kleine Flüssigkeitsmengen angibt. Wir haben für diesen Zweck einen kleinen Messbecher (von 20 – 250 ml).

Mengenangaben der benutzten Messlöffel

1 gestrichener EL	=	15	ml
1 gestrichener TL	=	5	ml
½ TL	=	2	ml
¼ TL	=	1	ml

Messlöffel mit diesen Abmessungen und auch kleine, gläserne Messbecher bekommen Sie in Geschäften für Naturkosmetikbedarf zum Selbermachen.

Backzeiten und Backtemperaturen

In diesem Buch sind die Backtemperaturen für Heißluft- (H) und für Elektrobacköfen (E) angegeben. Die angegebenen Backzeiten beziehen sich allerdings nur auf Heißluftbacköfen. Elektrobacköfen benötigen längere Vorheiz- und Backzeiten sowie höhere Temperaturen als Heißluftherde. Bei gleicher Temperatureinstellung ist die Hitze eines Elektrobackofens also um 5 – 25 °C geringer. (Beispiel: Stellt man einen normalen Elektrobackofen auf 220 °C ein, so kommt ein Heißluftherd mit der 200 °C-Einstellung aus.) Die Backzeiten eines Elektroherdes können sich gegenüber denen des Heißluftherdes somit um 5 – 10 Minuten erhöhen.

Deshalb unser Tipp: Verlassen Sie sich nicht blind auf die Backtemperatur bzw. -zeit im Rezept, da sie von so vielen Faktoren abhängig sind (Herdtyp, Alter des Backofens, gut verschließbare Herdtür, Außentemperatur beim Herstellen des Teiges usw.). Prüfen Sie deshalb gegen Ende der vorgesehenen Backzeit erst mit Ihren Augen und dann je nach Gebäckart z. B. mit Holzstäbchen, ob der Kuchen durchgebacken ist.

Bei Gasherden sind statt Temperaturen Stufen angegeben

Bitte studieren Sie die jeweilige Betriebsanleitung für Ihren eigenen Gasherd genau, damit die Stufen mit den in diesem Buch angegebenen Temperaturen übereinstimmen.

Vorheizen – oder nicht?

Heizen Sie bei Backzeiten von weniger als 45 Minuten den Backofen vor. Bei Heißluftherden jedoch können Sie sich lange Vorheizzeiten sparen. Es genügt, wenn Sie den Backofen erst wenige Minuten vor dem Backen anstellen (bei Hefeteigen z. B. erst anstellen, wenn der Teig im Ofen steht, dadurch kann er noch etwas gehen).

Welche Einschubleiste?

Bei Heißluftherden gibt es dieses Problem nicht, da die heiße Luft gleich-

mäßig im Ofen zirkuliert. Sie können sogar bis zu drei Bleche gleichzeitig backen, vorausgesetzt, das Backgut hat während des Backens noch genügend Platz zum Entfalten. Diese gute Auslastung macht den Heißluftherd ökonomischer und spart Energie.
Bei Elektroöfen gilt folgendes einfaches Prinzip: Das Gebäck sollte sich immer in der Mitte des Backofens befinden. Das heißt, einen hohen Napfkuchen schiebt man dazu in die unterste (oder je nach Höhe des Backofens zweitunterste) Schiene, flache Plätzchen oder flache Kuchen (auf dem Blech) in die mittlere Schiene.
Kuchen in Backformen sollten Sie niemals auf Blechen in den Ofen schieben – sondern die dafür vorgesehenen Roste verwenden. Durch das Blech könnten sie zu starke Unterhitze bekommen und würden auf der Auflagefläche verbrennen.
Schieben Sie die Kuchenbleche immer so weit ein, dass sie an der Rückwand anstoßen. Sonst passiert es, dass das Gebäck ungleichmäßig bräunt.

Zur richtigen **Teigbearbeitung** beachten Sie bitte die jeweiligen Tipps in den Grundrezepten.
Dunkle und schwarze **Backformen** verwendet man bei Elektroherden, helle Backformen bei Gasherden.
Bei sehr **feuchtem Backgut,** z. B. bei Obstblechkuchen, entsteht viel Wasserdampf im Backofen, öffnen Sie die Backofentür kurz und vorsichtig, so dass die heißen Schwaden abziehen können. Das spart Energie und vermindert die Kondensation an der Backofentür.
Legen Sie den Backofen **nicht mit Alufolie** aus, sonst entsteht ein Wärmestau, der das Backergebnis verfälscht und das Email beschädigt.
Die **Zutaten der Rezepte** haben wir jeweils in der Reihenfolge aufgeführt, in der Sie sie beim Verarbeiten benötigen.

Noch eins: Backgeräte und Zubehör

Um richtig backen zu können, brauchen Sie – genau wie beim Kochen – das richtige Handwerkszeug. Dabei gibt es Geräte, die unbedingt erforderlich sind, und andere, die im Laufe der Zeit angeschafft werden können. Nach diesen Kriterien haben wir die Auflistung gegliedert. Wer sich auf Dauer vollwertig ernähren möchte, der sollte sich die Anschaffung einer Getreidemühle überlegen. Es lohnt sich.

1. Küchenwaage und Messbecher
2. Rührschüsseln und Backformen
3. Rührlöffel (mit und ohne Loch)
4. Schneebesen und Teigschaber
5. feines Sieb
6. Teigrolle (oder Flasche)
7. elektrisches Handrührgerät
8. Nussmühle, Mixer oder elektrischer Zerkleinerer mit Stahlmesser
9. Muskat- bzw. Zitronenreibe
10. Teigrädchen
11. Backpinsel
12. langes Tortenmesser, Tortenheber
13. Kuchengitter
14. Holzspießchen
15. Ausstechförmchen
16. Spritz- und Dekobeutel
17. Kekspresse

Na, dann kann's ja losgehen! Viel Spaß und guten Appetit!

Erklärung der Symbole im Rezeptteil

(schnell): Kurze Vor- und Zuberereitungszeiten

(vegan): Die verwendeten Zutaten sind vegan, d. h., sie enthalten kein tierisches Eiweiß. Nicht vegane Zutaten können durch in Klammern angegebene vegane Zutaten problemlos ersetzt werden.

Mürbteig

Backanfänger dürfen sich freuen! Mürbteig geht leicht und einfach von der Hand. Feine Obst- und Käsekuchen, kleine Torteletts, Tortenböden und Kekse können Sie aus ihm zaubern.
Für die Herstellung von Mürbteig bieten sich zweierlei Methoden an:
Von Hand: Beim Verarbeiten von Hand sollten alle Zutaten, vor allem die Butter, gut gekühlt sein! Denn das mit der Butter emulgierte Wasser darf sich erst durch die Backhitze verflüchtigen – das lockert den Teig.
Maschinell: Wenn Sie sich für die Variante mit dem Handrührgerät oder der Küchenmaschine entscheiden, sollten dagegen alle Zutaten Zimmertemperatur haben. Doch auch hier muss der Teig mindestens 30 Minuten kalt gestellt werden.

Grundrezept für Mürbteig

250 g Dinkel- oder Weizenvollkornmehl (fein gemahlen und gesiebt)
eventuell 1 Msp Natron
75 g Vollrohrzucker (fein gemahlen)
125 g kalte Butter
1 – 2 EL kaltes Wasser bzw. Joghurt
eventuell 1 TL gemahlene Bourbon-Vanille bzw. Zimt oder abgeriebene Zitronenschale

Die Zutaten werden nach einer festen Reihenfolge beigegeben: Zuerst alle trockenen Zutaten mischen (wie Vollkornmehl, Vollrohrzucker, Vanille, andere Gewürze oder fein gemahlene Nüsse). Anschließend die in Flöckchen zerhackte kalte Butter und Wasser bzw. Joghurt unterkneten.

Allgemeine Tipps

Mürbteig bzw. Knetteig sollten Sie rasch und nur mit kalten Händen kneten (dazu Hände unter kaltem, fließendem Wasser abkühlen und abtrocknen). Um die Knetzeit zu verkürzen, nehmen Sie ein Messer und hacken die in der Schüssel befindlichen Zutaten gut durch. Dadurch entstehen grobe Brösel, die sich schon durch kurzes Durchwalken zu einem festen, glatten Teig verbinden.
Die Teigkugel in eine Frischhaltefolie wickeln oder in einer abgedeckten Schüssel mindestens 30 (bis 60) Minuten kalt stellen. Diese Ruhe braucht der Teig, damit er wieder schön fest wird und das Mehl Zeit hat, seinen Kleber zu entfalten. (Eilige können Mürbteig aber auch schon am Vorabend zusammenkneten und am nächsten Tag backen. Dann müssen Sie ihn lediglich einige Zeit vor dem Verarbeiten aus dem Kühlschrank holen, damit er nicht zu hart zum Ausrollen ist.)
Folie zum Ausrollen: Wenn Sie sich fragen, wie Sie die harte Teigkugel zu einem dünnen Teig ausrollen sollen – hier ein Tipp: Rollen Sie die Teigkugel zwischen zwei Lagen Silikonback- bzw. Frischhaltefolie aus. Mit den Folien lässt sich der Teig auch leicht von der Arbeitsplatte abheben und in die Form (z. B. Springform) geben.
Damit beim Backen von dünnen Tortenböden oder Obstkuchenböden keine Blasen oder Unebenheiten entstehen, stechen Sie den Teigboden vor dem Backen einfach mit einer Gabel oder einem Holzstäbchen mehrmals ein.

Blindbacken

Blindbacken von ungefüllten Mürbteigböden verhindert, dass der Teigrand während des Backens herunterrutscht. Dem kann folgendermaßen vorgebeugt werden: Der Teigboden wird in die Form gegeben, darauf ein Papier (Pergamentpapier) gelegt und die Form bis zum Rand mit Hülsenfrüchten gefüllt. Nach dem Backen (ca. 15 Minuten) werden die Hülsenfrüchte herausgeschüttet und der Boden wird mit der gewünschten Füllung fertig gebacken.
(Die Hülsenfrüchte lassen sich anderweitig in der Küche verwenden.)

Apfelkuchen mit Sonnenblumenkernen

Eigentlich ist es ein Skandal! Die EU-Normen schreiben vor, dass jeder Apfel, der weniger als 55 mm Durchmesser hat, in den EU-Ländern nicht mehr verkauft werden darf, sondern ans Vieh verfüttert oder gar vernichtet werden muss.
Ob im hoch gezüchteten und zwanzigmal gespritzten Einheits-Riesenapfel aus dem Supermarkt noch viele Nährstoffe (und nicht etwa nur Agrarschadstoffe) sind, steht auf einem anderen Blatt. Deshalb: Fragen Sie Bauern oder Bio-Kleingärtner, ob Sie bei der Apfelernte behilflich sein dürfen, und freuen Sie sich über jeden Apfel, in dem ein Wurm sitzt – er ist garantiert ungespritzt und voller gesunder Inhaltsstoffe.

Für eine Springform Ø 26 – 28 cm

Für den Mürbteig:

250 g fein gemahlener Dinkel
1 Msp Natron (kann auch entfallen)
75 g gesiebter Vollrohrzucker
125 g kalte Butter
(vegan: Pflanzenmargarine)
1 – 2 EL Apfelsaft oder Wasser

Für den Belag:

600 g Äpfel
20 g (1 EL) Butter
(vegan: Pflanzenmargarine)
40 g (4 EL) Sonnenblumenkerne
1 EL Ahornsirup oder Jaggery
1 EL Vollrohrzucker
1 EL Sahne (Sojadrink für Veganer)
½ TL Zimt oder gemahlene
Bourbon-Vanille

So wird's gemacht:

1) Alle Zutaten für den Mürbteig rasch zu einem geschmeidigen Teig kneten und mindestens 30 Minuten kalt stellen.
2) Äpfel waschen, schälen und in Achtel schneiden.
3) Teigboden zwischen zwei Silikonback- bzw. Frischhaltefolien ausrollen, die gefettete Springform damit auskleiden und einen 3 cm hohen Rand bilden. Boden mit einer Gabel mehrmals einstechen. Äpfel in Rosettenform auf den Teigboden legen.
4) Butter (Pflanzenmargarine) in der Pfanne schmelzen, Sonnenblumenkerne darin anrösten, dann Ahornsirup bzw. Jaggery, Vollrohrzucker, Sahne (Sojadrink) und Gewürz dazugeben. Leicht abgekühlt über den Äpfeln verteilen.
5) Im vorgeheizten Ofen bei 190 °C (E)/ 175 °C (H) 35 – 40 Minuten backen.

Tipp: Zur Abwechslung können Sie statt Sonnenblumenkerne auch Mandelstifte oder gehackte Walnüsse verwenden.

Erdbeerkuchen mit Honigmarzipan

Erdbeeren regen nicht nur den Appetit und die Verdauung an, sondern fördern auch die Wundheilung. Ayurveda-Therapeuten geben zur Kräftigung des Zahnfleischs und Verhütung von Karies den Tipp, die Zähne mit Erdbeeren einzureiben und dann gut mit Wasser nachzuspülen. Und Honigmarzipan ist ein optimales »Futter fürs Gehirn«. So gut kann Gesundheit schmecken.

Für eine Obstkuchenform Ø 26 – 28 cm

Für den Mürbteig:

150 g fein gemahlener Dinkel oder Weizen
100 g fein gemahlene Mandeln
1 Msp Natron
75 g gesiebter Vollrohrzucker
125 g kalte Butter
1 EL Wasser

Für den Belag:

500 g frische Erdbeeren (oder Himbeeren)
100 g Honigmarzipan (s. nächste Seite)

Für den Guss:

Saft von 1 Orange (60 ml)
1 TL Johannisbrotkernmehl bzw. ½ TL Agar-Agar-Pulver
4 EL Birnendicksaft
½ TL gemahlene Bourbon-Vanille

So wird's gemacht:

1) Alle Zutaten für den Mürbteig rasch zu einem geschmeidigen Teig kneten und mindestens 30 Minuten kalt stellen.
2) Erdbeeren waschen, abtropfen lassen und mit einem Küchenkrepp trockentupfen. Honigmarzipan herstellen (s. nächste Seite) und zwischen zwei Silikonback- bzw. Frischhaltefolien im Durchmesser der Obstkuchen- oder Springform ausrollen.
3) Mürbteig ebenfalls zwischen zwei Folien ausrollen und die gefettete Form damit auskleiden. Mit der Gabel mehrmals einstechen und bei 190 °C (E)/175 °C (H) 20 – 25 Minuten goldbraun backen.
4) Den abgekühlten Teigboden auf die Tortenplatte setzen. Marzipanplatte hineinlegen und mit den Beeren verzieren.
5) Alle Zutaten für den Guss in einen kleinen Topf geben – gut rühren, damit sich keine Klümpchen bilden. Bei kleiner Hitze unter ständigem Rühren mit dem Schneebesen einmal aufköcheln lassen. Sofort von der Flamme nehmen und die Erdbeeren damit bepinseln.
Vorsicht! Zu viel Guss könnte den Kuchen zu schnell aufweichen!

Honigmarzipan

Honigmarzipan ist sehr beliebt – vor allem, wenn es selbst gemacht wird! Wer es bereits im voraus hergestellt hat, kann daraus im Handumdrehen köstliche Marzipan-Süßigkeiten zaubern oder es für schnelle Torten und Kuchen verwenden.

200 g Mandeln
100 g kaltgeschleuderter, fester Honig (am besten Lavendelhonig)
eventuell 5 Tropfen Rosenwasser

So wird's gemacht:

1) Mandeln in kochend heißes Wasser geben. Den Topf von der Flamme nehmen und 1 – 2 Minuten ziehen lassen. Testen Sie an einer Mandel, ob sich die Haut leicht abziehen lässt (Vorsicht: heiß!). Dann die Mandeln mit kaltem Wasser abschrecken, häuten und mit einem sauberen Tuch trockentupfen. Anschließend möglichst die Mandeln völlig trocknen lassen (am besten über Nacht).
   In eiligen Fällen können Sie die Mandeln bei 50 °C im Ofen trocknen, jedoch nicht rösten. Vor dem Mahlen abkühlen lassen, da sonst das Öl austritt.
2) Mandeln mit einer Küchenmaschine mit elektrischem Hackmesser fein mahlen (je feiner sie gemahlen sind, desto feiner wird auch das Marzipan). Eine Nussmühle ist für diesen Zweck meist zu grob.
3) Honig und Mandeln vermengen und eventuell mit 5 Tropfen Rosenwasser verfeinern. Je nach Beschaffenheit des Honigs bekommt das Marzipan eine andere Konsistenz und einen anderen Geschmack. Ist es zu klebrig, fügen Sie noch einige gemahlene Mandeln hinzu.

Zwetschgenkuchen mit Streuseln

Unter dem Namen Zwetschgen kennt man Pflaumen in Süddeutschland. Zwetschgen läuten den Herbst ein und mit ihm die Zeit der saftigen Obstkuchen. Viel Vitamin B_1, B_2 und C enthalten sie, außerdem viel Eisen und eine ideale knochenstärkende Kombination von Calcium und Phosphor. Pflaumen schützen die Gefäße, regen die Magensaft- und Speichelproduktion an und werden, u. a. wegen ihres niedrigen Salzgehalts, vor allem Nieren-, Rheuma- und Gichtkranken empfohlen.

Für eine Springform Ø 26 – 28 cm

Für den Mürbteig und die Streusel:

300 g fein gemahlener Dinkel oder Weizen
1 Msp Natron
100 g gesiebter Vollrohrzucker
150 g kalte Butter (vegan: Pflanzenmargarine)
3 EL kaltes Wasser oder Fruchtsaft
½ – 1 TL Zimt

Für den Belag:

750 g Zwetschgen (Pflaumen)

So wird's gemacht:

1) Alle Zutaten für den Mürbteig rasch zu einem geschmeidigen Teig kneten und mindestens 30 Minuten kalt stellen.
2) Zwetschgen waschen, einschneiden und entsteinen. Die zusammenhängenden Hälften noch einmal jeweils der Länge nach einschneiden.
3) Ein Viertel des Teiges für die Streusel zurückbehalten und kalt stellen. Den restlichen Teig zwischen zwei Silikonback- bzw. Frischhaltefolien ausrollen, eine gefettete Springform damit auskleiden und einen 3 cm hohen Rand bilden.
4) Zwetschgen dachziegelartig darauf verteilen. Streusel darüber krümeln und bei 190 °C (E)/175 °C (H) 40 – 45 Minuten und eventuell 5 Minuten Nachhitze backen.

Tipp: Statt der Zwetschgen können Sie auch andere Früchte der Jahreszeit, wie Kirschen, Aprikosen, Äpfel usw., verwenden.

Joghurt-Käse-Kuchen mit Himbeeren

Frische Himbeeren besitzen nicht nur ein herrliches Aroma. Sie geben dem Menschen vor allem Mineralien wie Kalium, Eisen, Magnesium und Phosphor, die für Knochenbildung, Stoffwechsel und reibungslose Muskel-, Nerven- und Gehirnfunktionen wichtig sind. Andere Inhaltsstoffe wie Säuren, Pektin und Gerbstoffe helfen der Leber bei ihrer Entgiftungsarbeit, wirken fiebersenkend und feuern die Verdauung an.

Für eine Springform Ø 28 cm

Für den Mürbteig:

200 g fein gemahlener Dinkel oder Weizen
1 Msp Natron
100 g kalte Butter
60 g gesiebter Vollrohrzucker
1 EL kaltes Wasser oder Joghurt

Für den Belag:

800 g Joghurtquark (aus 1,6 – 2 kg Joghurt)
200 g Sahne
200 g Vollrohrzucker
2 Päckchen Vanillepuddingpulver
Saft und Schale einer unbehandelten Zitrone
250 g frische (notfalls gefrorene) Himbeeren

Für die Dekoration:

12 frische Himbeeren
30 – 40 g gehackte Pistazienkerne

So wird's gemacht:

1) Joghurt 5 – 6 Stunden in einem Käsebaumwolltuch an den vier Enden zusammenknoten und abhängen lassen, bis 800 g Joghurt übrig bleiben. Die abtropfende Molke in einer Schüssel auffangen. Wenn nach dem Abwiegen der Joghurtmasse etwas an Gewicht fehlen sollte (z. B. nach zu langem Abhängen), die entsprechende Menge wieder mit Molke auffüllen (genaue Anleitung s. S. 178).
2) Alle Zutaten für den Mürbteig rasch verkneten und mindestens 30 Minuten zugedeckt kalt stellen.
3) Sahne steif schlagen. Den Joghurtquark und die restlichen Zutaten (außer den Himbeeren) in einer Schüssel mit einem Handrührgerät zu einer cremigen Masse rühren. Himbeeren waschen und trockentupfen. 8 – 12 Stück für die Dekoration zurückbehalten.
4) Den Mürbteig zwischen zwei Silikonback- bzw. Frischhaltefolien ausrollen und die gefettete Springform damit auskleiden. Einen 3 cm hohen Rand formen. Den Boden mit einer Gabel mehrmals einstechen. Teigboden bei 200 °C (E)/175 °C (H) 15 Minuten blindbacken (s. S. 46).
5) Himbeeren auf dem vorgebackenen Boden verteilen. Joghurtquarkmasse einfüllen und weitere 45 Minuten bei 200 °C (E)/175 °C (H) fertig backen.
6) Den abgekühlten Kuchen mit Himbeeren und Pistazienkernen dekorieren.

Käsekuchen mit Kirschen

Wer liebt ihn nicht auch – den Käsekuchen? Für dieses Rezept verwenden wir selbst gemachten Frischkäse (Panir), den Sie schon am Vorabend herstellen können. (Mehr Informationen über die Herstellung von Frischkäse entnehmen Sie dem Anhang: »Kleine Warenkunde« S. 176.)
Mehr als tausend verschiedene Kirschsorten gibt es heute, von gelb über rosa bis schwarz. Die dunkleren Sorten enthalten mehr Vitamine und Mineralien als ihre helleren Schwestern.

Für eine Springform Ø 26 – 28 cm oder zwei Springformen Ø 22 cm

Für den Mürbteig:
200 g fein gemahlener Dinkel oder Weizen
1 Msp Natron
60 g gesiebter Vollrohrzucker
100 g kalte Butter
1 – 2 EL kaltes Wasser oder Zitronensaft
½ TL abgeriebene Schale einer unbehandelten Zitrone

Für die Käsemasse:
1100 g selbst gemachter Frischkäse aus 3 l Milch (s. S. 176)
400 g entsteinte Kirschen
200 g Sahne
2 Päckchen Vanillepuddingpulver
500 g Joghurt
Saft und abgeriebene Schale einer unbehandelten Zitrone
200 g Vollrohrzucker

So wird's gemacht:
1) Einen sehr weichen Frischkäse herstellen (d. h. nur kurz abhängen lassen, bis die Käsemasse 1100 g ergibt).
2) Alle Zutaten für den Mürbteig rasch zu einem geschmeidigen Teig kneten und mindestens 30 Minuten kalt stellen.
3) Kirschen waschen und entsteinen. Sahne steif schlagen und Vanillepuddingpulver darunter heben.
4) Den Mürbteig zwischen zwei Silikonback- bzw. Frischhaltefolien zu einer runden Platte ausrollen und die gefettete Springform damit auskleiden. Dabei einen 3 cm hohen Rand bilden. Mit einer Gabel mehrmals einstechen und bei 190 °C (E)/175 °C (H) 10 – 12 Minuten blindbacken (s. S. 46).
5) 1100 g Frischkäse in eine Rührschüssel geben (falls der Frischkäse etwas weniger Gewicht hat, den fehlenden Rest mit Molke auffüllen). Mit dem Handrührgerät zu einer cremigen Masse rühren. Die Sahne mit Puddingpulver, Joghurt, Zitronenschale, Vollrohrzucker und Zitronensaft unter die cremige Käsemasse rühren.
6) Den vorgebackenen Teigboden mit den Kirschen belegen, die Käsemasse einfüllen und weitere 50 – 55 Minuten bei 190 °C (E)/175 °C (H) backen.
Der Käsekuchen ist fertig, wenn er schon im Ofen eine etwas feste Konsistenz hat. Er wird noch fester nach dem Abkühlen (in der Form). Kuchen erst nach dem vollständigen Abkühlen aus der Form herauslösen.

Puddingkuchen

Nicht nur den Kleinen, sondern auch den Großen schmeckt dieser Puddingkuchen. Der Vollrohrzucker verleiht ihm einen karamellartigen Geschmack. Und gesund ist er auch noch, da der Vollrohrzucker – im Gegensatz zum weißen Fabrikzucker – nicht raffiniert ist und dadurch noch die meisten Mineralstoffe und Vitamine enthält.
Da Puddingkuchen Kapha im Körper vermehrt, ist er ideal für Menschen, die an einem Übermaß an Vata und Pitta leiden. Noch eine Kugel Eiscreme oder etwas Schlagsahne dazu und die (Nach-)Tischrunde wird zum köstlichen Erlebnis.

Für eine Springform Ø 26 – 28 cm

Für den Mürbteig:
150 g fein gemahlener Dinkel oder Weizen
1 Msp Natron
100 g geröstete und fein gemahlene Haselnüsse
125 g kalte Butter
75 g gesiebter Vollrohrzucker
1 – 2 EL Wasser

Für die Füllung:
1,5 l Milch
2,5 – 3 Päckchen Vanillepuddingpulver
10 EL Vollrohrzucker

Für die Glasur:
Carobglasur (s. S. 172)

Für die Verzierung:
ganze, geröstete Haselnüsse

So wird's gemacht:
1) Alle Zutaten für den Teig rasch zu einem Mürbteig verarbeiten und für mindestens 30 Minuten kalt stellen.
2) Eine Tasse Milch mit dem Puddingpulver verrühren. Die restliche Milch in einem mit kaltem Wasser ausgespülten Topf erhitzen. Kurz bevor die Milch kocht, die Puddingpulvermasse mit dem Schneebesen hineinrühren. Gut umrühren, damit keine Klümpchen entstehen. Wenn der Pudding aufgekocht ist, vom Herd nehmen. Den Vollrohrzucker hineinrühren. Während der Pudding abkühlt, mehrmals umrühren, um eine Hautbildung zu vermeiden.
3) Den Teig zwischen zwei Silikonback- bzw. Frischhaltefolien ausrollen, die gefettete Springform damit auskleiden und einen 3 cm hohen Rand bilden. Den Boden mehrmals mit einer Gabel einstechen.
4) Teigboden bei 190 °C (E)/175 °C (H) 20 – 25 Minuten blindbacken (s. S. 46). Nun den noch warmen Pudding einfüllen und mit einem Teigschaber glatt streichen. Kuchen auskühlen lassen.
5) Carobglasur auf den erkalteten Kuchen pinseln und mit ganzen Haselnüssen verzieren. Vor dem Servieren kurz kalt stellen, damit die Glasur fest werden kann.

Birnen-Nuss-Kuchen

Birnbäume, die bis zu 20 m hoch und bis zu 200 Jahre alt werden können, gehörten früher zu den wichtigsten Schutzbäumen der Bauernhäuser. Ihre reifen Früchte sind leicht verdaulich und unterstützen mit ihrer wassertreibenden und zusammenziehenden Wirkung Herz- und Kreislaufsystem, Nieren und Magen-Darmtrakt.
Dieser Sandteigkuchen ist ein naher Verwandter des Mürbteiges. Die größere Menge an Butter macht ihn jedoch fein und zart. Bitte beachten Sie die lange Ruhezeit (einen Tag)!

Für eine Tarte- oder Springform
Ø 26 – 28 cm

Für den Sandteig:

350 g fein gemahlener Dinkel oder Weizen
1 Msp Natron
250 g kalte Butter (vegan: Pflanzenmargarine)
90 g gesiebter Vollrohrzucker
1 TL gemahlene Bourbon-Vanille
2 EL Joghurt oder Wasser

Für den Belag:

2 – 3 Birnen
10 g Butter
100 g gemahlene Haselnüsse
4 – 5 EL Birnendicksaft
2 – 3 Tropfen Bittermandelöl

So wird's gemacht:

1) Alle Zutaten für den Teig auf der Arbeitsplatte mischen und rasch zu einem glatten Teig kneten. (Wichtig: Auf keinen Fall zu lange kneten!) Den Teig zu einer Kugel formen und in Folie eingewickelt einen Tag oder über Nacht im Kühlschrank ruhen lassen.
2) Die flache Teigkugel zwischen zwei Silikonback- bzw. Frischhaltefolien zu einer runden Teigplatte ausrollen und in die gefettete Tarte-Form einlegen. Einen Rand andrücken und erneut kalt stellen.
3) Birnen waschen, schälen, vom Kerngehäuse befreien und in feine Streifen schneiden. Birnenstreifen dachziegelartig auf den Teigboden drapieren.
4) Im vorgeheizten Ofen bei 200 °C (E)/ 180 °C (H) 30 Minuten backen.
5) In der Zwischenzeit die Butter in einer Pfanne schmelzen, die gemahlenen Nüsse leicht anrösten, die restlichen Zutaten hinzufügen und von der Flamme nehmen.
   Den Kuchen nach 30 Minuten Backzeit herausnehmen, die Nussfüllung darauf verteilen und in weiteren 5 – 10 Minuten fertig backen.

Göttertraum-Tofu-Kuchen

Nicht nur ein Traum für Götter, sondern auch für Veganer ist dieser Kuchen. Bei diesem Rezept hat Tofu bzw. Süßlupine den Quark des klassischen Käsekuchens ersetzt. Tofu, der Sojabohnenkäse oder -quark, hat fast den gleichen Nährwert wie seine Mutter, die Sojabohne: viel Eiweiß, Vitamine der B-Gruppe, Vitamin E sowie einen hohen Anteil an Calcium. Darüber hinaus besitzt er nur 4 % Fett und so gut wie keine Kohlenhydrate.

Für eine Springform Ø 26 cm

Für den Mürbteig:
90 g gemahlene Walnüsse
160 g fein gemahlener Dinkel
1 Msp Natron
125 g reine Pflanzenmargarine oder Butter
75 g gesiebter Vollrohrzucker
(eventuell 1 EL kaltes Wasser)

Für den Belag:
750 g Tofu bzw. Lopino
375 ml Vanille-Sojadrink
frische Erdbeeren, Heidelbeeren oder Himbeeren

Carob-Tofu-Schicht:
200 g Vollrohrzucker
½ TL gemahlene Bourbon-Vanille
1 – 2 EL Maisstärke
4 EL Carob (ca. 50 g)

Erdbeer-Tofu-Schicht:
½ Päckchen Vanillepudding-Pulver
4 EL Erdbeermarmelade bzw. pürierte, angedickte Erdbeeren

Vanille-Tofu-Schicht:
½ Päckchen Vanillepudding-Pulver
1 Msp Safranpulver bzw. ¼ TL Kurkuma

Außerdem:
2 EL Aprikosenmarmelade

So wird's gemacht:

1) Alle Zutaten für den Mürbteig rasch zu einem Teig kneten und zugedeckt 30 Minuten kühl stellen.
2) Tofu pürieren bzw. durch ein feines Sieb streichen. Tofu und Vanille-Sojadrink in drei gleiche Portionen teilen und in drei Schüsseln füllen. Mit den übrigen Zutaten der jeweiligen Schicht verrühren.
3) Teig zwischen zwei Silikonback- bzw. Frischhaltefolien ausrollen, die gefettete Form damit auskleiden und einen 3 cm hohen Rand bilden. Mit der Gabel mehrmals einstechen.
4) Den Teigboden bei 190 – 200 °C (E)/ 180 – 175 °C (H) für 15 Minuten blindbacken (s. S. 46).
5) Die Beeren (Sorte nach Wunsch) auf den vorgebackenen Teigboden legen und die Carob-Tofu-Masse darüber füllen. Dann die Erdbeer-Tofu-Masse und schließlich die Vanille-Tofu-Masse einfüllen und glatt streichen.
6) Für weitere 45 – 50 Minuten bei 190 °C (E)/175 °C (H) fertig backen. Den Kuchen mit 2 EL heißer Aprikosenmarmelade bestreichen und für weitere 3 – 5 Minuten backen. Anschließend in der Form auf einem Gitter vollständig auskühlen lassen.

Knusper-Nuss-Kuchen

Hänsel und Gretel hätten ihre Freude an diesem knusprigen Nusskuchen gehabt. Denn Nüsse sind für Körper und Geist wahre Energiespender. Sie enthalten nicht nur viel Eiweiß (15 – 20 %) und Fett (50 – 60 %), sondern auch zahlreiche Mineralstoffe (2,5 %), wie Phosphor, Schwefel (wichtig für den Stoffwechsel) und Kalium (gut für das Herz). Und dies ist erst ein kleiner Ausschnitt all ihrer »guten Eigenschaften«. Doch auch Gutes sollte man nicht übertreiben: Mehr als eine Handvoll Nüsse vermehren das Vata-Element im Körper.

Für eine Springform Ø 28 cm

Für den Mandelmürbteig:

150 g fein gemahlener Dinkel
100 g fein gemahlene Mandeln
1 Msp Natron
75 g gesiebter Vollrohrzucker
125 g kalte Butter (vegan: Pflanzenmargarine)
1 – 2 EL Sahne oder (Rosen-)Wasser
½ TL Zimt

Für den Belag:

100 g Haselnüsse
100 g Cashewnüsse
50 g Walnüsse
30 g Pinienkerne
50 g Mandeln
50 g Butter (vegan: Pflanzenmargarine)
100 g Vollrohrzucker bzw. Jaggery
50 ml Sahne (vegan: Sojadrink)
1 TL gemahlene Bourbon-Vanille
2 EL Kastanienmarmelade

Für die Glasur:

Carobglasur (s. S. 172)

So wird's gemacht:

1) Alle Zutaten für den Teig zu einem Mürbteig kneten und mindestens 30 Minuten kalt stellen.
2) Nüsse und Mandeln fein mahlen. Die Haselnüsse in einer Pfanne leicht anrösten, die übrigen Zutaten (außer der Kastanienmarmelade) dazugeben und für wenige Minuten köcheln. Dann den Belag abkühlen lassen.
3) Den Mürbteig zwischen zwei Silikonback- bzw. Frischhaltefolien ausrollen. Die gefettete Springform damit auskleiden und einen 3 cm hohen Rand formen. Mit der Gabel mehrmals einstechen und bei 190 °C (E)/ 170 °C (H) 10 – 12 Minuten blindbacken (s. S. 46).
4) Kastanienmarmelade auf die Teigkruste streichen, Füllung darüber verteilen und weitere 15 – 20 Minuten fertig backen. Den Kuchen aus der Form nehmen und auf einem Kuchengitter auskühlen lassen.
5) Abschließend den Kuchen eventuell noch mit einer Carobglasur bepinseln.

Obstkuchen mit Rahmteig

Der Rahmteig ist zwar kein klassischer Mürbteig, dennoch wollten wir Ihnen diesen leckeren Kuchen nicht vorenthalten.
Für diesen saftigen Obstkuchen vom Blech können Sie Obst nach Wahl nehmen, wir haben uns hier für Aprikosen und Äpfel entschieden. Denn Aprikosen enthalten u. a. viel Beta-Carotin, das für Haut und Schleimhäute, Augen und Leber eine wichtige Rolle spielt. Ihr hoher Kaliumgehalt macht sie zu Helfern bei der »Entwässerung« von Ödemen und entlastet so Herz und Kreislauf. Und die Kieselsäure, die in ihnen enthalten ist, stärkt Gehirn, Haare, Haut und Nägel.
Das i-Tüpfelchen dieses Kuchens ist allerdings sein Kokos-Sahneguss.

Für ein Backblech

Für den Rahmteig:
350 g fein gemahlener Dinkel
150 g Vollrohrzucker
¼ TL Natron
250 g kalte Butter
150 g saure Sahne

Für den Belag:
600 g Aprikosen
600 g Äpfel
3 EL Haferflocken

Für den Kokos-Sahneguss:
6 EL Kokosflocken
1 EL Wildpfeilwurzelmehl
3 EL Sahne
4 EL Birnendicksaft oder Ahornsirup

So wird's gemacht:

1) Mehl, Vollrohrzucker und Natron in einer Schüssel mischen. Butter in kleine Stückchen hacken. Saure Sahne dazugeben. Mit dem Knethaken des Handrührgerätes alle Zutaten für den Teig kneten.
2) Den Teig mindestens 1 Stunde kalt stellen. (Sie können ihn auch schon am Vorabend kneten und kalt stellen.)
3) Aprikosen und Äpfel waschen, entsteinen bzw. schälen und in dünne Scheiben schneiden.
4) Teig mit einem Teigschaber auf ein gefettetes Blech streichen, dabei ein wenig für die Streusel zurückbehalten. Die Haferflocken auf den Teigboden streuen und Aprikosen und Äpfel abwechselnd in Reihen nebeneinander legen.
5) Backofen auf 200 °C (E)/180 °C (H) vorheizen.
6) Alle Zutaten für den Guss miteinander verrühren und auf die Apfelreihen streichen. Den restlichen Rahmteig als Streusel über die Aprikosenreihen bröseln.
7) Den Kuchen 40 – 45 Minuten bei 200 °C (E)/180 °C (H) backen.

Kastanien-Creme-Kuchen

Sie sind eine Spezialität im Herbst und Winter: Maronen oder Esskastanien – hoch gelobt von der heiligen Hildegard von Bingen. Und das zu Recht, denn sie enthalten einen wahren Schatz an Wirkstoffen. Nach dem Ayurveda vermehren sie das Kapha-Element im Körper. Mit ihrer Kombination von Calcium und Phosphor wirken sich Esskastanien nicht nur günstig auf Knochen und Zähne aus, sondern helfen auch einem übersäuerten Magen, wieder ins Lot zu kommen.
Für alle körperlich und geistig Erschöpften sind Maronen reiner Balsam – vor allem, wenn sie zu so feinem Püree verarbeitet werden wie für diesen Kuchen. Der cremig-zarte Geschmack dieses Kuchens belohnt für die etwas zeitintensive Herstellung mehr als genug.
Das Püree können Sie auch schon am Vorabend zubereiten.

Für eine Springform Ø 26 – 28 cm

Für den Mürbteig:
200 g fein gemahlener Dinkel
1 Msp Natron
½ TL Zimt
100 g kalte Butter
(vegan: Pflanzenmargarine)
75 g gesiebter Vollrohrzucker
1 EL kaltes Wasser

Für den Belag:
750 g Maronen (Esskastanien)
200 ml Wasser oder Milch
2 EL Sojamehl und 4 EL Milch oder Wasser (bzw. Ei-Ersatzpulver für 2 Eier)
150 g weiche Butter
150 g Vollrohrzucker
2 TL gemahlene Bourbon-Vanille
1 TL Zimt
2 EL Carob

Zum Servieren:
125 g leicht gesüßte Schlagsahne

So wird's gemacht:

1) Alle Zutaten für den Teig rasch zu einem Mürbteig verarbeiten und zugedeckt mindestens 30 Minuten kalt stellen.
2) Backofen auf 200 °C vorheizen. Maronen am spitzen Ende kreuzweise einschneiden und im Ofen für 10 Minuten rösten, bis die Schale aufspringt. Die leicht abgekühlten Maronen von ihrer Schale und der darunter liegenden braunen Haut befreien. Geschälte Maronen in einem Topf mit wenig Wasser für 15 – 20 Minuten weich kochen und leicht abgekühlt in einem Mixer (mit ca. 200 ml Wasser oder Milch) zu einer feinen, weichen Paste pürieren.
3) Mürbteig zwischen zwei Silikonback- bzw. Frischhaltefolien zu einer runden Platte ausrollen und die gefettete Springform damit auskleiden. Dabei einen 3 cm hohen Rand formen. Den Teigboden mit einer Gabel mehrmals einstechen und bei 190 °C (E)/ 175 °C (H) 12 Minuten blindbacken (s. S. 46).
4) Ei-Ersatzpulver mit dem Handrührgerät in separater kleiner Schüssel zu

»Ei-Ersatzschnee« steif schlagen (siehe Packungsanleitung »für 2 Eier«) bzw. Sojamehl mit Wasser oder Milch verrühren. Die weiche Butter (Pflanzenmargarine) mit gesiebtem Vollrohrzucker, Gewürzen und Carob in einer Rührschüssel schaumig rühren.

5) Maronenpüree und Ei-Ersatz esslöffelweise unter die Butter-Zucker-Mischung zu einer cremigen Masse verrühren. Maronenmasse auf die vorgebackene Teigkruste füllen und glatt streichen.

6) Bei 180 °C (E)/165 °C (H) weitere 50 – 55 Minuten backen.
Mit leicht gesüßter Schlagsahne servieren.

Linzer Torte

Beerenobst ist in der traditionellen Medizin Indiens ein bekanntes Heil- und Nahrungsmittel – steigern die kleinen »Energiekugeln« doch das Pitta-Element im Organismus. Der Ayurveda verwendet Beeren, um die Abwehrkräfte zu stärken und die Nieren sowie den ganzen Stoffwechsel zu stimulieren. Mit ihrem Inhaltsstoff Salicylsäure helfen die Beeren sogar, Fieber zu senken.

Für eine Springform Ø 26 – 28 cm

Für den Mürbteig:

200 – 225 g fein gemahlener Dinkel oder Weizen
125 g gemahlene Haselnüsse oder Mandeln
125 g gesiebter Vollrohrzucker
150 g kalte Butter (vegan: Pflanzenmargarine)
2 EL Rosenwasser oder Sahne
½ TL gemahlene Bourbon-Vanille
1 TL Carob
1 TL Zimt
1 Msp Nelkenpulver
1 Prise Meersalz
½ TL Natron
eventuell 1 – 2 EL Maisstärke oder Weizenmehl Type 1050

Für die Füllung:

150 g Trockenfrüchte (z. B. Aprikosen, Pflaumen, Birnen, Feigen, Rosinen)
etwas heißes Wasser zum Einweichen
150 g Beeren wie Johannisbeeren, Himbeeren (eventuell Tiefkühlkost)
1 – 2 EL Hagebuttenmarmelade oder Himbeermarmelade

So wird's gemacht:

1) Trockenfrüchte unter heißem Wasser waschen und in einer Schüssel mit ein wenig heißem Wasser einweichen. Falls Sie tiefgekühlte Beeren verwenden, diese rechtzeitig aus dem Gefrierfach holen.
2) Die Zutaten für den Mürbteig rasch zu einem geschmeidigen Teig verkneten, zu einer Kugel formen und zugedeckt mindestens 30 Minuten kalt stellen. Falls der Teig zu klebrig ist, noch 1 – 2 EL Maisstärke oder Weizenmehl Type 1050 hinzufügen.
3) In der Zwischenzeit die Füllung zubereiten: Die Trockenfrüchte und die (leicht aufgetauten) Beeren in einem Mixer pürieren (oder mit einem »Früchtewolf« per Hand durchdrehen).
4) Zwei Drittel des Teiges auf einer bemehlten Arbeitsfläche zu einer runden Teigplatte ausrollen, die gefettete Springform damit auskleiden und einen 3 cm hohen Rand bilden. Den restlichen Teig kalt stellen. Marmelade auf den Teigboden streichen und dann die Füllung hineingeben, glatt streichen und kalt stellen.
5) Den restlichen Teig erneut auf einer leicht bemehlten Fläche zu einem Rechteck ausrollen und mit einem Teigrädchen Streifen ausradeln. Mit den Streifen die Oberfläche des Kuchens in Gittermusterform verzieren.
6) Im vorgeheizten Ofen bei 190 °C (E)/ 175 °C (H) 40 Minuten mit eventuell 5 Minuten Nachhitze backen. Den Kuchen erst aus der Form lösen, wenn er völlig erkaltet ist.

Kürbistörtchen

Kürbis, Großmutters Lieblingsgemüse, war einige Zeit in Vergessenheit geraten. Doch in letzter Zeit erlebt der Verwandlungskünstler wieder ein Comeback. Ob pikant oder süß wie diese Kürbistörtchen, jeden kann Kürbis in seinen Bann schlagen.
Kürbis vermehrt sanft das Kapha-Element im Körper. Zudem enthält er extrem viel Beta-Carotin sowie B-Vitamine und zahlreiche Mineralien. Sein ausgesprochen günstiges Natrium-Kalium-Verhältnis hilft bei Herz- und Nierenleiden. Selbst seine Kerne haben noch medizinische Wirkung. Sie sehen, es gibt Gründe genug, ihn wieder zu einem festen Bestandteil unseres Speiseplans zu machen.

Für etwa zehn bis zwölf Törtchen oder eine Springform Ø 26 – 28 cm

Für den Mürbteig:
250 g fein gemahlener Weizen
1 Msp Natron
125 g kalte Butter
(vegan: Pflanzenmargarine)
75 g Vollrohrzucker
½ TL Zimt
1 EL Sahne oder Apfelsaft

Für den Belag:
750 g Kürbis
(Gewicht ohne Kerne und Schale)
250 g Vollrohrzucker
1 TL Zimt
1 – 2 EL Ahornsirup

Für die Dekoration:
200 g Schlagsahne
(vegan: Lopinocreme bzw. reine Pflanzenschlagsahne)
2 EL Vollrohrzucker
etwas Zimt zum Bestreuen

So wird's gemacht:
1) Alle Zutaten für den Mürbteig rasch miteinander verkneten, zu einer Kugel formen und zugedeckt mindestens 30 Minuten kalt stellen.
2) Kürbis waschen, schälen, von den Kernen befreien und in kleine Würfel schneiden. Die Kürbiswürfel in einem Topf mit ganz wenig Wasser weich dünsten.
3) Das Kürbiswasser abgießen (kann gut für Gemüsesuppen verwendet werden). Kürbis pürieren oder durch ein Sieb passieren und mit Vollrohrzucker und Zimt zu einer dicklichen, marmeladenartigen Masse einkochen. Zum Schluss etwas Ahornsirup dazugeben.
4) Den Mürbteig in kleine gefettete Förmchen verteilen bzw. eine große gefettete Springform damit auskleiden und bei 190 °C (E)/175 °C (H) 10 Minuten vorbacken bzw. für die Springform blindbacken (s. S. 46).
5) Kürbismasse in die Förmchen füllen (bzw. auf dem Teig verteilen) und weitere 10 – 20 Minuten (je nach Größe der Form) backen. Auf einem Gitter auskühlen lassen.
6) Die Törtchen mit frisch geschlagener und gesüßter Schlagsahne (Lopinocreme oder Pflanzenschlagsahne) und jeweils 1 Prise Zimt verzieren.

Apple Crumble (englischer Apfelauflauf)

Wenn es schnell gehen muss, aber doch köstlich schmecken soll, gehört dieser englische Apfelauflauf zu unseren Lieblingsrezepten. Doch erst mit Vanillesauce oder Schlagsahne ist er ein richtiger Apple Crumble. Veganer können Sojadrink mit Vanillegeschmack dazu reichen.
Nach dem Ayurveda regen Äpfel den Appetit an, fördern die Verdauung und putzen so ganz nebenbei auch noch die Zähne. Organische Säuren, Gerbstoffe, ätherische Öle und Pektin helfen sogar bei chronischen Durchfällen, und wegen ihres Eisengehaltes werden Äpfel auch gerne bei Anämie eingesetzt. In der Tat ist der Apfel eine Mini-Hausapotheke.

Für eine große Auflaufform

3 – 4 große Äpfel (750 g – 1 kg)
1 TL Wasser
2 EL Zitronensaft
1 TL Zimt
1 – 2 TL Vollrohrzucker
eventuell 50 g Rosinen

100 g Haferflocken
125 g fein gemahlener Weizen oder Dinkel
120 g Vollrohrzucker
60 g zerlassene Butter (vegan: Pflanzenmargarine)
2 EL Ahornsirup bzw. Birnendicksaft
eventuell 1 EL Wasser

So wird's gemacht:

1) Äpfel waschen, schälen und mit einem Messer das Kerngehäuse ausschneiden. Anschließend in Ringe schneiden und in einen Topf mit dem Wasser legen. Zitronensaft, Zimt, Vollrohrzucker und eventuell die gewaschenen Rosinen unter die Äpfel mischen und zugedeckt bei schwacher Hitze für etwa 5 Minuten köcheln lassen.
2) Auflaufform einfetten. Backofen auf 165 °C (H)/ 180 °C (E) vorheizen.
3) Die restlichen Zutaten, eventuell mit 1 EL Wasser, zu einer krümeligen Masse mischen. Äpfel in die Auflaufform legen, »Haferflocken-Krümel-Masse« darauf verteilen, etwas festdrücken und 25 – 35 Minuten goldbraun backen.

Rührteig

Zu Großmutters Zeiten war Rührteig noch mit Schweißarbeit verbunden. Er gelang nämlich nur dann, wenn er mindestens eine Stunde in eine Richtung gerührt wurde. Mit der Erfindung des Elektro-Handrührgerätes ist das heute zum Glück nicht mehr nötig.
Aber damals wie heute sind nicht nur die Kinder begeistert, wenn Sie z. B. Marmorkuchen auf den Tisch bringen. Die früher üblichen sechs oder acht Eier können Sie getrost weglassen – dem verführerischen Geschmack tut dies keinen Abbruch, und die Gesundheit freut sich allemal.

Allgemeine Tipps

Alle Zutaten rechtzeitig (ein bis zwei Stunden vorher) aus dem Kühlschrank nehmen, so dass sie Zimmertemperatur annehmen. Die Butter sollte weich sein (aber nicht geschmolzen werden, da sie sonst während des »Schaumigrührens« nicht mehr genügend Luft aufnehmen und den Teig lockern kann). Veganer verwenden einfach reine Pflanzenmargarine.
Bevor Sie anfangen, **fetten Sie die gewünschte Backform** ein, streuen die Form mit etwas Vollkorngrieß, gemahlenen Haselnüssen oder ausgesiebtem Vollkornmehl aus und schütteln den Rest wieder heraus. Stellen Sie dann die **Form in den Kühlschrank.** Auf diese Weise lässt sich Ihr Kunstwerk nach dem Backen leicht aus der Form lösen, ohne anzukleben.
Vollrohrzucker löst sich am besten auf, wenn er **sehr feinkörnig** ist. Mahlen Sie ihn deshalb vorher (z. B. in einer elektrischen Kaffeemühle) oder sieben Sie ihn durch ein feines Sieb.
Das **Vollkornmehl sollte immer fein gemahlen und gesiebt sein.** Grob gemahlenes Mehl lässt den Kuchen zusammenkleben und gibt ihm eine grobkörnige Konsistenz (eventuell Kleie aussieben und zum Brotbacken verwenden). Das **Triebmittel** erst unter das **letzte Drittel** des Mehles mischen, denn sobald es mit Flüssigkeit in Berührung kommt, beginnt es, seine Triebkraft zu entfalten. Deshalb zügig arbeiten!
Wer gerne Trockenfrüchte mag, sollte diese **»mehlieren«,** d. h. in einem Sieb mit etwas Mehl vermischen. Überschüssiges Mehl rieselt dabei hindurch. Diese Methode verhindert, dass die Früchte während des Backens nach unten absinken.
Der Teig sollte nicht zu flüssig und nicht zu fest sein. Zur Probe kann man etwas Teig mit dem Rührlöffel aus der Schüssel heben: Fällt er **»schwer reißend«** vom Löffel, ist der Teig genau richtig.
Flache Kuchenformen (Spring- und Kastenform) werden im Elektroherd immer auf mittlerer Schiene eingeschoben, Gugelhupfformen auf der unteren Schiene.
Die **Stäbchenprobe** am Ende der angegebenen Backzeit verrät Ihnen, ob der Kuchen durchgebacken ist. Stechen Sie dazu mit einem Holzstäbchen in die dickste Stelle und prüfen Sie, ob sich noch Teigreste am Stäbchen befinden. Ist das Stäbchen teigfrei, dann ist der Kuchen fertig gebacken, ansonsten

braucht er noch ein paar Minuten. Meist genügen einige Minuten **Nachhitze** im abgeschalteten Backofen. Nach dem Backen sollten Sie dem Kuchen einige Minuten Ruhe gönnen, damit er »ausdampfen« kann. Beim Abkühlen sinkt er ein bisschen zusammen, und es entsteht ein winziger Luftraum zwischen Kuchen und Formrand, der das Herauslösen erleichtert. **Stürzen Sie nun den noch lauwarmen Kuchen auf ein Kuchengitter.**

Damit der Kuchen länger frisch bleibt und Ihre Glasur (vor allem Carobglasur) schön glänzt, **bepinseln Sie ihn vor dem Glasieren mit heißer Aprikosenmarmelade.**

Hinweis: Die genauen Angaben zur Herstellung des selbst gemachten Backpulvers bzw. die Umrechnung zu herkömmlichem Backpulver befinden sich auf Seite 40.

Marmorkuchen

Marmorkuchen mit einer großen Tasse Milch war schon für uns Kinder das Höchste der Gefühle. Und damals wie heute schmeckt er Groß und Klein.
Carob, aus den Früchten des Johannisbrotbaumes gewonnen, enthält viele Vitamine der B-Gruppe, Mineralien und Spurenelemente (Eisen, Mangan, Chrom, Kupfer, Nickel). Mit seinem hohen Pektingehalt ist es bei einigen Magen-Darm-Beschwerden hilfreich. Nach dem Ayurveda vermehrt Carob das Kapha-Element. Anders als Kakaoprodukte hat Carob einen hohen Anteil an fruchteigenem Zucker (46 %) – Süßspeisen mit Carob braucht man also gar nicht oder nur leicht zu süßen.

Für eine Gugelhupfform

etwas Butter und Vollkorngrieß für die Form

Für den Rührteig:

200 ml Sahne
250 g weiche Butter
250 g fein gemahlener Vollrohrzucker (bei Verwendung von Wildpfeilwurzelmehl zur Dekoration 280 g Vollrohrzucker)
1 TL gemahlene Bourbon-Vanille
400 g fein gemahlener und ausgesiebter Dinkel
100 g Maisstärke
5 TL selbst gemachtes Backpulver (s. S. 40)
100 ml – 125 ml Milch

Für den dunklen Teig:

4 EL Carob
2 EL Vollrohrzucker
50 ml Milch

Für die Glasur:

Aprikosenmarmelade
Wildpfeilwurzelmehl oder Carobglasur oder Glasur nach Wahl (s. S. 172)

So wird's gemacht:

1) Gugelhupfform mit Butter einfetten und mit etwas Vollkorngrieß bestreuen.
2) Sahne steif schlagen und kalt stellen. Die weiche Butter in eine Rührschüssel geben und schaumig rühren. Gesiebten Vollrohrzucker und Vanille nach und nach hinzufügen.
3) Das fein gemahlene, ausgesiebte Dinkelvollkornmehl mit Maisstärke und Backpulver mischen und löffelweise im Wechsel mit der Milch unter den Teig rühren. Die Schlagsahne ebenfalls unter die helle Teigmasse heben.
4) Den Backofen auf 180 °C (E)/160 °C (H) vorheizen.
5) Carob, Vollrohrzucker und Milch in einer kleinen Schüssel mit einem Drittel des Teiges verrühren.
6) Eine Schicht hellen Teig in die Form füllen, darauf den dunklen und abschließend den restlichen hellen Teig einfüllen. Mit einer Gabel Muster ziehen.
7) 60 – 70 Minuten backen. Vor dem Herausnehmen die Stäbchenprobe machen und eventuell noch etwas in der Nachhitze stehen lassen.
8) Den Kuchen nach einigen Minuten auf ein Kuchengitter stürzen und auskühlen lassen. Heiße Aprikosenmarmelade auf den Kuchen pinseln und nach dem Trocknen mit etwas Wildpfeilwurzelmehl bestreuen oder mit (Carob-)Glasur bestreichen.

Sahne-Carob-Kuchen

Zu Kakao kennt man schon lange eine gesunde Alternative: Carob, die gemahlenen Schoten des Johannisbrotbaums. Zusammen mit den anderen Zutaten dieses Kuchens vermehrt Carob das Kapha-Element und ist somit ideal für nervöse und zerstreute Vata-Menschen, die mit einer Tasse warmer Gewürzmilch und Kuchen geerdet werden können. (Natürlich nur für zwischendurch und nicht als »Diät«.)

Für eine Gugelhupfform

etwas Butter und Vollkorngrieß für die Form

Für den Rührteig:

250 g fein gemahlener Vollrohrzucker
200 ml Schlagsahne
400 g fein gemahlener und ausgesiebter Dinkel
100 g Maisstärke
5 TL selbst gemachtes Backpulver (s. S. 40)
50 g Carob
1 TL gemahlene Bourbon-Vanille
125 g weiche Butter
125 ml Milch
100 g Carobraspel (aus dem Reformhaus)

Für die Glasur:

Aprikosenmarmelade
Carob-Wasser-Glasur oder andere Glasur nach Wahl (s. S. 172)

So wird's gemacht:

1) Backform einfetten und mit etwas Vollkorngrieß ausstreuen. Sahne steif schlagen und kalt stellen. Den Backofen auf 190 °C (E)/175 °C (H) vorheizen.
2) Gesiebten Vollrohrzucker, fein gemahlenes und ausgesiebtes Dinkelmehl, Maisstärke, Backpulver, Carob und Vanille in einer Schüssel mischen. Die weiche Butter in einer Rührschüssel mit einem Handrührgerät schaumig schlagen und die Mehlmischung löffelweise im Wechsel mit der Milch zu einem geschmeidigen Teig rühren. Nun Schlagsahne und Carobstreusel unter die Masse heben.
3) Teigmasse in die Backform füllen und für 55 – 65 Minuten backen. Vor dem Herausnehmen die Stäbchenprobe machen und eventuell noch ein wenig in der Nachhitze stehen lassen.
4) Den leicht abgekühlten Kuchen auf ein Kuchengitter stürzen und erkalten lassen. Abschließend mit heißer Aprikosenmarmelade bestreichen und mit Carobglasur nach Wahl, z. B. Carob-Rum-Glasur bepinseln.

Tipp: Das Höchste der Gefühle für diesen Kuchen ist eine Carobglasur! Innen wie außen Carob. Das wird selbst den eingeschworensten Schokoladenfan schwach machen.

Pflaumen-Gewürz-Kuchen

Ballaststoffe in den Trockenpflaumen sind es, die im Darm aufquellen und nicht nur die Verdauung fördern, sondern auch unerwünschte Abfallprodukte und Giftstoffe aus dem Darmtrakt binden.

Da Trockenpflaumen heute meist mit Schwefeldioxid konserviert und mit Methylbromid begast werden, sollten Sie auf unbehandelte Produkte aus dem Bioladen zurückgreifen – denn Bio-Trockenpflaumen werden zur Konservierung lediglich schockgefroren.

Für eine Kastenform

Für den Rührteig:

200 g Trockenpflaumen
etwas heißes Wasser zum Einweichen
125 g Butter (vegan: Pflanzenmargarine)
275 g Vollrohrzucker
300 g fein gemahlener Dinkel oder Weizen
1 Msp selbst gemachtes Backpulver (s. S. 40)
½ TL Zimt
1 Msp Nelkenpulver
1 Msp Macis (Muskatblüte)
1 TL gemahlene Bourbon-Vanille
1 Prise Meersalz
125 ml Buttermilch (vegan: Sojadrink)

Für die Glasur:

Carobglasur nach Wahl (s. S. 172)

So wird's gemacht:

1) Trockenpflaumen waschen und in heißem Wasser einweichen. Den Backofen auf 190 °C (E)/175 °C (H) vorheizen. Eine Kastenform einfetten.
2) Butter (Pflanzenmargarine) schaumig rühren und gemahlenen Vollrohrzucker nach und nach hineinstreuen. Das Mehl mit Backpulver, Gewürzen und Salz mischen und löffelweise im Wechsel mit der Buttermilch (Sojadrink) zu einem geschmeidigen Teig rühren.
3) Pflaumen abtropfen lassen, zu Mus pürieren, unter die Masse heben und die Teigmasse in die Kastenform füllen. Kuchen für 50 – 60 Minuten backen. Vor dem Herausnehmen die Stäbchenprobe machen.
4) Den Kuchen auf ein Kuchengitter stürzen und abkühlen lassen.

Tipp: Eine Carob-Zimt-Glasur (s. S. 173), auf den erkalteten Kuchen gepinselt, verleiht diesem duftenden Gewürzkuchen den letzten Pfiff! Man kann ihn aber auch auf einem Backblech backen und dann dick mit Carobglasur bestreichen!

Bananenkuchen

»Frucht von den himmlischen Planeten«, so nannten die altindischen Veden die Banane. Zu Recht, denn Bananen weisen eine stolze Bilanz von zehn verschiedenen Vitaminen und 18 Mineralstoffen und Spurenelementen auf. Ayurveda-Ärzte empfehlen sie bei Arteriosklerose und nach einem Herzinfarkt. Die enthaltenen Vitamine Pantothensäure und Folsäure gelten als wertvoll fürs Gehirn und fördern die Blutbildung. Bananenkuchen ist der Favorit aller Kinder. Sie können ihn sogar selbst backen, denn er geht leicht und schnell von der Hand.

Für eine Kranz- bzw. Kastenform

Für den Rührteig:

100 g Rosinen
etwas heißes Wasser zum Einweichen
9 EL Sonnenblumenöl
225 g gesiebter Vollrohrzucker
300 g fein gemahlener Dinkel
2½ TL selbst gemachtes Backpulver (s. S. 40)
50 g Maisstärke
1 TL Zimt
300 – 325 ml Bananen- bzw. Apfelsaft
3 reife Bananen

So wird's gemacht:

1) Rosinen waschen und in heißem Wasser einweichen. Eine Backform, z. B. eine Kastenform, einfetten. Den Backofen auf 190 °C (E)/175 °C (H) vorheizen.
2) Sonnenblumenöl mit Vollrohrzucker und Saft mischen. Mehl mit Backpulver, Speisestärke, Zimt und Ölmischung zu einem geschmeidigen Teig verrühren.
3) Bananen mit einer Gabel zerdrücken. Rosinen abtropfen lassen, trockentupfen und leicht »mehlieren« (s. S. 63). Bananen und Rosinen unter den Teig heben. Die Teigmasse in die Backform füllen und 45 – 50 Minuten backen. Vor dem Herausnehmen aus dem Backofen die Stäbchenprobe machen!
4) Den leicht abgekühlten Kuchen auf ein Kuchengitter stürzen und auskühlen lassen.

Tipp: Sie können den Kuchen mit getrockneten Bananenchips und jeweils einem Tupfer Sahne dekorieren oder auch mit einer Glasur (s. S. 172) bestreichen.

Sachertorte

Generationen wissen sie zu schätzen: die Sachertorte. Soll es einfach und schnell gehen, aber trotzdem delikat schmecken, ist die traditionelle Mandeltorte aus Österreich immer ein willkommenes Rezept.
Auch die Gesundheit darf sich freuen, Mandeln sind Energiespender par excellence. Ob Jung oder Alt, ob Denker, Arbeiter oder Sportler, Mandeln stärken jeden. Besonders auf die Nerven und das Gehirn üben sie ihre stärkende Wirkung aus. Und so ganz nebenbei enthalten sie relativ viel Kalium, Calcium, Magnesium und Zink.

Für eine Springform Ø 24 – 26 cm

etwas Butter und Vollkorngrieß für die Form

Für den Rührteig:
225 g gemahlene Mandeln
300 g fein gemahlener Dinkel oder Weizen
75 g Carob
40 g Wildpfeilwurzelmehl oder Maisstärke
5 TL selbst gemachtes Backpulver (s. S. 40)
225 g gesiebter Vollrohrzucker
10 EL Sonnenblumen- bzw. Walnussöl (100 ml)
225 ml Wasser
Saft von 1 – 2 Orangen (ca. 120 ml)

Für die Füllung:
Saft von 1½ Mandarinen (5 – 6 EL)
½ Glas Aprikosenmarmelade (225 g)

Für die Glasur:
Aprikosenmarmelade
Carob-Wasser-Glasur (s. S. 172)

So wird's gemacht:
1) Springform einfetten und mit Vollkorngrieß ausstreuen. Backofen auf 190 °C (E)/175 °C (H) vorheizen.
2) Mandeln mit fein gemahlenem Dinkel, Carob, Stärke und Backpulver in einer Schüssel vermischen. Vollrohrzucker und Öl in eine Rührschüssel geben und mit dem Handrührgerät unter abwechselnder Zugabe von Wasser und Orangensaft und der Mandel-Mehl-Mischung zu einem relativ flüssigen Teig rühren.
3) Teigmasse in die Springform füllen, glatt streichen und bei 190 °C (E)/ 175 °C (H) für 45 Minuten backen. Vor dem Herausnehmen die Stäbchenprobe machen. Tortenboden auf ein Kuchengitter stürzen und auskühlen lassen.
4) Tortenboden mit einem langen Tortenmesser durchschneiden. Den unteren Boden mit der Hälfte des Mandarinensaftes beträufeln und dick mit Aprikosenmarmelade bestreichen. Die Unterseite des oberen Bodens (»Deckels«) ebenfalls mit Mandarinensaft beträufeln und auf den bestrichenen Tortenboden legen.
5) Nun die Oberfläche der Torte mit heißer Aprikosenmarmelade bepinseln und mit einer Carobglasur nach Wahl (s. S. 172) bestreichen (am besten eignet sich Carob-Wasser-Glasur, da sie den Kuchen saftiger macht).

Tipp: So richtig gut schmeckt die Torte erst, wenn sie einen Tag an einem kühlen Ort unter der Tortenhaube durchziehen konnte.

Schneller Nusskuchen

Haselnüsse sind »Powernahrung« für Gehirn und Nerven – nicht umsonst sind sie ein wichtiger Bestandteil von Studentenfutter. Die Gerbstoffe in ihnen regen Haut- und Darmfunktionen an und stärken die Gefäße.
Dazu kommt noch, dass dieser Nusskuchen nicht nur ein Schnell-Rezept, sondern auch ein wahrer Verwandlungskünstler ist. Einmal in einer Kasten- oder Gugelhupfform als Kuchen und ein anderes Mal als Tortenbodenteig (z. B. für eine Bananen-Nuss-Sahnetorte) – Nusskuchen ist immer für eine Gaumenüberraschung gut.

Für eine Kasten- oder Gugelhupfform (oder zwei Tortenböden)

250 g gemahlene Haselnüsse
250 g gesiebter Vollrohrzucker
250 g fein gemahlener Dinkel oder Weizen
5 TL selbst gemachtes Backpulver (s. S. 40)
1 TL gemahlene Bourbon-Vanille
250 – 275 ml Milch (vegan: Apfelsaft)
2 – 3 Tropfen Bittermandelöl
1 EL Butter (vegan: Öl)

So wird's gemacht:

1) Haselnüsse mit Vollrohrzucker, Mehl, Backpulver und Vanille in einer Schüssel mischen. Milch (Saft), Bittermandelöl und die Butter (Öl) nach und nach dazugeben. Mit dem Handrührgerät zu einer geschmeidigen Masse rühren.
2) Backofen auf 200 – 210 °C (E)/ 180 °C (H) vorheizen. Die entsprechende Form einfetten und den Teig hineinfüllen.
3) Den Kuchen 55 Minuten backen. Vor dem Herausnehmen auf jeden Fall die Garprobe mit einem Stäbchen machen. (Je nach Backform kann die Backzeit unterschiedlich ausfallen.)
4) Den leicht abgekühlten Kuchen auf ein Kuchengitter zum Auskühlen stürzen.

Tipps zum Verzieren: Kuchen (als Kastenform) der Länge nach waagerecht durchschneiden, mit (Aprikosen-) Marmelade bestreichen, wieder zusammenfügen, mit Carobglasur (s. S. 172) oder Haselnussglasur (s. S. 174) und gehackten oder ganzen gerösteten Nüssen verzieren.

Nusskuchen

Nüsse sind regelrechte Kraftpakete, die uns Mutter Natur frei Haus liefert. Sie haben einen extrem hohen Gehalt an Eiweiß (15 – 20 %) von bemerkenswerter Qualität. Daneben liefern sie enorm viel Fett (im Schnitt 50 – 65 %), vor allem viele der herzfreundlichen ungesättigten Fettsäuren, in erster Linie Linolsäure. Auch ihr Mineralstoffgehalt und ihr Vitamin-B-Reichtum kann sich sehen lassen. Es ist offensichtlich: Nüsse sind aus einer gesunden Ernährung nicht wegzudenken. (Vorausgesetzt, sie sind nicht mit Methylbromid zur Lagerung begast worden.)

Für eine Gugelhupfform

Für den Rührteig:
200 g Haselnüsse
200 ml Schlagsahne
125 g weiche Butter
250 g gesiebter Vollrohrzucker oder Jaggery
400 g fein gemahlener und ausgesiebter Dinkel
100 g Maisstärke
5 TL selbst gemachtes Backpulver (s. S. 40)
1 TL gemahlene Bourbon-Vanille
100 ml Milch oder Wasser
einige gemahlene Nüsse für die Form

Für die Glasur:
Aprikosenmarmelade
Haselnussglasur (s. S. 174)

Tipp: Haselnüsse rösten: Nüsse bei 200 °C auf einem sauberen Blech im Backofen rösten, bis die Häutchen aufspringen. Abgekühlt kann man die Häutchen sehr leicht abreiben. Wer Zeit sparen will, kann Haselnüsse auch auf Vorrat rösten. Um Strom zu sparen, können Sie das Blech mit den Nüssen beim Backen einfach mit einschieben oder die Nachhitze nutzen!

So wird's gemacht:

1) Haselnüsse auf ein Blech verteilen und bei 200 °C 10 Minuten rösten. Nüsse abkühlen lassen und zwischen den Händen die Schalen abreiben. Anschließend fein mahlen. Sahne steif schlagen und kalt stellen. Die Backform einfetten und mit etwas gemahlenen Nüssen ausstreuen.
2) Butter schaumig rühren und den gesiebten Vollrohrzucker bzw. aufgelösten Jaggery (s. S. 181) dazugeben. Mehl sieben und mit Stärke, Backpulver und Vanille in einer zweiten Schüssel mischen.
3) Im Wechsel löffelweise die Mehlmischung und die Milch dazugeben und zu einer geschmeidigen Masse rühren. Dann Schlagsahne und die gemahlenen Haselnüsse unter die Masse heben und in die Backform füllen.
4) Im vorgeheizten Backofen 50 – 60 Minuten backen (je nach Backform). Vor dem Herausnehmen die Stäbchenprobe machen. Den Kuchen wenige Minuten in der Form setzen lassen und dann auf ein Kuchengitter stürzen.
5) Abschließend mit Aprikosenmarmelade und Haselnussglasur bestreichen.

Rüeblikuchen (Karottenkuchen)

Wer die Schweiz und vor allem die Schweizer etwas näher kennenlernt, weiß sicher auch bald den berühmten Rüeblikuchen zu schätzen. Dieses leckere Rezept bekamen wir von einem lieben Bekannten aus dem Kanton Aargau. Wann immer wir ihn besuchen, verwöhnt er uns damit.
Dass Karotten wegen ihres Beta-Carotin-Gehalts für die Augen gut sind, weiß inzwischen wohl jedes Kind. Neu jedoch ist die westliche Erkenntnis, dass diese Carotinoide auf der Liste der Krebsschutzstoffe ganz oben stehen. Gerade wenn eine Zelle schon geschädigt ist, setzt die Wirkung der Carotinoide ein. Sie unterstützen den Reparaturmechanismus und stärken das Immunsystem. Außerdem steigern Karotten und die Gewürze das Pitta-Element und wirken energetisierend. Getreide und Milch dagegen vermehren Kapha.

Für eine Springform Ø 26 – 28 cm oder eine Kasten- oder Kranzform (Einsatz für Springform)

Für den Rührteig:
250 g fein geraspelte Rüebli (Karotten, Möhren)
Saft und Schale einer ungespritzten Zitrone
250 g gemahlene Mandeln
etwas Butter und Vollkorngrieß für die Form
350 g fein gemahlener Dinkel oder Weizen
5 TL selbst gemachtes Backpulver (s. S. 40)
1 Prise Meersalz
2 TL Zimt
¾ TL Kardamompulver
2 Msp Nelkenpulver
200 g weiche Butter
300 g fein gemahlener Vollrohrzucker
200 ml Milch

Für die Verzierung:
Aprikosenmarmelade
200 g selbst gemachtes Honigmarzipan (s. S. 49)

So wird's gemacht:

1) Karotten waschen (eventuell schälen) und fein raspeln. Zitronensaft und geriebene Zitronenschale darunter mischen und mit den Mandeln vermengen. Zugedeckt beiseite stellen. Die Backform einfetten und mit etwas Vollkorngrieß ausstreuen.
2) Das Mehl mit dem Backpulver, dem Salz und den Gewürzen mischen. Die weiche Butter mit dem Vollrohrzucker in einer Rührschüssel schaumig schlagen und abwechselnd löffelweise mit Mehl und Milch zu einem geschmeidigen Teig rühren.
3) Zum Schluss die Karotten-Mandel-Mischung unter die Teigmasse heben und in die Form füllen.
4) Bei 180 – 190 °C (E)/160 – 175 °C (H) 65 Minuten backen (eventuell noch 5 Minuten Nachhitze). Vor dem Herausnehmen die Stäbchenprobe machen.
5) Den leicht ausgekühlten Kuchen auf ein Kuchengitter geben und mit heißer Aprikosenmarmelade bestreichen.

Honigmarzipan-Verzierung:

Honigmarzipan (s. S. 49) zwischen zwei Folien zu einer dünnen Platte ausrollen und Kuchen damit bedecken. Mit dem restlichen Marzipan kleine Rüebli (Karotten) formen und verzieren.
Sie können die kleinen Rüebli mit der abgeriebenen Schale einer unbehandelten Orange und etwas Safranpulver gelblich färben. Das »Grünzeug« der Karotten bekommen Sie, indem Sie fein gemahlene Pistazien unter das Marzipan mischen.

Tipp: Der Kuchen entwickelt sein bestes Aroma erst ab dem zweiten Tag. In Folie eingepackt bzw. unter einer Kuchenhaube bleibt er gut eine Woche frisch.

Kleine Walnuss-Creme-Törtchen

Eine weite Reise hat der Walnussbaum hinter sich. Ursprünglich an den Hängen des Himalaja zu Hause, brachte man ihn schon zur Zeit der Römer nach Europa. Man glaubte, dass er die Weisheit der Überirdischen in sich trüge und an die Menschen weitergebe. Auch in der Volksheilkunde waren und sind Walnüsse nicht wegzudenken. Sie stärken Herz, Haare, Leber und Nerven, und ihre Linolsäure schützt vor Arteriosklerose.

Die Walnusscremetörtchen sind flexibel: mal mit Nusscreme und/oder frischen Erdbeeren dekoriert, mal mit einem Tupfer Schlagsahne oder mit einer schönen Carobglasur. Hier kann die eigene Kreativität so richtig zum Einsatz kommen. Vor allem auf Kindergeburtstagen und Partys finden die Törtchen begeisterten Anklang.

Für etwa 18 kleine Törtchen (Ø 5 cm)

Für den Rührteig:

125 g Schlagsahne (vegan: Sojadrink)
150 g fein gemahlener Dinkel
100 g Maisstärke
½ TL Natron
50 g Carobpulver
175 g fein gemahlener Vollrohrzucker
100 g fein gemahlene Walnüsse
75 g weiche Butter (vegan: Pflanzenmargarine)
125 ml Mineralwasser

Für die Walnusscreme:

50 g fein gemahlene Walnüsse
30 g (3 EL) Carobpulver
30 ml (3 EL) Sonnenblumen- oder Walnussöl
60 ml (6 EL) Ahornsirup
1 Msp gemahlene Bourbon-Vanille

Für die Verzierung:

Aprikosenmarmelade
Walnusshälften oder geröstete Haselnüsse
(eventuell frische Erdbeeren, Kiwi-, Bananenscheiben)

Außerdem:

18 Papier-Backförmchen

So wird's gemacht:

1) Schlagsahne steif schlagen und kalt stellen. Die Papier-Backförmchen auf ein Blech legen. Eventuell Backofen vorheizen.
2) Dinkelvollkornmehl mit Maisstärke, Backpulver, Carob, fein gemahlenem Vollrohrzucker und den gemahlenen Nüssen in einer Schüssel mischen.
3) Butter in einer Rührschüssel schaumig schlagen. Abwechselnd löffelweise die Mehlmischung und das Mineralwasser zu einem geschmeidigen Teig rühren. Die Schlagsahne (bzw. Sojadrink) unterheben.
4) Die Teigmasse in die Papier-Backförmchen füllen. (Wenn Sie keine Walnusscreme verwenden, dekorieren Sie die Törtchen mit einer Walnuss-Hälfte.) Bei 190 °C (E)/175 °C (H) 25 – 28 Minuten backen. Vor dem Herausnehmen die Stäbchenprobe machen.
5) Törtchen zum Auskühlen auf einem Kuchengitter auskühlen lassen. Mit heißer Aprikosenmarmelade glasieren.
6) Für die Walnusscreme die gemahlenen Walnüsse in einer trockenen Pfanne leicht rösten. Die restlichen Zutaten hinzufügen und bei kleinster Hitze zu einer homogenen Masse rühren. Abkühlen lassen. Törtchen damit verzieren. Als Verzierung eine halbe Walnuss oder geröstete Haselnuss in die Mitte setzen.

Tipp: Wenn Sie die Törtchen besonders fruchtig mögen, können Sie in Scheiben geschnittene Früchte um den Walnusscremetupfer garnieren. Ihrer Fantasie sind keine Grenzen gesetzt.

Schneller Apfelkuchen

Im Früchteparadies rangiert er ganz oben, für fast 90 % der Deutschen ist der Apfel das Lieblingsobst. Über 300 Inhaltsstoffe schlummern in diesem handlichen Obst. Sie sorgen dafür, dass Äpfel die Verdauung fördern, Bakterien vernichten und die Zähne putzen – um nur einige ihrer vielfältigen Wirkungen zu nennen.
Doch muss es nicht immer Apfel sein. Sie können dieses Rezept auch mit anderem Obst, wie Birnen, Aprikosen, Kirschen usw. backen.

Für eine Springform Ø 22 – 26 cm

etwas Butter und Vollkorngrieß oder gemahlene Mandeln für die Form

Für den Rührteig:

100 g weiche Butter
125 g fein gemahlener Vollrohrzucker
1¼ TL selbst gemachtes Backpulver (s. S. 40)
¼ TL gemahlene Bourbon-Vanille
150 g fein gemahlener und ausgesiebter Dinkel
130 g saure Sahne

Für den Belag:

500 – 600 g mürbe Äpfel (oder anderes Obst je nach Jahreszeit)
etwas Zitronensaft
30 g Mandelblättchen

So wird's gemacht:

1) Springform einfetten und mit Vollkorngrieß bzw. gemahlenen Mandeln ausstreuen.
2) Äpfel waschen, schälen und in dünne Schnitze schneiden. Mit etwas Zitronensaft beträufeln.
3) Die Butter schaumig schlagen und den Vollrohrzucker hineinrieseln lassen. Backpulver und Vanille mit dem Mehl mischen. Löffelweise Mehl und Sauerrahm unter den Teig geben und alles zu einer homogenen Masse rühren.
4) Die Masse in die Springform füllen. Äpfel gleichmäßig dachziegelartig darauf verteilen und mit Mandelblättchen bestreuen.
5) Bei 175 °C (E)/160 °C (H) 45 – 50 Minuten backen. Während der letzten 5 – 10 Minuten eine Alufolie auflegen, um den Kuchen vor zu starker Bräunung zu schützen. Kuchen aus der Form nehmen und auf einem Gitter auskühlen lassen.

Tipp: Streuen Sie nach dem Backen etwas Wildpfeilwurzelmehl über den Kuchen, das sieht zwar optisch wie Puderzucker aus, ist aber gesünder.

Versunkene Obsttorte

Jedes Obst hat seinen eigenen Reiz. Hier können Sie kreativ experimentieren und je nach Jahreszeit Ihren persönlichen Favoriten finden. Falls Sie einmal kein frisches Obst zu Hause haben, können Sie auch Kirschen aus dem Glas verwenden. Rosenwasser wird aus der persischen Rose, *Rosa damascena,* gewonnen. Nach dem Ayurveda hilft es bei der Verdauung, kühlt den Körper und kräftigt Herz und Augen.

Für eine Springform Ø 26 – 28 cm

Für den Mürbteig:

200 g fein gemahlener Dinkel
100 g kalte Butter (vegan: Pflanzenmargarine)
50 g fein gemahlener Vollrohrzucker
½ TL gemahlene Bourbon-Vanille
1 EL Rosenwasser
1 EL kaltes Wasser

Für den Rührteig:

75 g weiche Butter (vegan: Pflanzenmargarine)
150 g fein gemahlener Vollrohrzucker
100 g fein gemahlener und ausgesiebter Dinkel
200 g Dinkel- oder Weizenmehl Type 1050
5 TL selbst gemachtes Backpulver (s. S. 40)
abgeriebene Schale einer halben unbehandelten Zitrone
150 g Sauerrahm (vegan: Sojajoghurt)
50 ml Wasser

Für die »Füllung«:

500 – 750 g einer Obstsorte nach Belieben (z. B. Äpfel, Aprikosen, Kirschen, Pflaumen)

So wird's gemacht:

1) Zur Herstellung des Mürbteigs alle Zutaten rasch miteinander verkneten und für 30 Minuten kalt stellen. Springform einfetten. Obst waschen und je nach Sorte vorbereiten.
2) Alle Zutaten für den Rührteig abwiegen und bereitstellen. Geriebene Zitronenschale mit Sauerrahm (Sojajoghurt) und Wasser mischen. Backofen vorheizen.
3) Den Mürbteig zwischen zwei Silikonback- bzw. Frischhaltefolien zu einer runden Platte ausrollen und die Form damit auskleiden. Dabei einen 3 cm hohen Rand formen. Den Mürbteig mit einer Gabel mehrmals einstechen und bei 190 °C (E)/175 °C (H) für 15 Minuten blindbacken (s. S. 46).
4) In der Zwischenzeit die weiche Butter (Pflanzenmargarine) in einer Rührschüssel schaumig schlagen. Den fein gemahlenen Vollrohrzucker langsam zur Butter (Pflanzenmargarine) rieseln lassen und nach und nach das Mehl und die Sauerrahm-(Sojajoghurt-)Wassermischung dazugeben. Wenn noch ca. ein Drittel des Mehles übrig ist, das Backpulver darunter mischen und alles zu einer homogenen Teigmasse rühren.
5) Nun einen Teil des Obstes auf dem Mürbteigboden verteilen, die Rührteigmasse hineinfüllen und das restliche Obst in den Teig »stecken«.
6) Den Kuchen bei 180 °C (E)/160 °C (H) weitere 50 – 55 Minuten backen. Eventuell noch einige Minuten in der Nachhitze stehen lassen. Auf einem Gitter abkühlen lassen.

Ayurvedischer Gewürzkuchen

Nelken werden im Ayurveda hoch geschätzt. Sie vitalisieren, vertreiben Kältegefühle, regen Lunge und Magen an und reinigen das Lymphsystem. Das macht sie gerade in der kalten Jahreszeit und in der Weihnachtsbäckerei zu einem wichtigen Gewürz für Speisen.
Ähnlich wie Nelken wirkt auch Kardamom auf die Verdauung, regt die Milz an und vermindert das Kapha-Element in Magen und Lungen. Und nicht nur das, die Kerne der Pflanze aus der Ingwerfamilie beleben auch Gemüt und Intellekt.
Macis (Muskatblüte) verbessert die Absorption im Dünndarm, indem es übermäßiges Vata im Darm reduziert. Geschätzt wird außerdem seine antiseptische und beruhigende Wirkung. Allerdings sollte Macis, genau wie Muskat, immer nur in kleinen Mengen verwendet werden.

Für eine Gugelhupf- bzw. Kranzform

Für den Rührteig:
150 g Rosinen
etwas heißes Wasser zum Einweichen
etwas Butter und Vollkorngrieß oder gemahlene Mandeln für die Form
250 g weiche Butter (vegan: Pflanzenmargarine)
270 g Jaggery oder Vollrohrzucker
400 g fein gemahlener und ausgesiebter Dinkel
100 g Maisstärke
1 Prise Ingwerpulver
1 Msp Nelkenpulver
1 Msp Kardamom
1 Msp Macis (Muskatblüte)
1 Msp Safranpulver
1 TL Zimt
1 TL gemahlene Bourbon-Vanille
1 Prise Meersalz
1 Prise frisch gemahlener Pfeffer oder Piment
250 ml naturtrüber Apfelsaft
5 TL selbst gemachtes Backpulver (s. S. 40)
50 g gehackter kandierter Ingwer
50 g Orangeat
50 g Zitronat

Für die Glasur:
Aprikosenmarmelade
Vanilleglasur oder Glasur nach Wahl (s. S. 174)

So wird's gemacht:
1) Rosinen waschen und in etwas heißem Wasser einweichen. Backform einfetten und mit Vollkorngrieß oder gemahlenen Nüssen ausstreuen. Alle Zutaten abwiegen und bereitstellen. Backofen auf 190 °C (E)/175 °C (H) vorheizen.
2) Die weiche Butter (Pflanzenmargarine) und den aufgelösten Jaggery (s. S. 181) bzw. Vollrohrzucker mit dem Handrührgerät schaumig rühren. Dinkel, Maisstärke und Gewürze in einer zweiten Schüssel mischen. Löffelweise Mehl und Apfelsaft unter die Butter-(Pflanzenmargarine-) Zucker-Mischung rühren. (Das Backpulver unter das letzte Drittel des Mehles mischen.)
3) Rosinen abtropfen lassen und leicht mehlieren. Rosinen, Ingwer, Orangeat und Zitronat unter den Teig heben.

4) Teig in die vorbereitete Form füllen und für 45 – 55 Minuten backen (je nach Backform). Vor dem Herausnehmen die Stäbchenprobe machen. Eventuell noch 5 – 10 Minuten in der Nachhitze stehen lassen.
5) Den Kuchen für einige Minuten in der Form setzen lassen, dann auf ein Kuchengitter stürzen. Den noch warmen Kuchen mit heißer Aprikosenmarmelade bestreichen und mit Vanilleglasur oder Glasur nach Wahl bepinseln.

Tipp: Ayurvedischer Gewürzkuchen mit Yogi-Tee und Schlagsahne serviert ist ein Gedicht.

Früchtebrot

Eigentlich vermehren Trockenfrüchte das Vata-Element. Wer sie allerdings in Wasser einweicht, kann dies weitgehend reduzieren.
Feigen sind nicht nur ein wichtiger Bestandteil eines jeden Früchtebrotes, sondern stärken durch ihren hohen Eisengehalt auch das Blut. Das macht sie gerade für Frauen interessant, die die Elemente ihres Körpers wieder ausgleichen wollen.
Aus Nürnberg, der Stadt, die Früchtebrot schon seit dem Mittelalter kennt, stammt dieses schnelle Rezept ohne Hefe. Probieren Sie es doch gleich einmal selbst.

Für eine Kastenform

Für den Rührteig:

125 g Rosinen
125 g Feigen
etwas heißes Wasser zum Einweichen
125 g Haselnüsse oder Mandeln
100 g Vollrohrzucker
125 g fein gemahlener Dinkel oder Weizen
5 TL selbst gemachtes Backpulver (s. S. 40)
1 TL gemahlene Bourbon-Vanille
1 TL Zimt
1 Msp Nelkenpulver
3 EL Joghurt (vegan: Fruchtsaft)
3 – 4 TL Fruchtsaft (z. B. Holundersaft)
60 g Orangeat oder Zitronat

So wird's gemacht:

1) Rosinen und Feigen waschen und in heißem Wasser einweichen. Den Backofen auf 190 °C (E)/175 °C (H) vorheizen. Kastenform einfetten.
2) Die Hälfte der Nüsse bzw. Mandeln fein mahlen, die andere Hälfte hacken. Vollrohrzucker sieben. Dinkelmehl, Backpulver, Vollrohrzucker, Bourbon-Vanille und Gewürze in einer Schüssel mischen und mit Joghurt und Fruchtsaft (bzw. nur Fruchtsaft) zu einer geschmeidigen Masse rühren.
3) Die Feigen in dünne Streifen schneiden und zusammen mit den Rosinen leicht bemehlen. Zusammen mit dem Orangeat bzw. Zitronat unter die Masse heben und in die Kastenform füllen.
4) Für 60 Minuten backen und weitere 10 Minuten im abgeschalteten Backofen stehen lassen.
5) Das leicht abgekühlte Früchtebrot auf ein Kuchengitter stürzen.

Tipp: Am besten schmeckt Früchtebrot in der kalten Jahreszeit bei Kerzenlicht und Tee, mit lieben Freunden – und natürlich mit Butter.

Hefeteig

So manche haben – noch immer – großen Respekt vor Hefeteig. Doch keine Angst, auch für pure Anfänger ist er ein leichtes Spiel! Hier ein paar Tipps, damit er perfekt gelingt.

Allgemeine Tipps

Sie brauchen lediglich drei Dinge: eine **warme Küche, etwas Zeit und das nötige Wissen** über die Lebensbedingungen der Hefepilze. Hefepilze sind Kleinstlebewesen, die sich unter geeigneten Bedingungen vermehren. Dazu brauchen sie Wärme (35 – 37 °C; bei höheren Temperaturen verlieren sie ihre Triebkraft), Nahrung, Feuchtigkeit und Luft. Wenn Sie für all dies sorgen, wird Ihr Hefeteig auch gut aufgehen – so wie Sie es sich wünschen. Fett und Salz hemmen das Hefe-Wachstum, sie werden immer erst später hinzugefügt.
Bevor Sie anfangen, erst einmal: Tür und Fenster zu, Heizung auf (im Winter)! Alle Zutaten und Geräte sollten lauwarm sein.
Frische Hefe (in Würfelform) hat immer einen gleichmäßig gelblich grauen Farbton und eine feste, glatte, seidig schimmernde Oberfläche. Weist die Hefe dunkle Ränder oder Risse auf oder fällt sie bröckelig aus dem Papier, ist sie schon alt und hat ihre Triebkraft verloren (frische Hefe lässt sich mit glatten Bruchstellen auseinanderbröckeln).
Auch wenn die Oberfläche der Hefe schmierig oder angeschimmelt ist, ist sie zu alt. Sie werfen sie dann besser weg.
Trockenhefe (in Beuteln) hält sich dagegen monatelang »frisch« (bis zu einem Jahr). Bei Trockenhefe können Sie sich die Zeit für den Vorteig sparen. Mischen Sie alle Zutaten gleich direkt zusammen und lassen Sie den Teig dann gehen. Wir benutzen am liebsten frische Hefe, da sie weniger bearbeitet wurde als Trockenhefe und man sie besser dosieren kann.
Die Hefe-Mengenangaben in herkömmlichen Rezepten sind meist zu hoch. Wer in einer **warmen Küche** ohne Zugluft arbeitet und dem Teig **genügend Zeit zum Gehen** gibt, kommt auch **mit geringeren Mengen Hefe** aus. Menschen mit Vata-Dominanz sollten Hefe ohnehin ganz meiden.

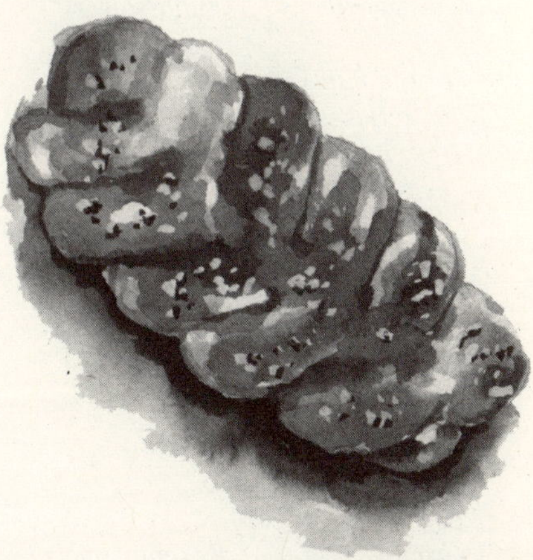

Zickzack-Nuss-Zopf

Zöpfe müssen nicht immer geflochten werden: Hier wird die Nussrolle mit einer Schere Zick-Zack aufgeschnitten. Dies gibt ein schönes Muster, und man erhält einen Einblick in das interessante »Innenleben«. Wenn Sie den Teig vor dem Füllen z. B. mit Kastanienmarmelade bestreichen, schmeckt dieser Nusszopf besonders saftig.
Nüsse kennt man schon lange als wahre Kraftpakete voller konzentrierter Nährstoffe, wie Enzyme, Mineralien, Vitamine, qualitativ hochwertiges Eiweiß und einem hohen Anteil der herzfreundlichen ungesättigten Fettsäuren. Schon eine Handvoll Nüsse genügt, um Körper und Geist zu erneuter Energie und Stärke zu verhelfen.

Ergibt einen großen Zopf

Für den Hefeteig:

600 g fein gemahlener Dinkel oder Weizen
100 g Vollrohrzucker
200 ml lauwarmes Wasser
75 ml Sahne (vegan: lauwarmer Apfelsaft)
20 g frische Hefe
2 EL Birnendicksaft
Schale und Saft (4 – 5 EL) einer unbehandelten Zitrone
50 g weiche Butter (vegan: 2 – 3 EL Walnussöl)

Für die Füllung:

300 g Haselnüsse
100 g Rosinen
etwas heißes Wasser zum Einweichen
100 g gehackte Mandeln
80 ml Ahornsirup, Jaggery oder Birnendicksaft
1 TL gemahlene Bourbon-Vanille

Für die Glasur:

Haselnussglasur *(s. S. 174)*

Zum Bestreichen:

eventuell etwas Aprikosenmarmelade
etwas zimmerwarme Milch (kann auch entfallen)

So wird's gemacht:

1) Die ganzen Haselnüsse auf dem Backblech verteilen und bei 200 °C im Backofen rösten, bis die Häutchen springen (etwa nach 10 Minuten). Dann abkühlen lassen.
2) Mehl in eine große Schüssel sieben und mit dem Vollrohrzucker mischen. Wasser und Sahne (Apfelsaft) mischen, Hefe in das lauwarme Wasser-Sahne-(Apfelsaft-)Gemisch hineinbröckeln und mit Birnendicksaft und etwas Dinkelvollkornmehl verrühren. Nun mit den restlichen Zutaten (mit Ausnahme der Butter bzw. Öl) kräftig zu einem Hefeteig kneten und zugedeckt an einem warmen Ort für 30 Minuten gehen lassen.
3) Dann die weiche Butter (Öl) unter den Hefeteig kneten und nochmals zugedeckt für 40 – 60 Minuten gehen lassen, bis sich sein Volumen verdoppelt hat. Den Teig zwischendurch noch einmal kräftig durchkneten.

4) In der Zwischenzeit die Nussfüllung vorbereiten: Die Rosinen waschen und in etwas heißem Wasser einweichen. Die abgekühlten Nüsse zwischen den Händen abreiben und so von den Häutchen befreien. Nüsse fein mahlen. Mandeln hacken. Rosinen zu Mus pürieren und alle Zutaten zu einer pastenartigen Füllung vermengen.

5) Den Hefeteig noch einmal kräftig kneten und zu einer großen rechteckigen Platte (ohne Mehl) ausrollen. (Platte eventuell mit Marmelade bestreichen.) Füllung auf die Teigplatte streichen (Ränder frei lassen) und von der Längsseite her aufrollen. Nussrolle mit Schwung auf ein gefettetes Blech legen und mit zimmerwarmer Milch bepinseln. Mit einer Schere in die Oberfläche des Zopfes ein Zick-Zack-Muster einschneiden und zugedeckt für 15 – 20 Minuten gehen lassen.

6) In den kalten Ofen geben und bei 200 °C (E)/180 °C (H) 45 – 50 Minuten backen. Zum Schutz vor zu starker Bräunung die letzten 15 Minuten mit Backpapier abdecken. Nach Wunsch können Sie den Zopf mit einer Haselnussglasur (s. S. 174) bestreichen.

Walnuss-Mohn-Rolle

Wussten Sie, dass es zwei Arten von Mohnsamen gibt? Den blauen Mohn verwendet man überwiegend in der europäischen Küche, während der weiße der Favorit in der indischen Küche ist. Reichlich Öle, Eiweiß und Lecithin besitzen aber beide. Ayurveda-Ärzte empfehlen Mohn gegen nervöse Verdauungsstörungen bei Kindern und bei Menschen mit übermäßigem Vata.

Für eine große Rolle

Für den Hefeteig:

900 g fein gemahlener Dinkel oder Weizen
200 g Vollrohrzucker
abgeriebene Schale einer unbehandelten Zitrone
300 ml Wasser
150 ml Milch oder Sahne (vegan: Apfelsaft)
40 g frische Hefe
1 EL Birnendicksaft
100 g weiche Butter (vegan: Pflanzenmargarine)

Für die Walnussfüllung:

150 g Rosinen
etwas heißes Wasser zum Einweichen
150 g Walnüsse
100 g Cashewnüsse
50 g Haselnüsse
60 ml (6 EL) Birnendicksaft oder Ahornsirup oder Jaggery
1 TL gemahlene Bourbon-Vanille

Für die Mohnfüllung:

50 g weiche Butter (vegan: 3 EL Öl)
250 g fein gemahlener Mohn
125 g Vollrohrzucker bzw. Jaggery
1 TL Zimt
125 – 150 ml Milch (vegan: Apfelsaft)
100 g Rosinen bzw. Sultaninen

Zum Bestreichen:

etwas warme Milch
Aprikosenmarmelade

So wird's gemacht:

1) Mehl in eine große Schüssel sieben und mit dem Vollrohrzucker und der Zitronenschale mischen. Wasser und Sahne (bzw. Apfelsaft) mischen, lauwarm erwärmen, die Hefe hineinbröckeln und mit Birnendicksaft und etwas Dinkelvollkornmehl verrühren. Nun die Zutaten (mit Ausnahme der Butter bzw. der Pflanzenmargarine) kräftig zu einem Hefeteig kneten und zugedeckt an einem warmen Ort für 30 Minuten gehen lassen.
2) Die weiche Butter (Pflanzenmargarine) unter den Hefeteig kneten und nochmals zugedeckt für etwa 60 Minuten gehen lassen, bis sich das Teigvolumen verdoppelt hat. Kneten Sie den Teig zwischendurch noch einmal kräftig durch.
3) In der Zwischenzeit Walnussfüllung vorbereiten: Rosinen waschen und in etwas heißem Wasser einweichen. Die Nüsse mahlen, von den Walnüssen 50 g hacken. Von den 150 g Rosinen werden 100 g zu Mus püriert. Pürierte und ganze Rosinen werden mit den restlichen Zutaten der Nussfüllung zu einer Paste vermengt. Falls die Paste noch etwas zu trocken ist, noch etwas Rosineneinweichwasser darunter rühren.

4) Für die Mohnfüllung: Butter (Öl) in einem Topf schmelzen. Fein gemahlenen Mohn (Sie können den Mohn bereits im Reformhaus oder Naturkostladen mahlen lassen), Vollrohrzucker (bzw. Jaggery) und Zimt unter ständigem Rühren dazugeben. So viel Milch (bzw. Apfelsaft) hineingießen, dass eine streichfähige, aber nicht zu weiche Masse entsteht. Die 100 g Rosinen hinzufügen. Die Mohnmasse einige Minuten auf kleiner Flamme köcheln und dann abkühlen lassen.
5) Hefeteig noch einmal kräftig kneten und zu einer großen rechteckigen Platte ausrollen (ohne Mehl). Beide Füllungen auf je eine Hälfte der Teigplatte der Länge nach streichen (Ränder frei lassen) und von den beiden Längsseiten her zwei Rollen aufrollen, so dass sie sich in der Mitte zu einer Doppelrolle treffen.
6) Die Doppelrolle mit Schwung auf ein gefettetes Blech legen und eventuell mit zimmerwarmer Milch bepinseln. Zugedeckt 15 – 20 Minuten gehen lassen.
7) Walnuss-Mohnrolle in den kalten Ofen geben und bei 190 °C (E) oder 175 °C (H) ca. 45 – 50 Minuten backen. Zum Schutz vor zu starker Bräunung die letzten 15 Minuten mit Backpapier abdecken. Die noch heiße Rolle mit Aprikosenmarmelade bestreichen und auf einem Gitter auskühlen lassen.

Nürnberger Früchtebrote

Wer schon einmal zur Weihnachtszeit auf dem Nürnberger Christkindelmarkt war, dem sind wahrscheinlich auch die schönen Buden mit den rot-weiß gestreiften Dächern aufgefallen. Noch faszinierender ist allerdings der Inhalt dieser Buden – nicht nur für Kinder. Denn viele sind vollgestapelt mit kleinen, duftenden, runden oder länglichen Früchtebroten, welche mit Mandeln verziert sind.
Die eingeweichten Trockenfrüchte im Früchtebrot wirken mild abführend und erhöhen Vata. Wer möchte, kann das Vata der Trockenfrüchte durch Einweichen etwas ausgleichen. Die Gewürze vermehren ohnehin Pitta und Dinkel erhöht das Kapha-Element. Der hohe Eisen- und Calciumgehalt der getrockneten Aprikosen schließlich regt sogar die Blutbildung an.

Für acht kleine Früchtebrote

Für den Hefeteig:

500 g ungeschwefelte Trockenfeigen
500 g ungeschwefelte Trockenpflaumen
200 g ungeschwefelte Trockenaprikosen
300 g ungeschwefelte Trockenbirnen
800 g ungeschwefelte Sultaninen
1,2 l heißes Wasser zum Einweichen
500 g fein gemahlener Dinkel
2 TL Anis
40 g frische Hefe
100 g Vollrohrzucker bzw. Jaggery
2 TL Zimt
½ TL Nelkenpulver
¼ TL Meersalz
200 g Datteln
100 g Zitronat
100 g Orangeat
250 g grob gehackte Haselnüsse
300 g grob gehackte Mandeln
Fett für die Bleche

Für die Verzierung:

28 Mandeln

So wird's gemacht:

1) Am Vorabend: Feigen waschen und Stielansätze entfernen. Trockenpflaumen, -aprikosen, -birnen und -sultaninen ebenfalls waschen und in einer großen Schüssel mit dem heißen Wasser über Nacht einweichen.
2) Am nächsten Tag die Trockenfrüchte abgießen und das Einweichwasser in einem Topf auffangen.
3) Dinkel zusammen mit Anis in der Getreidemühle fein mahlen. 270 ml des Einweichwassers lauwarm erwärmen. Die Hefe hineinbröckeln, 4 EL Dinkelmehl dazurühren und zugedeckt an einem warmen, zugfreien Ort für etwa 15 Minuten quellen lassen (Vorteig).
4) Dann das restliche Mehl mit Vollrohrzucker und Gewürzen in einer zweiten Schüssel mischen und gemeinsam mit dem Vorteig kräftig für 5 Minuten zu einem geschmeidigen Teig kneten. Hefeteig zugedeckt an einem warmen Ort für mindestens 40 Minuten gehen lassen, bis sich sein Volumen verdoppelt hat.

5) In der Zwischenzeit die eingeweichten Trockenfrüchte klein schneiden. Datteln waschen, entkernen und klein schneiden. Datteln, Zitronat, Orangeat und grob gehackte Nüsse und Mandeln unter die Trockenfrüchte mengen.
6) Den Hefeteig kräftig durchkneten und die Trockenfrüchte nach und nach unter den Teig kneten. Den Teig nochmals zugedeckt mindestens 40 Minuten gehen lassen.
7) Mandeln für die Verzierung für 1 – 2 Minuten in heißem Wasser kochen, häuten und der Länge nach halbieren. Den Hefeteig noch einmal kräftig kneten und auf einer leicht bemehlten Fläche zu acht runden Laiben formen. Die Laibe auf zwei gefettete Backbleche legen, mit Einweichwasser bepinseln und mit den Mandelhälften verzieren. Zugedeckt für 10 Minuten gehen lassen.
8) Die Früchtebrote auf mittlerer Schiene bei 200 °C (E)/180 °C (H) 50 – 60 Minuten backen. Eventuell 15 Minuten vor Ende der Backzeit mit Alufolie abdecken, damit die Oberfläche nicht zu dunkel wird. Die noch heißen Früchtebrote mit Einweichwasser bepinseln und auf einem Gitter auskühlen lassen.

Tipp: Früchtebrot hält sich sehr lange frisch, wenn man es in Pergamentpapier einwickelt und kühl aufbewahrt. Seinen vollen Geschmack entwickelt es erst einige Tage nach dem Backen.

Mandel-Streusel-Kuchen mit Quarkcreme

Noch heute schenkt man in Italien den Hochzeitsgästen einige mit Zucker überzogene Mandeln, eingepackt in ein Stückchen Brautschleier. Die Wertschätzung für diese kleinen Nüsse geht wohl auf den altindischen Ayurveda zurück. Nach ihr schenken Mandeln nicht nur Lebenskraft, sondern stärken auch die Nerven, Atemwege und Augen. Speziell für Schwangere und Stillende haben Mandeln einiges parat: Sie gelten als eine hervorragende Kraftquelle.

Für ein Backblech

Für den Hefeteig:

550 g fein gemahlener Dinkel oder Weizen
100 g Vollrohrzucker
350 ml Milch (vegan: Apfelsaft)
20 g frische Hefe
75 g weiche Butter (vegan: Pflanzenmargarine)

Für die Mandelstreusel:

200 g fein gemahlener Dinkel
50 g gemahlene Mandeln
100 g Vollrohrzucker
150 g Butter (vegan: Pflanzenmargarine)
6 – 7 Tropfen Bittermandelöl

Für die Quarkcreme:

500 g selbst gemachter Joghurtquark (aus 1 kg Joghurt) bzw. Quark (vegan: cremig pürierter Tofu)
100 g Sultaninen
80 g Vollrohrzucker oder Jaggery
1 – 2 TL gemahlene Bourbon-Vanille
4 EL Birnendicksaft oder Ahornsirup

So wird's gemacht:

1) Joghurt für 6 Stunden in einem Käsetuch abhängen, bis 500 g Joghurtquark übrig bleiben (genaue Anleitung s. S. 178).
2) Vollkornmehl mit fein gemahlenem Vollrohrzucker in einer Schüssel mischen und mit der in lauwarmer Milch (Apfelsaft) aufgelösten Hefe zu einem geschmeidigen Teig kneten. Hefeteig mit einem Tuch zugedeckt an einem warmen, zugfreien Ort mindestens 20 Minuten gehen lassen. Die weiche Butter (Pflanzenmargarine) unter den bereits aufgegangenen Teig kneten und erneut etwa 40 Minuten zugedeckt gehen lassen, bis sich sein Volumen verdoppelt hat.
3) Alle Zutaten für die Mandelstreusel rasch miteinander verkneten und bis zum Gebrauch kalt stellen. Sultaninen unter heißem Wasser waschen, abtropfen lassen und mit den restlichen Zutaten für die Quarkcreme verrühren.
4) Den Hefeteig auf einer dünn bemehlten Arbeitsplatte ausrollen und auf ein gefettetes Backblech legen. Mit einer Gabel mehrmals einstechen. Die Quarkcreme gleichmäßig darauf verteilen und die Streusel darüber streuen.
5) Den Kuchen bei 200 °C (E)/180 °C (H) 30 Minuten backen und 10 Minuten im abgeschalteten Backofen stehen lassen.

Bienenstich

Jaggery, der eingekochte Zuckerrohrsaft, ist nach dem Ayurveda das Süßungsmittel der Wahl, da Honig nicht erhitzt werden sollte. So ganz nebenbei besitzt Jaggery auch wichtige Heilwirkungen. Er regt den Stoffwechsel an und stärkt Herz, Leber und den ganzen Körper. Ein kleines Stückchen nach einer üppigen Mahlzeit bringt auch die Verdauung wieder in Schwung.

Für ein Backblech (ca. 35 × 37 cm)

Für den Hefeteig:

550 g fein gemahlener Dinkel oder Weizen
100 g Vollrohrzucker
20 g frische Hefe
350 ml lauwarme Milch
75 g weiche Butter

Für die Mandelkruste:

200 g Mandelblättchen
200 g Jaggery
75 g Butter

Für die Creme:

leichte Buttercreme (s. S. 101)

So wird's gemacht:

1) Mehl und Vollrohrzucker in einer großen Schüssel vermischen. Hefe in der lauwarmen Milch auflösen und alles miteinander verkneten. Den Hefeteig zugedeckt an einem warmen Ort mindestens 30 Minuten gehen lassen.
2) Die weiche Butter unter den Hefeteig kneten und nochmals 30 Minuten gehen lassen, bis sich sein Volumen verdoppelt hat.
3) In der Zwischenzeit alle Zutaten für die Mandelkruste in einem Topf auf kleiner Flamme miteinander verrühren und abkühlen lassen.
4) Die leichte Buttercreme nach Rezept herstellen.
5) Den Hefeteig erneut durchkneten, ausrollen und auf ein gefettetes Blech legen. Mandel-Jaggery-Mischung darauf verteilen und zugedeckt für weitere 15 – 20 Minuten gehen lassen.
6) Kuchen bei 200 °C (E)/175 °C (H) 30 – 35 Minuten backen.
7) Kuchen in Stücke schneiden, längs halbieren und mit Creme füllen.

Rosinen-Mandel-Zopf

Beim gemütlichen Sonntagsfrühstück darf dieser Hefezopf nicht fehlen. Mit selbst gemachter Marmelade oder auch nur mit Butter schmeckt er einfach himmlisch! Mehr noch, die Rosinen und Mandeln sind eine optimale Kombination zur Stärkung von Gehirn und Nervensystem. Und so ganz nebenbei fördern sie auch noch die Blutbildung.

Ergibt einen Zopf

300 ml Milch (vegan: Apfelsaft)
125 ml Wasser
20 g frische Hefe
750 g fein gemahlener Dinkel
150 g Vollrohrzucker
200 g Rosinen oder Sultaninen
etwas heißes Wasser zum Einweichen
200 g Mandelstifte
abgeriebene Schale einer unbehandelten Zitrone
3 EL Zitronensaft
½ TL Meersalz
100 g weiche Butter (vegan: Pflanzenmargarine)
Fett für das Blech

So wird's gemacht:

1) Milch (bzw. Apfelsaft) mit Wasser mischen und lauwarm erwärmen. Hefe mit dem Gemisch verrühren. Dinkelvollkornmehl in eine große Schüssel geben und mit Vollrohrzucker mischen. Die Hefemilch hineingießen und zu einem glatten Teig kneten. Den Hefeteig zugedeckt an einem warmen Ort für 30 Minuten gehen lassen.
2) Rosinen waschen und in etwas heißem Wasser einweichen. Die Rosinen abtropfen lassen und mit Mandelstiften, Zitronenschale, Zitronensaft und Salz mischen und zusammen mit der weichen Butter (Pflanzenmargarine) unter den Hefeteig kneten.
   Den Teig erneut 40 – 60 Minuten zugedeckt gehen lassen, bis sich sein Volumen verdoppelt hat.
3) Hefeteig kräftig durchkneten und in zwei Teile teilen. Diese zu zwei Rollen formen und umeinander schlagen. Den Zopf auf ein gefettetes Blech legen. (Achten Sie darauf, eventuell aus dem Teig hervorschauende Rosinen in den Teig hineinzudrücken, da diese sonst während des Backens leicht verbrennen.) Hefezopf mit einem Tuch abgedeckt 20 Minuten gehen lassen.
4) Bei 200 °C (E)/180 °C (H) 50 – 60 Minuten backen.

Rosinen-Butter-Kuchen vom Blech

Kinderleicht selbst für Anfänger ist dieser Hefeteigkuchen. Dabei sind Rosinen nicht nur zum Essen gut, sondern auch als Medizin. Ayurveda-Ärzte empfehlen sie abends, zusammen mit Milch gekocht, bei chronischer Verstopfung. Daneben fördern Rosinen die Ausscheidung von Giftstoffen und verbessern die Zusammensetzung des Blutes.

Für ein Backblech

Für den Hefeteig:
80 – 100 g Rosinen
etwas heißes Wasser zum Einweichen
200 g Sauerrahm
100 ml Wasser
20 g frische Hefe
2 EL Birnendicksaft oder Ahornsirup
500 g fein gemahlener Dinkel
1 Prise Meersalz
60 g weiche Butter
abgeriebene Schale einer halben unbehandelten Zitrone
Fett für das Blech

Für den Belag:
100 g Butter
70 – 90 g Vollrohrzucker bzw. Jaggery
2 EL Sahne
1 – 2 EL Birnendicksaft oder Ahornsirup
60 g Mandelblättchen

So wird's gemacht:

1) Rosinen waschen und in heißem Wasser einweichen.
2) Sauerrahm mit Wasser mischen und lauwarm erwärmen. Hefe in der Mischung auflösen, Birnendicksaft und ein paar Löffel gemahlenen Dinkel dazugeben und den Vorteig zugedeckt an einem warmen Ort etwa 15 Minuten gehen lassen.
3) Das restliche Dinkelmehl in eine Schüssel geben und mit der Prise Meersalz mischen. Vorteig mit Mehl, weicher Butter, Zitronenschalen und Rosinen verkneten.
   Den Hefeteig zugedeckt 40 – 60 Minuten gehen lassen, bis sich sein Volumen fast verdoppelt hat.
4) Backblech einfetten, den Hefeteig noch einmal kräftig durchkneten und auf der Arbeitsplatte (ohne Mehl) in Blechgröße ausrollen. Die Teigplatte auf das Blech legen.
   Mit den Fingern kleine Vertiefungen in etwa 5 cm Abstand hineindrücken. Hefeteig nochmals zugedeckt für 15 – 20 Minuten gehen lassen.
5) Für den Belag 50 g Butter zu kleinen Flöckchen schneiden und in die Vertiefungen legen. Den Butterkuchen etwa 12 – 15 Minuten bei 190 – 200 °C (E)/175 – 180 °C (H) backen.
6) Die restlichen 50 g Butter in einer Pfanne schmelzen, Vollrohrzucker bzw. Jaggery, Sahne und Birnendicksaft dazugeben, bis sich alles gut miteinander vermischt hat, und dann die Mandelblättchen darunter mischen. Pfanne sofort von der Flamme nehmen (Jaggery-Vorbereitung s. Anhang: »Kleine Warenkunde« S. 181). Nun die Mandel-Buttermischung auf den Kuchen verteilen und in weiteren 12 – 15 Minuten fertig backen.

Zwieback

Zwieback ist nicht nur für Kranke empfehlenswert, wie dieses Rezept beweist. Er hat auch noch einen weiteren Vorteil: In einer Dose hält er sich lange frisch – so können Sie auch unerwarteten Gästen davon anbieten. Und mit Butter und Marmelade als Belag schmeckt er einfach unbeschreiblich gut.

Ergibt ca. 35 Stück

300 ml Wasser
50 ml Birnendicksaft oder Ahornsirup
20 g frische Hefe
1 Msp gemahlene Bourbon-Vanille
abgeriebene Schale einer unbehandelten Zitrone
500 g fein gemahlener Dinkel oder Weizen
50 g weiche Butter (vegan: Pflanzenmargarine)
½ TL Meersalz
Fett für das Blech

1) Wasser und Birnendicksaft mischen und lauwarm erwärmen. Hefe in dem Gemisch auflösen und unter das mit Vanille und Zitronenschale gemischte Dinkelmehl kneten. Den Teig zugedeckt für etwa 15 – 20 Minuten gehen lassen, dann die Butter (bzw. Margarine) und das Meersalz unterkneten.
2) Nun den kräftig gekneteten Teig in zwei Rollen teilen und auf ein gefettetes Backblech legen. Die beiden Teigrollen mit einem Tuch abdecken und an einem warmen, zugfreien Ort gehen lassen, bis sie ihr Volumen fast verdoppelt haben.
3) Bei 220 °C (E)/200 °C (H) etwa 30 Minuten backen.
   Über Nacht stehen lassen.
4) Die Brote am nächsten Tag in ½ cm dicke Scheiben schneiden und auf dem Blech flach – eins neben dem anderen – bei etwa 230 °C (E)/210 °C (H) beidseitig rösten.
   Den Zwieback nach dem vollständigen Abkühlen in einer trockenen Dose aufbewahren.

Rhabarber-Aprikosen-Kuchen mit Nussgratin

Rhabarber, keine Frucht, sondern ein Stielgemüse, ist ein Phänomen: Seine Wurzel ist heilkräftig (östrogenhaltig), seine Stiele sind nahrhaft und die Blätter giftig. Im Frühling ist Rhabarber ein willkommenes Mittel für den »inneren Hausputz«, da er Leber und Galle stimuliert, den Verdauungstrakt reinigt und dadurch mild abführend wirkt.

Für eine Springform Ø 28 cm

Für den Hefeteig:

10 g frische Hefe
125 ml Milch (vegan: Apfelsaft)
250 g fein gemahlener Dinkel
50 g fein gemahlener Vollrohrzucker
25 g Butter (vegan: Pflanzenmargarine)
Fett für die Form

Für den Belag:

750 g Rhabarber
200 g Aprikosen
90 – 100 g Vollrohrzucker
3 – 4 EL Haferflocken

Für das Nussgratin:

5 EL Sojamehl
6 EL Wasser
100 g geröstete und gemahlene Haselnüsse
50 g Vollrohrzucker
½ TL Zimt
½ TL gemahlene Bourbon-Vanille

So wird's gemacht:

1) Hefe in die lauwarme Milch (Apfelsaft) bröckeln und mit etwas gemahlenem Dinkel und Vollrohrzucker verrühren. Vorteig zugedeckt 15 Minuten gehen lassen.
2) Den Vorteig unter das restliche Dinkelmehl und die weiche Butter (Pflanzenmargarine) kneten. Hefeteig 40 Minuten gehen lassen, bis sich sein Volumen etwa verdoppelt hat.
3) In der Zwischenzeit den Rhabarber waschen, schälen und in kleine Stücke schneiden. Ebenso die Aprikosen waschen, entsteinen und in kleine Schnitze schneiden. Alles in einer Schüssel mit Vollrohrzucker vermischen und ziehen lassen. Die Springform einfetten.
4) Hefeteig erneut durchkneten und die Form damit auskleiden, dabei einen 3 cm hohen Rand bilden.
5) Sojamehl und Wasser in einen Rührbecher geben und mit dem Handrührgerät verrühren. Nach und nach gemahlene und geröstete Nüsse, Vollrohrzucker und Gewürze dazugeben. Den Rhabarbersaft abschütten und unter die Soja-Nussmischung rühren. Haferflocken unter das Obst mischen und auf dem Teigboden verteilen. Soja-Nuss-Mischung über das Obst gießen.
6) Den Obstkuchen bei 180 °C (E)/ 160 °C (H) für etwa 45 Minuten backen (eventuell noch 5 Minuten Nachhitze).

Tipp: Entsprechend der jeweiligen Jahreszeit können Sie auch andere Früchte als Belag verwenden.

Sauerkirschkuchen mit Sahneguss

Sauerkirschen regen nicht nur den Stoffwechsel an, sondern desinfizieren von innen. Das schaffen sie mit ihren reinigenden Pflanzensäuren, die krank machende Keime abtöten und die Drüsen stimulieren können. Mit ihrem hohen Eisengehalt zählen sie daneben auch zu den Blutbildnern, kein Wunder, dass sie der Ayurveda zu den Pitta vermehrenden Früchten zählt.
Auch wenn die Kirschenzeit vorbei ist, gibt es keinen Grund zur Trauer. Je nach Jahreszeit und Geschmack können Sie auch zu anderen Obstsorten greifen.

Für ein Backblech

Für den Hefeteig:
20 g frische Hefe
275 ml Milch bzw. Wasser
450 g fein gemahlener Dinkel
65 – 100 g Vollrohrzucker (nach Wunsch)
4 EL Sonnenblumenöl
Fett für das Blech

Für den Belag:
1250 g Sauerkirschen
75 g Haselnüsse
350 g saure Sahne (vegan: Sojadrink)
2 – 3 EL Maisstärke
75 g Vollrohrzucker
1 TL gemahlene Bourbon-Vanille

So wird's gemacht:

1) Milch bzw. Wasser lauwarm erwärmen. Hefe darin auflösen. Mehl und Vollrohrzucker in einer Schüssel mischen und alles zu einem Hefeteig kneten. Den Teig für 30 Minuten zugedeckt an einem warmen Ort gehen lassen. Danach das Sonnenblumenöl unterkneten und den Teig wiederum gehen lassen.
2) In der Zwischenzeit die Sauerkirschen waschen und entsteinen. Haselnüsse rösten und fein mahlen. Saure Sahne (Sojadrink), Maisstärke, Vollrohrzucker und Vanille miteinander verrühren.
3) Hefeteig erneut kräftig durchkneten, und (ohne Mehl) auf der Arbeitsfläche in Blechgröße ausrollen. Den Teig auf das gefettete Blech legen und einen dünnen Rand formen. Gemahlene und geröstete Haselnüsse auf den Teig streuen und mit Sauerkirschen belegen. Sahne-(Sojadrink-)Mischung über die Kirschen verteilen.
4) Kuchen bei 190 °C (E)/175 °C (H) 35 Minuten backen.

Biskuittorten

Biskuitteig und Torten gehören so untrennbar zusammen. Denn die leichten, lockeren Teigschichten und die kühle Buttercreme, die auf der Zunge zergeht, sind nun einmal eine ideale Kombination. In diesem Backbuch ist der Biskuitteig allerdings gesünder und salonfähiger. Die Unmenge von Eiern, aus denen herkömmlicher Biskuitteig besteht, braucht man überhaupt nicht. **Ein luftiger Biskuitteig ist ganz problemlos auch ohne Eier und selbst mit Vollkornmehl möglich!** Vorausgesetzt, das Vollkornmehl ist sehr fein gemahlen und gesiebt.
Um auch kritische Menschen zu überzeugen, haben wir bei den Biskuitrezepten einen Teil des Vollkornmehls durch Speisestärke und 1050er-Dinkelmehl (aus dem Reformhaus oder Naturkostladen) ersetzt. Dies ist in unseren Augen auch für »strenge« Vollwertköstler vertretbar, da man solche opulenten Torten ja nicht jeden Tag isst. Bei diesen besonderen Anlässen stellt die Verwandschaft meist erstaunt fest: »Die Torte schmeckt ja richtig gut – und das ist jetzt ohne Eier? Wirklich? Und dann auch noch mit »braunem« Mehl? Toll!«
Wer allerdings ausschließlich Vollkornprodukte essen möchte, kann selbstverständlich ganz auf fein gemahlenes und ausgesiebtes Dinkelvollkornmehl zurückgreifen. Diese Torten werden ohne Zweifel genauso gut ankommen.

Tipps vor dem Backen

Die Springform darf nur am Boden eingefettet und bestreut werden. Ihr Rand sollte niemals Fett abbekommen, denn das würde während des Backens schmelzen und beim Herunterlaufen den aufgehenden Teig am Rand mit herunterziehen.

Gute Erfahrungen haben wir damit gemacht, **Backpapier in der Größe des Springformbodens und zusätzlich einen langen Streifen für den Rand** auszuschneiden. Mit dieser Methode lässt sich der Tortenboden leicht von der Form entfernen.

Nach dem Backen den Tortenboden von der Form auf ein Kuchengitter gleiten lassen, die Backpapierschicht abziehen und auskühlen lassen. Falls die Backpapierschicht einmal mit dem kalten Boden verbacken sein sollte, legt man ein feuchtes Küchentuch darauf und kann das Papier nach kurzer Zeit abziehen.

Ganz frischer Biskuitteig lässt sich schlecht teilen, denn er **bröselt leicht.** Lassen Sie ihn mindestens vier bis sechs Stunden auskühlen; am besten jedoch über Nacht.

Zum Durchschneiden der Tortenplatten kerben Sie zuerst rund um den Rand die gewünschten Schichten ein. Schneiden Sie dann mit einem großen Messer waagerecht vom Rand zur Mitte die einzelnen Böden ab. (Sie können aber auch einen Zwirn zum Durchtrennen verwenden.)

Die so entstandenen **Tortenplatten** heben Sie am besten mit einem **speziellen Tortenteiler-Blech** ab. Dies ist am sichersten und vermeidet alle »Unfälle«.

Wer nun überhaupt kein Risiko eingehen und die Böden nicht durchschneiden will (wenn man ungeübt ist, werden sie manchmal schief und ungleich), kann die Böden auch einzeln backen. Mit der Backpapiermethode lassen sich die Böden schnell aus der Form entfernen.

Da Biskuittortenböden luftig leicht sind, können sie saftige Füllungen gut aufnehmen. Darunter kann allerdings die Stabilität der Torte manchmal etwas leiden. Daher empfehlen wir Ihnen **als unteren Abschluss einen dünnen Mürbteigboden.** Dies hält alles gut zusammen und ergibt einen schönen geschmacklichen Kontrast zu den weichen Böden und den cremig sahnigen Füllungen (s. Grundrezept S. 99).

Wer möchte, kann sich natürlich seine eigene Buttercremetorte zusammenstellen. Kombinieren Sie dazu ein beliebiges Grundrezept für Tortenböden mit dem Buttercremerezept nach Wahl.

Hinweis: Die genauen Angaben zur Herstellung des selbst gemachten Backpulvers bzw. die Umrechnung zu herkömmlichem Backpulver befinden sich auf Seite 40.

Absender/in:

....

....

....

....

....

Bitte ausreichend frankieren!

Antwort

pala-verlag

Postfach 11 11 22

64226 Darmstadt

- Ich habe diese Karte folgendem Buch entnommen:

....

Anregungen / Meinungen / Kritik:

....

....

....

....

....

❑ Schicken Sie mir bitte kostenlos Informationen über Ihr Gesamtprogramm

❑ Schicken Sie mir auch aktuelle Informationen per E-Mail (max. 3 – 4-mal pro Jahr):

Meine E-Mail-Adresse: .... @ ....

Grundrezept für Biskuitteig

Für eine Torte brauchen Sie mindestens zwei Böden aus Biskuitteig. Den unteren (dritten) Boden sollten Sie aus Mürbteig backen, das macht die Torte stabiler. Wenn Sie jedoch eine dreistöckige Biskuittorte möchten, backen Sie die Böden einfach einzeln (für drei Böden erhöhen Sie die Mengenangaben im Rezept um die Hälfte). Biskuitböden eignen sich hervorragend für Sahnetorten, Buttercremetorten usw.

Für zwei Teigböden Ø 26 – 28 cm

100 g fein gemahlener und ausgesiebter Dinkel
100 g Weizenmehl Type 1050
5 TL selbst gemachtes Backpulver (s. S. 40)
100 g Maisstärke bzw. Wildpfeilwurzelmehl
200 g fein gemahlener Vollrohrzucker
1 TL gemahlene Bourbon-Vanille
100 g Butter
200 ml Wasser

So wird's gemacht:

1) Backpapier in der Größe der entsprechenden Springform zuschneiden und die Form damit auslegen. Die Ränder nicht einfetten. Den Backofen auf 190 – 200 °C (E)/175 – 180 °C (H) vorheizen.
2) Mehl mit Backpulver, Maisstärke oder Wildpfeilwurzelmehl, fein gemahlenem Vollrohrzucker und Vanille mischen. Kleine Butterflöckchen in die Rührschüssel geben. Mit einem Handrührgerät alle Zutaten löffelweise im Wechsel mit dem Wasser zu einer geschmeidigen Masse rühren.
3) Die Biskuitmasse rasch in die vorbereitete Springform füllen und mit einem Teigschaber glatt streichen. (Wenn Sie die Böden einzeln backen, nur die Hälfte der Masse einfüllen.) Für 30 – 35 Minuten backen (ein einzelner Boden braucht lediglich ca. 20 – 25 Minuten). Vor dem Herausnehmen auf jeden Fall die Garprobe mit dem Stäbchen machen.
4) Tortenboden auf ein Kuchengitter stürzen und auskühlen lassen. Erst nach dem vollständigen Erkalten das Backpapier abziehen (eventuell mit Hilfe eines feuchten Tuchs, das für einige Minuten aufgelegt wird).
5) Den Teigboden mit einem langen Tortenmesser der Länge nach durchschneiden und je nach Rezept füllen.

Grundrezept für Carob-Biskuitteig

Dieser Grundteig ist nicht nur einfach und schnell zu machen, sondern wird auch noch luftig leicht. Wenn Sie lieber einen hellen Tortenboden backen möchten, dann ersetzen Sie den Carob durch Maisstärke.

Für zwei Tortenböden Ø 26 – 28 cm

200 g fein gemahlener und ausgesiebter Dinkel
100 g Maisstärke
50 g Carobpulver
2½ TL selbst gemachtes Backpulver (s. S. 40)
200 g fein gemahlener Vollrohrzucker
1 TL gemahlene Bourbon-Vanille
abgeriebene Schale einer ungespritzten Orange (oder Zitrone)
9 EL Sonnenblumenöl
300 – 325 ml Apfelsaft oder Wasser

So wird's gemacht:

1) Backpapier in Größe der Springform zuschneiden und einlegen. Backofen auf 190 – 200 °C (E)/175 – 180 °C (H) vorheizen. Alle Zutaten abwiegen und bereitlegen.
2) Ausgesiebtes Dinkelmehl, Stärke, Carob und selbst gemachtes Backpulver in eine Schüssel sieben. Fein gemahlenen Vollrohrzucker, Vanille und die abgeriebene Orangenschale darunter mischen. Mit einem Handrührgerät nach und nach Öl und Apfelsaft bzw. Wasser unterrühren, bis die Masse einem Pfannkuchenteig ähnelt.
3) Den Teig in die Springform füllen und für 40 Minuten backen. Wenn der Boden fertig ist, fühlt er sich in der Mitte elastisch an. Machen Sie auch die Stäbchenprobe (eventuell noch einige Minuten bei Nachhitze im Ofen stehen lassen).
4) Tortenboden auf ein Kuchengitter stürzen und vollständig auskühlen lassen. Das Backpapier abziehen (eventuell mit Hilfe eines für einige Minuten aufgelegten feuchten Tuches).
5) Den vollständig ausgekühlten Boden der Länge nach mit einem langen Tortenmesser durchschneiden.

Grundrezept für Nuss-Biskuitteig

Für zwei Tortenböden Ø 26 – 28 cm

300 g fein gemahlener und ausgesiebter Dinkel
100 g Maisstärke
100 g fein gemahlene, geröstete Haselnüsse
2½ TL selbst gemachtes Backpulver (s. S. 40)
200 g fein gemahlener Vollrohrzucker
9 EL Sonnenblumenöl
300 – 350 ml Apfelsaft oder Wasser
eventuell einige Tropfen Bittermandelöl

So wird's gemacht:

1) Backpapier im Durchmesser der Springform ausschneiden und den Boden damit belegen. Backofen auf 190° C (E)/175 °C (H) vorheizen. Alle Zutaten abwiegen und bereitstellen.
2) Die trockenen Zutaten in einer Rührschüssel miteinander mischen und nach und nach Öl und Apfelsaft bzw. Wasser (nach Bedarf) darunter rühren. Die Teigmasse ähnelt Pfannkuchenteig.
3) Teigmasse in die Form füllen und 40 Minuten backen. Vor dem Herausnehmen die Stäbchenprobe machen. Tortenboden aus der Form stürzen und auf einem Kuchengitter auskühlen lassen. Backpapier abziehen.
4) Den abgekühlten Tortenboden mit einem langen Tortenmesser der Länge nach durchschneiden und je nach Rezept füllen.

Grundrezept für Mürbteigboden

Ein Mürbteigboden ist der ideale untere Abschlussboden für eine Torte, da er ihr mehr Stabilität verleiht.

Für einen Mürbteigboden Ø 26 – 28 cm

100 g fein gemahlener und ausgesiebter Dinkel oder Weizen
50 g kalte Butter (vegan: Pflanzenmargarine)
30 – 40 g fein gemahlener Vollrohrzucker
1 Msp Natron
1 EL Sahne oder Wasser
Fett für die Form

So wird's gemacht:

1) Alle Zutaten rasch verkneten, zu einer Kugel formen und zugedeckt mindestens 30 Minuten kalt stellen.
2) Den Teig zwischen zwei Silikonback- bzw. Frischhaltefolien zu einer dünnen, runden Platte ausrollen und in die gefettete Springform legen. Mit einer Gabel mehrmals einstechen.
3) Bei 190 – 200 °C (E)/175 °C (H) für 15 – 20 Minuten backen. Anschließend Teigboden aus der Springform lösen und auf einem Kuchengitter auskühlen lassen.

Grundrezept für Tortenboden aus Joghurtquark-Ölteig bzw. Tofu-Ölteig

Joghurtquark- bzw. Tofu-Ölteig eignet sich für alle Torten, so z. B. auch für Schwarzwälder Kirschtorte und Nougattorte. Wer will, kann diese Torte auch ganz mit fein gemahlenem und ausgesiebten Vollkornmehl backen.

Für zwei bis drei Tortenböden
Ø 26 – 28 cm

200 g Joghurtquark (aus 400 g Joghurt) oder cremiger Tofu bzw. Lopino
etwas Butter und Vollkorngrieß für die Form
100 g Vollrohrzucker
125 ml Sonnenblumenöl
90 ml Milch (vegan: Wasser oder Sojamilch)
1 TL gemahlene Bourbon-Vanille
1 Prise Meersalz
100 g fein gemahlener, ausgesiebter Dinkel
200 g Dinkelmehl Type 1050
75 g Maisstärke
5 TL selbst gemachtes Backpulver (s. S. 40)

So wird's gemacht:

1) Joghurt in einem Käsetuch für mindestens 3 – 5 Stunden abhängen, bis 200 g cremiger Joghurtquark übrig bleibt (genaue Anleitung s. S. 178).
2) Springform einfetten und mit Vollkorngrieß ausstreuen. Backofen auf 190 °C (E)/175 °C (H) vorheizen.
3) Vollrohrzucker fein sieben bzw. mahlen und mit Joghurtquark (Tofu oder Lopino), Öl, Milch und den Gewürzen in eine Schüssel geben. Mit dem Handrührgerät zu einer cremigen Masse rühren. Mehl und Maisstärke mit dem Backpulver mischen und löffelweise unter die Crememasse zu einen geschmeidigen Teig rühren.
4) Teigmasse in die Form füllen, glatt streichen und mit einer Gabel mehrmals einstechen. Für 25 – 35 Minuten backen. Vor dem Herausnehmen die Stäbchenprobe machen.
5) Tortenboden aus der Springform lösen und auf ein Kuchengitter stürzen. Nach dem Abkühlen zwei- bis dreimal der Länge nach durchschneiden und je nach Rezept füllen.

Grundrezept für leichte Buttercreme

Der Clou dieses Rezepts ist der Vollrohrzucker. Er gibt der Buttercreme ihr typisches karamellartiges Aussehen.

1 l Milch
3 Päckchen Vanillepuddingpulver
250 g Vollrohr- bzw. Roh-Rohrzucker
1 TL gemahlene Bourbon-Vanille
200 g weiche Butter
50 g Kokosfett

So wird's gemacht:

1) Die Hälfte der kalten Milch mit dem Puddingpulver glatt rühren.
2) Die restliche Milch in einen mit kaltem Wasser ausgespülten Topf geben, zum Kochen bringen und die Puddingmilch unter ständigem Rühren dazugeben. Sofort von der Flamme nehmen. Vollrohrzucker oder Roh-Rohrzucker (und eventuelle andere Geschmackszutaten wie Vanille usw.) hineinrieseln lassen und zu einer homogenen Masse rühren.
3) Pudding abkühlen lassen und dabei immer wieder mit dem Schneebesen umrühren, um eine Hautbildung zu verhindern.
4) Zimmertemperierte Butter und Kokosfett in einer Rührschüssel schaumig schlagen. Löffelweise den Pudding dazugeben und alles zu einer homogenen Masse rühren. Wichtig ist dabei, dass die Butter und der Pudding die gleiche Temperatur haben, sonst gerinnt die Buttercreme! Buttercreme kalt stellen und nach Rezept weiterverarbeiten.

Variationen:

Carob-Buttercreme

3 – 4 EL Carob in die warme Milch geben.

Zitronen- bzw. Orangen-Buttercreme

abgeriebene Schale einer unbehandelten Zitrone bzw. Orange unter die fertige Buttercreme heben.

Nuss-Buttercreme

50 g geröstete und fein gemahlene Haselnüsse (Cashew, Mandeln oder Walnüsse) unter die fertige Creme rühren.

Bittermandel-Buttercreme

Einige Tropfen Bittermandelöl unter die fertige Creme rühren.

Bananen-Buttercreme

2 zerdrückte Bananen mit einigen Tropfen Zitronensaft und 2 – 3 TL Johannisbrotkernmehl unter die fertige Creme rühren.

Grundrezept für reine Buttercreme

175 g fein gemahlener Roh-Rohrzucker bzw. Vollrohrzucker
250 g weiche Butter
4 EL heißes Wasser

So wird's gemacht:

1) Roh-Rohrzucker bzw. Vollrohrzucker in einer Kaffeemühle fein mahlen oder fein sieben. Die weiche, zimmertemperierte Butter in eine Rührschüssel geben und mit dem Handrührgerät rühren, bis sie cremig ist. Nun den Zucker nach und nach hineinrieseln lassen und unterrühren. Das heiße Wasser esslöffelweise unter die Buttercreme gießen und zu einer homogenen Masse rühren.
2) Wer die Buttercreme auf die gewünschte Torte streichen möchte, sollte sie etwa 30 Minuten lang kalt stellen, wer seine Torte mit einem Spritzbeutel verzieren möchte, braucht die Buttercreme nur 10 Minuten lang zu kühlen.
3) Torte vor dem Servieren kalt stellen.

Schwarzwälder Kirschtorte

Der Kirschbaum aus der Familie der Rosengewächse kann bis zu 300 Jahre alt und bis zu 30 m hoch werden. Der unbehandelte, frische Kirschsaft wird in manchen Familien als altes Hausrezept gegen fiebrige Erkrankungen gegeben. Und bei Bronchitis hilft ein Tee aus Kirschenstielen. Erwärmt man Kirschkerne in einem Leinsäckchen im Backofen, so kann man damit ein Heizkissen ersetzen.

Für eine Torte Ø 26 – 28 cm

2 Tortenböden nach Grundrezept für Carob- oder Nuss-Biskuitteig (s. S. 98/99)

400 g frische Kirschen (oder aus dem Glas)
150 ml Kirschsaft
1 – 2 EL Maisstärke bzw. Wildpfeilwurzelmehl
4 – 5 EL Birnendicksaft

Kirschsaft (2 – 3 EL)
Kirschmarmelade bzw. Aprikosenmarmelade
400 g frische Sahne
4 EL Vollrohrzucker

100 g frische Sahne
1 EL Roh-Rohrzucker
Kirschen
Carobraspel

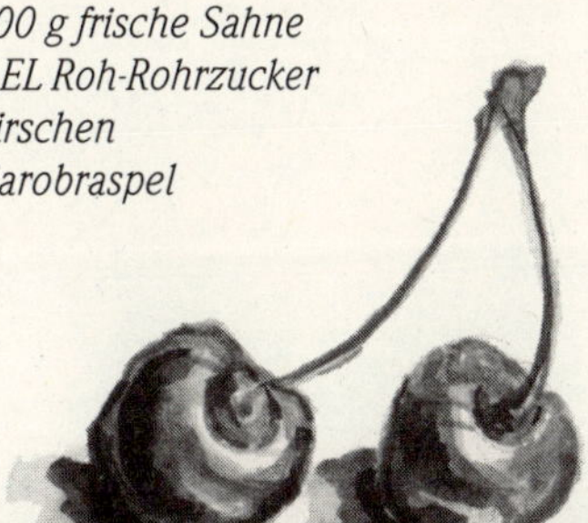

1) Die beiden Tortenböden backen und auf einem Gitter auskühlen lassen. (Wenn Sie die Böden zusammengebacken haben, Boden mit einem langen Tortenmesser durchschneiden.)
2) Kirschen waschen, entsteinen und wenige Minuten köcheln lassen. (Falls keine frischen Kirschen vorhanden sind, verwenden Sie tiefgefrorene Kirschen bzw. Kirschen aus dem Glas.) Geben Sie den Kirschsaft in einen Topf, rühren Sie die Stärke unter und dicken Sie den Saft bei mäßiger Hitze etwas an. Birnendicksaft und Kirschen dazugeben. Noch einmal kurz aufköcheln lassen und zum Abkühlen auf die Seite stellen.
3) Den unteren Tortenboden mit Kirschsaft beträufeln und etwas Kirsch- bzw. Aprikosenmarmelade darauf streichen. Sahne mit Vollrohrzucker steif schlagen. Kirschen auf den unteren Boden verteilen, mit der Hälfte der Schlagsahne bestreichen.
4) Zweiten Tortenboden darauf setzen und mit der zweiten Hälfte der Schlagsahne den Rand und die Oberseite der Torte bestreichen.
5) Zum Verzieren Schlagsahne schlagen, süßen und in einen Spritzbeutel füllen. Torte mit Sahnetupfer, Kirschen und Carobraspel dekorieren.
6) Torte kühl stellen und bald servieren.

Pistazien-Marzipan-Torte

Hausgemachter Frischkäse (Panir) ist das Geheimnis dieser Torte. Er ist es, der der Pistaziencreme ihren unnachahmlich frischen und cremigen Geschmack verleiht. Pistazien schmecken nicht nur gut, sie haben auch große Heilwirkungen. Unter anderem wegen des hohen Eisen- und Thiamingehaltes spricht ihnen der Ayurveda Blut bildende und Nerven stärkende Eigenschaften zu. Ayurveda-Ärzte verordnen Pistazien gerne bei Anämie, Kraftlosigkeit, Nervosität, Herzbeschwerden und niedrigem Blutdruck.

Für eine Torte Ø 26 – 28 cm

Für den Biskuit- und den Mürbteig:

2 Tortenböden nach Grundrezept für Biskuitteig (s. S. 97)
1 Mürbteigboden nach Grundrezept (s. S. 99)

Für die Füllung:

400 g Mandeln
2 l Milch (für ca. 285 g Frischkäse)
60 g fein gemahlene Pistazien
280 g Honig (bevorzugt Akazien- oder Lavendelhonig)
11 EL Sahne
abgeriebene Schale einer unbehandelten Zitrone
Saft einer Zitrone
5 Tropfen Rosenwasser
3 – 4 EL Birnensaft
1 Glas Aprikosen- bzw. Birnenmarmelade

Für die Verzierung:

400 ml Sahne
2 EL fein gemahlener Vollrohrzucker
60 g fein gemahlene Pistazien

So wird's gemacht:

1) Tortenböden nach den Grundrezepten backen. Mandeln enthäuten.
2) Frischkäse aus 2 l Milch herstellen (s. S.176).
3) 40 g der Pistazien fein mahlen. Frischkäse pürieren bzw. geschmeidig kneten. Frischkäse mit Pistazien, 80 g Honig, Sahne und der abgeriebenen Zitronenschale zu einer cremigen Masse rühren. (Ist die Creme noch etwas fest, so können Sie noch etwas Sahne, Joghurt oder etwas Zitronensaft dazugeben.)

4) Die völlig getrockneten Mandeln sehr fein mahlen und mit 200 g Honig und Rosenwasser zu Marzipan kneten. (Honigmarzipan s. S. 49). Marzipanmasse in drei gleiche Stücke teilen und zwischen zwei Silikonback- bzw. Frischhaltefolien zu drei runden Platten (mit Ø 26 – 28 cm) ausrollen. Die Sahne mit Zucker steif schlagen, 40 g fein gemahlene Pistazien unterheben und kalt stellen.
5) Den untersten (Mürbteig-)Boden mit 1 EL Birnensaft beträufeln und mit Marmelade bestreichen. Eine Marzipanplatte darüberlegen und die Hälfte der Pistaziencreme darauf streichen.
6) Als Nächstes den Biskuitboden mit 1 EL Birnensaft beträufeln, mit Marmelade bestreichen und mit Marzipan belegen. Mit der restlichen Pistaziencreme bestreichen.
7) Den zweiten Biskuitboden ebenfalls mit 1 EL Birnensaft beträufeln, mit Marmelade bestreichen, Marzipan belegen und mit zwei Dritteln der Pistaziensahne überziehen.
8) Die restliche Sahne in einen Spritzbeutel füllen und die Torte damit verzieren. Die restlichen 20 g der Pistazien hacken. Zum Abschluss die Torte noch mit den 20 g gehackten Pistazien dekorieren.
9) Torte kühl stellen und bald servieren.

Ananas-Orangen-Torte

Südfrüchte enthalten viel Vitamin C. Doch das ist längst nicht alles, ihre Inhaltstoffe schützen u. a. sogar vor Krebs. Ananas beispielsweise besitzt unter anderem das Enzym Bromelin, welches die Fähigkeit besitzt, Nahrungseiweiß aufzuspalten, und somit die Eiweißverdauung fördert. Der Ayurveda setzt Ananas bei Unruhe und Herzbeschwerden ein. Außerdem wirken sie kühlend, durststillend und vermehren Kapha im Körper. Auch für eine gute Verdauung sorgen Ananas – in gleicher Weise wie Orangen. Letztere glänzen vor allem durch ihren hohen Selengehalt, welcher die Abwehr stärkt. Ihr frisch gepresster Saft hilft Kranken in der Rekonvaleszenzphase, vor allem bei und nach Fieber- und Durchfallerkrankungen.

Für eine Torte Ø 26 – 28 cm

Für den Biskuit- und den Mürbteig:

2 Tortenböden nach Grundrezept für Carob-Biskuitteig (s. S. 98)
1 Mürbteigboden nach Grundrezept (s. S. 99)

Für die Orangenbuttercreme:

1 l Milch
2½ Päckchen Orangen-Puddingpulver
2 Prisen gemahlener Safran (oder 4 Safranfäden)
200 – 250 g fein gemahlener Roh-Rohrzucker bzw. Vollrohrzucker
abgeriebene Schale von 2 ungespritzten Orangen
200 g weiche Butter
50 g Kokosfett

Für die Füllung:

1 frische Ananas (oder 1 Dose 820 g = netto 490 g ungesüßte Ananas)
5 EL Roh-Rohrzucker
1 EL Wildpfeilwurzelmehl oder Maisstärke
3 EL Ananassaft
2 EL Orangenmarmelade

Für die Dekoration:

grob geraspelte Schale einer ungespritzten Orange

So wird's gemacht:

1) Die Tortenböden nach den Grundrezepten backen.
2) Für die Buttercreme 0,5 l Milch mit dem Puddingpulver verrühren. Die restliche Milch mit dem Safran zum Kochen bringen. Puddingmilch hineinrühren und nach dem Aufkochen von der Flamme nehmen. Roh-Rohrzucker und abgeriebene Orangenschale unter die Puddingmasse rühren.
Während des Abkühlens immer wieder mit dem Schneebesen umrühren, um eine Hautbildung zu vermeiden. Die weiche Butter und das Kokosfett flöckchenweise unter die noch leicht lauwarme Puddingmasse rühren (eventuell mit Handrührgerät). Buttercreme kalt stellen.
3) Die frische Ananas waschen, schälen und in kleine Stückchen schneiden. Ananas im eigenen Saft mit Roh-Rohrzucker weich kochen und am Ende mit Wildpfeilwurzelmehl oder Maisstärke andicken. (Wenn Sie Ananas aus der Dose verwenden, die Ananas-

scheiben abtropfen lassen und in kleine Stückchen schneiden.)

4) Mürbteigboden mit 1 EL Ananassaft beträufeln. Mit Orangenmarmelade bestreichen, einen Teil der Ananasstücke darauf verteilen und mit Orangen-Buttercreme bestreichen.
5) Den Biskuitteigboden darauf setzen. Ebenfalls mit 1 EL Ananassaft beträufeln, mit Buttercreme bestreichen, Ananasstücke darauf verteilen und die Zwischenräume mit Buttercreme auffüllen.
6) Den zweiten Biskuitteigboden darauf setzen und wieder mit 1 EL Ananassaft beträufeln. Torte mit Buttercreme bestreichen, mit dem Spritzbeutel verzieren und den restlichen Ananasstücken und der grob geraspelten Orangenschale dekorieren.
7) Torte vor dem Servieren kalt stellen.

Bananen-Nuss-Torte

Ob frisch aus der Schale, gebacken oder gekocht, Bananen sind über jede Kritik erhaben. Sie sind nicht nur schmackhaft, appetitanregend und durststillend, sondern besitzen auch zahlreiche Heilwirkungen. Reife Bananen vermehren Kapha. Aus diesem Grund empfiehlt der Ayurveda Bananen bei Durchfall, chronischen Verdauungsbeschwerden, Magenschleimhautentzündung und als Herzgefäßschutz.
Bananen mit Reis und Joghurt sind zum Geheimtipp so mancher Tropenreisender geworden, die unter »Montezumas Rache« litten.

Für eine Torte Ø 26 – 28 cm

Für den Nussbiskuitteig:
2 Tortenböden nach Grundrezept für Nuss-Biskuitteig (s. S. 99)

Für die Füllung:
100 g Haselnüsse
2 EL Apfelsaft
2 EL Aprikosenmarmelade
2 – 3 Bananen
etwas Zitronensaft
400 – 500 g Sahne
1 TL Johannisbrotkernmehl oder Wildpfeilwurzelmehl
1 Msp gemahlene Bourbon-Vanille
3 EL fein gemahlener Vollrohrzucker
16 ganze geröstete Haselnüsse

So wird's gemacht:

1) Den Tortenboden nach Grundrezept backen und der Länge nach mit einem Tortenmesser durchschneiden. Nüsse rösten und abkühlen lassen. Schale abreiben und fein mahlen.

2) Den untersten Tortenboden mit 1 EL Apfelsaft beträufeln und mit Aprikosenmarmelade bestreichen. Bananen in längliche Scheiben schneiden, auf den Tortenboden verteilen und mit etwas Zitronensaft beträufeln.
3) Sahne mit Johannisbrotkernmehl bzw. Wildpfeilwurzelmehl und Vanille steif schlagen. Knapp ein Drittel der Schlagsahne in einen Spritzbeutel für die Verzierung füllen und kalt stellen. Den Vollrohrzucker und ca. 70 g der gemahlenen Nüsse unter die restliche Sahne heben.
4) Den gefüllten Tortenboden mit einem Drittel der Nusssahne bestreichen. Den zweiten Boden darauf setzen, mit 1 EL Apfelsaft beträufeln und die ganze Torte mit der restlichen Nusssahne überziehen.
5) Nun die Torte mit der kalt gestellten Sahne aus dem Spritzbeutel verzieren. Die restlichen 30 g der gemahlenen Nüsse zum Bestreuen des Randes verwenden und die Torte mit den ganzen gerösteteten Nüssen dekorieren. Vor dem Servieren kalt stellen.

Joghurt-Creme-Torte (Shrikandtorte)

Shrikand (Joghurtquark) ist ein köstliches Dessert aus der vedisch-indischen Küche. Shrikand selbst vermehrt das Pitta-Element, Sahne und Getreide das Kapha-Element. Als Torte wird Shrikand zu einer kühlenden Sommerkomposition, die cremig fruchtige Frische mit dünnen Bikuitschichten in sich vereint.
Planen Sie die lange Abhängezeit des Joghurts ein (über Nacht oder mindestens fünf bis sieben Stunden), wenn Sie diese Torte zubereiten wollen.

Für eine Torte Ø 26 – 28 cm

Für den Biskuitteig:
2 Tortenböden nach Grundrezept für Biskuitteig (s. S. 97)
(eventuell Mürbteigboden s. Tipp)

Für den Belag:
1 kg Joghurtquark (aus 2 kg Joghurt)
150 g frische Himbeeren (oder Erdbeeren, Heidelbeeren oder pürierte Mango)
200 – 250 g Vollrohr- bzw. Roh-Rohrzucker (je nach Süße der Früchte und Belieben)

Für die Verzierung:
200 g Sahne
40 g Pistazienkerne
etwa 50 g frische Himbeeren bzw. andere Früchte

So wird's gemacht:
1) Joghurtquark nach Anleitung (s. S. 178) herstellen. Der Joghurt sollte dick und cremig sein und die Hälfte der ursprünglichen Menge ergeben (damit später die Füllung nicht aus den Teigschichten läuft).
2) Tortenböden gemäß Grundrezept (S. 97) backen und nach dem völligen Auskühlen mit einem langen Tortenmesser der Länge nach durchschneiden.
3) Himbeeren in ein Sieb legen und unter laufendem Wasser waschen. Dann auf ein Küchenkrepp legen und vorsichtig trockentupfen. Die eingeplanten Himbeeren zum Dekorieren beiseite legen. Vollrohrzucker fein mahlen.
4) Joghurtquark in eine Schüssel schaben. Himbeeren und Vollrohrzucker dazugeben und alles mit einem Handrührgerät zu einer cremigen Masse verrühren. Den ersten Teigboden mit einem Teil der Creme füllen, den zweiten Boden darauf setzen und die restliche Creme auf dem Teigboden und den Seiten verteilen.
5) Sahne steif schlagen (nach Wunsch leicht süßen) und die Torte mit einem Spritzbeutel verzieren. Pistazien hacken. Mit den restlichen Himbeeren und gehackten Pistazienkernen dekorieren. Die Torte kalt stellen und bald servieren.

Tipp: Wenn Sie diese Torte noch schmackhafter gestalten wollen, können Sie einen Mürbteigboden als Abschlussboden backen und diesen mit einer dünnen Schicht Honigmarzipan belegen. Und wer möchte, kann die Joghurtcreme noch mit 200 g geschlagener Sahne verfeinern.

Erdbeer-Lopino-Torte

Alle, die gerne knusprige Teigböden zwischen fruchtigen Cremefüllungen lieben, werden diese Torte mögen – auch Veganer. Denn Lopino besteht aus den gemahlenen Samen der Süßlupine. Mit seinem Eiweißgehalt von 27 % übertrifft Lopino die meisten tierischen und pflanzlichen Eiweißträger. Auch in anderen Bereichen hebt es sich hervor: Es enthält alle essenziellen Aminosäuren, ist frei von Cholesterin, jedoch reich an Mineralien, ungesättigten Fettsäuren und Vitaminen.

Für eine dreistöckige Torte Ø 22 cm
oder eine zweistöckige Torte Ø 26 cm

Fett für die Form

Für den Teig:
100 g weiche Butter (vegan: Pflanzenmargarine)
6 EL Jaggery oder Ahornsirup
75 g Vollrohrzucker
200 g Haferflocken
100 g gemahlene Haselnüsse
200 g fein gemahlener Dinkel
2 EL Apfelsaft

Für die Füllung:
700 g Erdbeeren
600 g Lopino
150 g Vollrohrzucker
½ TL Johannisbrotkernmehl

So wird's gemacht:

1) Springformen einfetten. Alle Zutaten für den Teig miteinander verkneten.
2) Den Teig in zwei bzw. drei Teile teilen. Jeweils einen flachen Fladen in die Springform geben und zu einem dünnen Boden drücken. Tortenböden bei 190 – 200 °C (E)/175 °C (H) 10 – 15 Minuten backen und auf einem Gitter auskühlen lassen.
3) Erdbeeren waschen, abtropfen lassen und entstielen. 350 – 400 g Erdbeeren mit dem Lopino, dem Vollrohrzucker und dem Johannisbrotkernmehl in eine Rührschüssel geben und mit dem Handrührgerät zu einer cremigen Paste rühren.
4) Etwas Erdbeercreme auf den untersten Boden streichen. Erdbeeren halbieren und die Creme mit einem Teil davon belegen. Zweiten Boden darauf setzen, mit der restlichen Creme bestreichen und den restlichen Erdbeeren verzieren. (Bei drei Böden Lopinocreme und Erdbeeren entsprechend aufteilen.)

Tipp: Schlagsahnetupfer machen sich gut als Verzierung dieser Torte. Anstelle von Lopino können Sie auch fein pürierten, selbst gemachten Frischkäse (Panir) verwenden (Mengenverhältnisse s. Anhang: »Kleine Warenkunde« S.177).

Erdbeer-Sahne-Rolle

Wer hätte das gedacht? Erdbeeren haben mehr Vitamin C als Zitronen oder Orangen. Über 300 Inhaltsstoffe hat man schon in den kleinen Sommerfrüchten entdeckt. Das erklärt auch ihre Heilwirkungen. Sie sind Appetitmacher, Verdauungshelfer, Schleimhautreiniger, Fiebersenker und Durchfallstopper.
Zusammen mit den Sahnetupfern und frischen Pfefferminzblättern verleihen sie dieser Biskuitrolle ein fast majestätisches Aussehen.

Ergibt eine Biskuitrolle

Für den Biskuitteig:

5 EL Sojamehl
10 EL Milch oder Wasser
5 EL Vollrohrzucker
4 EL Sonnenblumenöl
200 g Maisstärke
1¼ TL selbst gemachtes Backpulver (s. S. 40)
200 g feinstgemahlener und ausgesiebter Dinkel
15 EL (150 ml) Wasser bzw. Apfelsaft

Für die Füllung:

500 g Erdbeeren (Heidelbeeren, Himbeeren o. Ä.)
5 – 6 EL Vollrohrzucker
200 g Sahne
2 TL Johannisbrotkernmehl

Für die Dekoration:

50 g Sahne für den Spritzbeutel
1 Msp Johannisbrotkernmehl
etwa 16 kleine Erdbeeren
etwa 32 Pfefferminzblättchen

So wird's gemacht:

1) Backblech mit Backpapier auslegen. Backofen auf 175 °C (H)/190 °C (E) vorheizen.
2) Sojamehl und Milch bzw. Wasser (= Ei-Ersatz für 5 Eier) mit dem Handrührgerät in einer Rührschüssel verrühren. Löffelweise Vollrohrzucker, Öl und Maisstärke dazugeben. Backpulver unter das Mehl heben und im Wechsel mit dem Wasser unterrühren.
3) Biskuitmasse auf das Blech geben, in etwa DIN-A-4-Größe zu einem Rechteck glatt streichen und 15 – 18 Minuten backen. Biskuitplatte auf ein Tuch stürzen. Papier vorsichtig abziehen (eventuell vorher mit etwas kaltem Wasser bepinseln). Zusammen mit dem Tuch locker aufrollen.
4) Alle Erdbeeren waschen und mit Küchenkrepp trockentupfen. 16 kleine Erdbeeren für die Dekoration beiseite legen. Die restlichen Erdbeeren klein schneiden und mit 2 EL Vollrohrzucker in einer Schüssel ziehen lassen. Sahne mit Johannisbrotkernmehl und 3 EL Vollrohrzucker steif schlagen und kalt stellen. Die Sahne für die Dekoration ebenfalls mit Johannisbrotkernmehl steif schlagen und kalt stellen.
5) Schlagsahne unter die Erdbeeren heben. Biskuitrolle vorsichtig entrollen, füllen und wieder aufrollen. Die Rolle außen mit einem Teil der Dekosahne bestreichen. Die restliche Sahne in den Spritzbeutel füllen.
Mit Erdbeeren, Minzeblättchen und Sahne verzieren.

Yamuna-Wellen

Wo viel von Ayurveda die Rede ist, da darf auch der Yamuna-Fluss im nördlichen Indien nicht fehlen. Ähnlich wie das Wasser seines parallel verlaufenden Flusses, des Ganges, besitzt auch das Wasser der Yamuna reinigende und heilende Eigenschaften. Wissenschaftler haben ihm sogar antiseptische Wirkungen nachgewiesen. Gesüßt werden unsere Yamuna-Wellen mit Vollrohrzucker. Und der wird so hergestellt, wie es der Ayurveda schon seit Jahrtausenden empfiehlt: Frisch geerntetes Zuckerrohr wird zwischen Walzen ausgepreßt, der Saft gefiltert und durch Kochen eingedickt. Nach dem Eindicken wird die sirupartige Masse so lange gerührt, bis sie auskristallisiert. Durch Trocknen und Sieben erhält man einen braunen Zucker, der etwas grobkörnig ist. Ähnlich wie die in Indien üblichen Jaggery und Gur ist also auch Vollrohrzucker kein ausgemergelter und chemisch raffinierter Zucker. Nicht umsonst verwendet der Ayurveda Zucker aus Zuckerrohr zur Anregung des Stoffwechsels und zur allgemeinen Stärkung. Die Kombination aller Zutaten vermehrt das Element Kapha.

Für eine Torte Ø 28 cm

Für den Biskuitteig:

275 g fein gemahlener und ausgesiebter Dinkel
100 g Maisstärke
5 TL selbst gemachtes Backpulver (s. S. 40)
7 EL Sonnenblumenöl
200 g Vollrohrzucker
150 ml Wasser
2 EL Carob
etwas Butter, Vollkorngrieß oder gemahlene Haselnüsse für die Form

Für den Belag:

800 g Aprikosen

Für die Buttercreme:

reine Buttercreme (s. S. 102) oder leichte Buttercreme (s. S. 101)

Für die Glasur:

Carobglasur (s. S. 172)

So wird's gemacht:

1) Springform einfetten und mit Vollkorngrieß bzw. gemahlenen Haselnüssen ausstreuen. Backofen auf 190 °C (E)/175 °C (H) vorheizen. Aprikosen waschen, halbieren und entsteinen.
2) Dinkel, Maisstärke und Backpulver mischen. In einer zweiten Schüssel Öl, Vollrohrzucker und Wasser verrühren. Nach und nach die Mehlmischung dazugeben und alles zu einer geschmeidigen Masse rühren.
3) Die Hälfte der Teigmasse in die Form füllen. Carob unter den restlichen Teig rühren und ebenfalls in die Form füllen. Die Aprikosen mit der Schnittfläche nach unten in den Teig legen und etwas andrücken.
4) Kuchen für 45 Minuten backen und anschließend auf einem Kuchengitter vollständig auskühlen lassen.
5) Buttercreme nach Rezept herstellen und auf den abgekühlten Kuchen streichen. Kuchen kalt stellen.

6) Die Carobglasur herstellen und einen Teil auf den gut gekühlten Kuchen gießen. Wieder kalt stellen. Nachdem die Glasur fest geworden ist, die restliche Glasur ebenfalls darauf gießen und an den Rändern verstreichen.
7) Yamunawellen vor dem Servieren kalt stellen.

Beeren-Biskuitkuchen

Nicht nur Beerenliebhaber werden diesen Kuchen mögen. In der Sommerzeit bildet der locker-weiche Obstboden das perfekte Gegenstück zu den fruchtigen Beeren. Und so ganz nebenbei profitiert auch die Gesundheit. Heidelbeeren z. B. sind wahre Allround-Helfer: vom Durchfall bis zum Krebsschutz, von der Blutbildung bis zur Nachtblindheit – überall greifen sie unterstützend ein.

Für eine Obstkuchenform Ø 28 – 30 cm

Butter und gemahlene Mandeln für die Form

Für den Teig:

275 g fein gemahlener und ausgesiebter Dinkel
100 g Maisstärke
1 TL gemahlene Bourbon-Vanille
2½ TL selbst gemachtes Backpulver (s. S. 40)
7 EL Sonnenblumenöl
200 g Vollrohrzucker
200 – 250 ml (Mineral-)Wasser

Für den Belag:

550 g frische Erd- oder Heidelbeeren

Für das Marzipan:

100 g gemahlene Mandeln
3 EL Lavendelhonig
3 – 4 Tropfen Rosenwasser
(vegan: gekaufte Marzipanrohmasse)

Für den Guss:

80 g Erd- oder Heidelbeeren
½ TL Agar-Agar
60 ml Wasser bzw. Kirschsaft
2 EL Birnendicksaft

So wird's gemacht:

1) Obstkuchenform einfetten und mit gemahlenen Mandeln ausstreuen. Backofen auf 190 °C (E)/175 °C (H) vorheizen.
2) Dinkel, Maisstärke, Vanille und Backpulver mischen. In einer zweiten Schüssel Öl, Vollrohrzucker und (Mineral-)Wasser verrühren. Nach und nach die Dinkelmischung hinzufügen und alles zu einer geschmeidigen Masse verrühren. Eventuell noch etwas Wasser dazugeben.
3) Die Teigmasse in die Obstkuchenform füllen und 40 – 45 Minuten backen. Den Kuchen auf ein Kuchengitter stürzen und völlig auskühlen lassen.
4) Beeren für den Belag waschen und trockentupfen. Das Honigmarzipan herstellen (s. S. 49). Größere Beeren (wie Erdbeeren) halbieren und auf den mit Honigmarzipan ausgelegten Biskuitboden legen.
5) Die Beeren pürieren. Agar-Agar mit Wasser oder Saft in einem Topf verrühren und aufkochen lassen. Beerenpüree und Birnendicksaft dazugeben. Kurz aufkochen lassen. Die Beeren mit dem leicht abgekühlten Guss bestreichen.
6) Kuchen kalt stellen und mit Schlagsahne servieren.

Joghurtquark-Teige

Bei uns erhältlicher Quark wird meist mit tierischem Lab hergestellt, das aus dem Magen geschlachteter Kälber gewonnen wird. Erkundigen Sie sich daher direkt bei der Molkerei, ob Ihr Quark tierisches Lab enthält. Vegetarische Alternativen gibt es auch, wie Quark mit pflanzlichem oder mit mikrobiellem Lab, das mit Hilfe von Mikroorganismen im Labor produziert wird. Oder Sie machen einfach Ihren eigenen Quark zu Hause.

Am schnellsten und einfachsten geht es, wenn Sie **Joghurtquark selbst herstellen** (Anleitung für selbst gemachten Joghurtquark und Quark finden Sie im Anhang: »Kleine Warenkunde« S. 178/179). Wer tierisches Eiweiß ganz einsparen möchte, kann Joghurtquark durch cremigen Tofu ersetzen (und eventuell die Butter durch reine Pflanzenmargarine).

Zu den Joghurtquark-Teigen gehören drei verschiedene Arten, nämlich **Joghurtquark-Butterteig, Joghurtquark-Blätterteig** und **Joghurtquark-Ölteig.** In ihrer Herstellung mögen sie sich unterscheiden, doch eine Gemeinsamkeit haben sie: Alle drei bekommen beim Backen eine lockere Struktur und durch den Joghurtquark bzw. Quark ein leicht säuerliches Aroma. Ob für süß gefüllte Teigtaschen, Obstkuchen und Pasteten (z. B. Apple Pie) oder als pikante, luftige Gemüsekuchen: Joghurtquark-Teige schmecken immer und jedem.

Grundrezept für Joghurtquark-Butterteig

250 g Joghurtquark (aus 500 g Joghurt) bzw. Quark oder Tofu
250 g Butter
250 – 280 g fein gemahlener Dinkel
eventuell 1 Msp Natron

So wird's gemacht:

1) Alle Zutaten sollten sehr kalt sein. Joghurtquark am Vorabend herstellen (genaue Anleitung s. S. 178). Der Joghurtquark ist fertig, wenn die Hälfte der Molke abgetropft ist und der Joghurt nur noch die Hälfte seines ursprünglichen Gewichts hat. Wenn herkömmlicher Quark verwendet wird, diesen in ein feines Sieb geben, bis alle Flüssigkeit abgetropft ist bzw. wenn Tofu verwendet wird, diesen cremig pürieren.
2) Alle Zutaten werden, ähnlich wie bei Mürbteig, sehr rasch zu einem Teig geknetet. Dabei muss recht schnell gearbeitet werden, damit sich die Feuchtigkeit des Quarks weder mit dem Kleber des Mehles noch mit dem Natron verbindet.
   Am besten geben Sie alle Zutaten (Butter mit Messer klein gehackt) in eine Schüssel und kneten alles mit dem Knethaken des Handrührgerätes zu einem glatten Teig. Je nach Feuchtigkeitsgehalt von Joghurtquark, Quark oder Tofu müssen Sie manchmal noch ein wenig Mehl unterarbeiten. Der Teig sollte zwar elastisch sein, aber keinesfalls an den Händen kleben (allerdings wird der Teig um so mürber, je mehr Mehl sie verwenden).
3) Vor dem Backen muss der Teig (in Folie gewickelt oder in der Schüssel abgedeckt) im Kühlschrank ruhen, am besten über Nacht für 8 – 10 Stunden. Dazu kann man den Teig bereits am Vorabend zusammenkneten.
4) Nach der Ruhezeit den Teig auf einer leicht bemehlten Fläche mit einem bemehlten Wellholz ausrollen.

Grundrezept für Joghurtquark-Blätterteig

Noch feiner als Joghurtquark-Butterteig wird dieser Teig.

Zutaten s. Joghurtquark-Butterteig, gegenüberliegende Seite

1) Sie gehen genauso vor wie beim Joghurtquark-Butterteig (Schritte 1 – 3). Wenn der Teig glatt geknetet und für mindestens 30 Minuten gekühlt ist, geht es weiter.
2) Rollen Sie den Teig auf einer bemehlten Arbeitsfläche etwa fingerdick zu einem geraden Rechteck aus. Dann falten Sie ihn zusammen (d. h. die beiden Schmalseiten jeweils zur Mitte einschlagen).
3) Jetzt wird der Teig wieder für ca. 15 Minuten kalt gestellt, damit er blättrig wird.
4) Nun wird er zur offenen Seite hin ausgerollt und danach wieder kalt gestellt. Wiederholen Sie die ganze Prozedur noch zwei- bis viermal.
5) Abschließend wird der »Blätterteig« noch einmal ausgerollt und je nach Rezept verwendet. (Ihre Mühe wird belohnt!)

Grundrezept für Joghurtquark-Ölteig

Dieser Teig ist der schnellste und einfachste, denn er braucht keine langen Ruhe- und Kühlzeiten. Allerdings darf er beim Kneten und Rühren nicht zu warm werden. Tortenböden aus Joghurtquark-Ölteig (s. Biskuittorten ab S. 95) können Sie entweder einzeln backen oder die Teigmenge für zwei Böden gemeinsam backen und nach dem Abkühlen in der Mitte durchschneiden. Achten Sie aber in jedem Fall darauf, den Teig vor dem Backen in der Springform mit einem Teigschaber glattzustreichen und mit einem Holzstäbchen Löcher hineinzustechen, damit die sich beim Backen im Teig bildende Luft entweichen kann. Sonst entsteht ein kleiner Hügel (was auch ein reizvoller Effekt sein kann, wenn man eine »Kugeltorte« backen möchte).

Für zwei Tortenböden

200 g Joghurtquark (aus 400 g Joghurt) bzw. Quark oder cremiger Tofu
125 ml Sonnenblumenöl
90 ml Milch (vegan: Apfelsaft)
1 Prise Meersalz
100 g gesiebter Vollrohrzucker
1 TL gemahlene Bourbon-Vanille
abgeriebene Schale einer unbehandelten Zitrone
100 g fein gemahlener Dinkel
200 g Dinkelmehl Type 1050 (oder fein gemahlener, ausgesiebter Dinkel)
75 g Wildpfeilwurzelmehl bzw. Maisstärke
5 TL selbst gemachtes Backpulver (s. S. 40)
Fett für die Form

So wird's gemacht:

1) Joghurtquark (genaue Anleitung zur Herstellung s. S. 178), Quark oder Tofu, Öl, Milch (bzw. Apfelsaft), Salz, Vollrohrzucker, Vanille und Zitronenschale in eine Rührschüssel geben und mit dem Handrührgerät cremig rühren.
2) Fein gemahlenes Vollkornmehl mit Wildpfeilwurzelmehl und Backpulver mischen. Mehl nach und nach unter die Joghurt-, Quark- bzw. Tofumasse rühren.
3) Den glatten Teig in eine gefettete Springform füllen, glatt streichen und mit einer Gabel mehrmals einstechen. Bei 190 °C (E)/175 °C (H) 25 – 35 Minuten backen. Vor dem Herausnehmen die Stäbchenprobe machen. Auf ein Kuchengitter stürzen, abkühlen lassen und zwei- bis dreimal der Länge nach durchschneiden.

Pfirsich-Mohn-Kranz

Pfirsiche enthalten wie alle tiefgelben und orangefarbenen Früchte reichlich Beta-Carotin und Flavone, die als Herz- und Krebsschutzstoffe gelten. Außerdem stimulieren Pfirsiche Pitta und sind reich an Vitamin A, B und C. Durch ihr günstiges Natrium-Kalium-Verhältnis regen sie die Nieren an, wirken harntreibend und entlasten so Lunge, Herz und Kreislauf.

Ergibt einen Kranz

Für den Joghurtquark-Butterteig:

250 g selbst gemachter Quark oder Joghurtquark (aus 500 g Joghurt)
300 g fein gemahlener Dinkel
250 g kalte Butter
¼ TL Natron

Für die Füllung:

30 g Butter
250 g fein gemahlener Mohn
150 g Vollrohrzucker
knapp 250 ml Milch
ausgeschabtes Mark von einer Vanilleschote
abgeriebene Schale einer halben unbehandelten Zitrone
100 g gestiftete bzw. gehackte Mandeln
200 g eingemachte oder frische Pfirsiche

So wird's gemacht:

1) Joghurtquark oder Quark nach Anleitung (S. 178) herstellen. Alle Zutaten für den Joghurtquark-Butterteig wie im Grundrezept (S. 116) verarbeiten und über Nacht (oder 8 – 10 Stunden) zugedeckt kalt stellen.
2) Für die Füllung: Butter in einem Topf schmelzen. Gemahlenen Mohn mit Vollrohrzucker und so viel Milch verrühren, bis eine geschmeidige Paste entsteht. Die restlichen Zutaten dazugeben, auf kleiner Flamme köcheln und etwas eindicken lassen. Die Mohnfüllung erkalten lassen.
3) Die eingemachten oder frischen, geschälten Pfirsiche in kleine Stückchen schneiden. Den Teig auf einer bemehlten Fläche zu einem Rechteck ausrollen. Die Mohnfüllung darauf streichen. Pfirsichstückchen auf die Füllung legen und den Teig zu einer Rolle aufrollen.
4) Die Rolle vorsichtig auf ein mit Backpapier ausgelegtes Blech legen und zu einem Kranz oder Halbmond formen.
5) Bei 190 – 200 °C (E)/175 – 180 °C (H) 30 – 35 Minuten backen, bis der Kranz goldbraun und knusprig ist.

Marzipan-Nougat-Kranz

Mit ihren vielen Nährstoffen sind Nougat und Marzipan die reine Energienahrung für Gehirn und Nerven. Wer die zahlreichen Wirkungen der Inhaltsstoffe von Mandeln noch intensivieren möchte, kann die Mandeln über Nacht in Wasser einweichen. Das aktiviert Enzyme.

Ergibt einen Kranz

Für den Quark- bzw. Joghurtquark-Ölteig:

200 g Joghurtquark (aus 400 g Joghurt) bzw. selbst gemachter Quark (vegan: gerührter Tofu)
50 ml Milch (vegan: Apfelsaft)
50 ml Sonnenblumenöl
150 g gesiebter Vollrohrzucker
1 TL gemahlene Bourbon-Vanille
1 Prise Meersalz
abgeriebene Schale einer unbehandelten Zitrone
350 g fein gemahlener und ausgesiebter Dinkel
100 g Maisstärke
5 TL selbst gemachtes Backpulver (s. S. 40)
Fett für das Blech

Für die Füllung:
Ahornsirup-Marzipancreme:

200 g gemahlene Mandeln
6 EL (= 60 ml) Ahornsirup
6 Tropfen Rosenwasser

Nougat-Feigencreme:

150 g gemahlene, geröstete Haselnüsse
100 g fein pürierte Feigen
6 EL (= 60 ml) Ahornsirup
2 EL Carob

Zum Bestreichen:

Aprikosenmarmelade

So wird's gemacht:

1) Joghurtquark bzw. Quark (oder Tofu) nach Anleitung (S. 178) herstellen und mit Milch (Apfelsaft), Öl, Vollrohrzucker, Vanille, Meersalz und abgeriebener Zitronenschale in eine Rührschüssel geben und mit dem Handrührgerät glatt rühren.
2) Ausgesiebten Dinkel, Maisstärke und Backpulver mischen und alle Zutaten zu einem geschmeidigen Teig verarbeiten.
3) Die beiden Füllungen separat zusammenrühren (in der Küchenmaschine mit elektrischem Hackmesser). Beide Füllungen jeweils zu einer länglichen Rolle formen.
4) Den Teig auf einer bemehlten Fläche rechteckig ausrollen. Die Marzipanrolle auf den Teig legen, einmal einschlagen, die Nougatrolle darauf legen und die Teigplatte mit den beiden Füllungen ganz aufrollen. Zu einem Kranz formen und auf ein gefettetes Backblech legen.
5) Die Oberfläche mit einer Küchenschere einschneiden, so dass ein schönes V-Muster entsteht. Bei 190 – 200 °C (E)/175 – 180 °C (H) 45 Minuten backen.
6) Den noch heißen Kranz mit Aprikosenmarmelade einpinseln und auf einem Kuchengitter auskühlen lassen.

Apple Pie

Über 300 wertvolle Inhaltsstoffe stecken in jedem einzelnen Apfel. Zu ihnen gehören organische Säuren, welche der Leber bei der Entgiftung helfen, Gerbstoffe, ätherische Öle und vor allem Pektin mit seiner Heil- und Schutzwirkung auf Darm und Gefäße. Und wer zu wenig vom Vata-Element besitzt, ist beim Apfel goldrichtig.

Für eine Tarte- (bzw. Spring-)Form Ø 26 – 28 cm

Für den Joghurtquark-Butterteig:

125 g Joghurtquark (aus 250 g Joghurt) (vegan: cremig gerührter Tofu)
125 g kalte Butter (vegan: Pflanzenmargarine)
150 g fein gemahlener Dinkel
1 Msp Natron
Fett für die Form

Für die Füllung:

150 g Rosinen
etwas heißes Wasser zum Einweichen
650 g Äpfel (oder anderes Obst)
50 – 80 g Vollrohrzucker
3 EL Haferflocken
1 TL Zimt
1 Prise Kardamom

Zum Bestreichen:

Aprikosenmarmelade

So wird's gemacht:

1) Joghurtquark nach Anleitung (S. 178) herstellen. Alle Zutaten für den Teig nach Grundrezept (S. 116) herstellen und 8 – 10 Stunden kalt stellen.
2) Am nächsten Tag die Rosinen waschen und in etwas heißem Wasser einweichen. Die Äpfel ebenfalls waschen, schälen und hauchdünne kleine Schnitze schneiden. Äpfel, Rosinen, Vollrohrzucker, Haferflocken, Zimt und Kardamom in einer Schüssel mischen.
3) Die Form einfetten. Backofen auf 200 °C (E)/180 °C (H) vorheizen. Ein Drittel des Teiges für den Deckel und zwei Drittel für den Teigboden verwenden. Auf einer bemehlten Fläche den Teigboden dünn ausrollen und die Form (inklusive Rand) damit auskleiden. Den überstehenden Teig abschneiden und kalt stellen. Den oberen Rand mit kaltem Wasser bepinseln. Den Boden mit einer Gabel mehrmals einstechen.
4) Apfelmischung in die Form füllen (dabei Saft zurückbehalten). Das restliche Drittel des Teiges ebenfalls ausrollen und als Deckel auf die Apfelpastete setzen. Nun mit Daumen und Zeigefinger die Ränder festdrücken und dabei einen schönen welligen Rand formen.
5) In der Mitte der Pastete mit einem Backförmchen ein Loch ausstechen, damit der Dampf während des Backens entweichen kann. Aus dem übrigen, kalt gestellen Teig Formen (z. B. Sterne) ausstechen, mit kaltem Wasser bepinseln und die Pastete damit verzieren.
6) Die Pastete in 40 – 45 Minuten goldbraun backen. Nach dem Backen mit heißer Aprikosenmarmelade bestreichen (dadurch glänzt die Apfelpastete sehr schön).

Johannisbeer-Kokos-Kuchen

Ob rot, weiß oder schwarz – Johannisbeeren sind wahre Vitaminbomben. 100 g schwarze Johannisbeeren spenden uns fast den doppelten Tagesbedarf an Vitamin C. Und zusammen mit Flavonen, Farbstoffen und reichhaltig vertretenen Mineralien schützen die Beeren vor Arteriosklerose, Schlaganfall, Diabetes, aber auch bei Erkältungskrankheiten und Darmbeschwerden. Ayurveda-Ärzte empfehlen Johannisbeersaft bei Gallen- und Leberleiden, ja sogar bei Gelbsucht.

Für eine Tarteform Ø 28 – 30 cm

Für den Joghurt-Ölteig:

150 g Joghurtquark (aus 300 g Joghurt)
6 EL Milch
6 EL Sonnenblumenöl
100 g Vollrohrzucker
1 TL gemahlene Bourbon-Vanille
5 TL selbst gemachtes Backpulver (s. S. 40)
100 g Maisstärke
200 g fein gemahlener Dinkel

Für den Belag:

500 g Johannisbeeren
3 EL Kokosflocken

Für den Guss:

90 ml Sahne
5 EL Vollrohrzucker
2 – 3 EL Maisstärke bzw. Wildpfeilwurzelmehl
2 – 3 EL Kokosflocken

So wird's gemacht:

1) Joghurtquark nach Anleitung (S. 178) herstellen. Er sollte eine Konsistenz wie Quark haben. Den Joghurtquark aus dem Tuch schaben und 150 g davon abwiegen.
2) Johannisbeeren waschen, abtropfen lassen und Stiele abzupfen. Die Form einfetten.
3) Joghurtquark zusammen mit Milch, Öl, Vollrohrzucker und Vanille in eine Rührschüssel geben und mit dem Handrührgerät zu einer cremigen Masse rühren. Selbst gemachtes Backpulver und Maisstärke unter das Mehl mischen und löffelweise unter die Teigmasse rühren.
4) Die Teigmasse mit einem Teigschaber in die Form füllen und glatt streichen, 3 EL Kokosflocken darüber streuen und die Johannisbeeren darauf verteilen. Nun alle Zutaten für den Sahneguss zusammenrühren und auf die Johannisbeeren gießen.
5) Den Kuchen bei 190 °C (E)/175 °C (H) 45 – 50 Minuten backen.

Strudelteig

Mögen Sie auch gerne viel Füllung und nur dünne Teigschichten? Dann sind Sie beim Strudelteig genau richtig! Berühmt und beliebt sind die süddeutschen und österreichischen Strudel, die je nach Jahreszeit, Region und persönlichen Vorlieben unterschiedlich gefüllt sind. Apfelstrudel mit Vanillesauce zum Nachtisch oder Spinatstrudel als Hauptspeise – sie finden immer reißenden Absatz. Für die Zubereitung eines Strudelteiges müssen zunächst alle Zutaten angewärmt sein. Man kann sie dazu eine Stunde in die Sonne oder in Heizungsnähe stellen. Die Butter lassen Sie am besten schmelzen und anschließend wieder auf Handwärme abkühlen.

Grundrezept für Strudelteig

1) Sieben Sie das zimmerwarme, fein gemahlene Vollkornmehl auf die Arbeitsfläche, bilden Sie in der Mitte eine Vertiefung und geben Sie Salz, warmes Wasser und die geschmolzene Butter hinein. Verrühren Sie diese Zutaten von der Mitte aus, bis der Teig klebrig und zäh wird.
2) Jetzt wird gründlich geknetet. Dazu wird der Strudelteig mit dem Handballen einer Hand kräftig zusammengedrückt und gleichzeitig vom Körper weggeschoben. Anschließend gibt man ihm eine kleine Drehung und wiederholt diese beiden Arbeitsgänge so lange, bis der Teig völlig glatt und elastisch ist. Der Teig sollte nicht mehr kleben. Dabei kann man, wenn nötig, noch etwas Mehl auf die Arbeitsfläche geben und in den Teig unterkneten.
3) Fühlt sich der Teig glatt und elastisch an, sollte er »geworfen« werden. Dazu heben Sie die Teigkugel 20 – 30 cm hoch und lassen sie mehrmals mit viel Schwung auf die Arbeitsfläche fallen. Wir haben herausgefunden, dass dies am leichtesten geht, wenn man mit den Fingern (der rechten Hand) kräftig in den Teig hineingreift, ihn auf die Arbeitsfläche schlägt und dann mit einer kleinen Drehung diesen Vorgang mehrmals wiederholt.
4) Gönnen Sie dem Teig jetzt ein wenig Ruhe nach all der Anstrengung! Dazu spülen Sie eine Schüssel mehrfach mit heißem Wasser aus, bis sie durchwärmt ist, trocknen sie und stülpen die Schüssel über die Teigkugel. Für 30 Minuten darf der Teig sich jetzt ausruhen!
5) Anschließend muss der Teig nochmals durchgeknetet und danach zwischen zwei bis vier großen Streifen Frischhaltefolie ausgerollt werden. (Das berühmte »Ziehen« des Strudelteiges auf Tischdeckengröße erübrigt sich bei dieser Methode, da Vollkornteig leicht anklebt. Dafür kann man den Teig jetzt nach Belieben und Größe der Frischhaltefolie hauchdünn ausrollen und leicht aufs Blech transportieren.)
6) Um zu verhindern, dass der Strudelteig austrocknet, wird er jetzt mit etwas flüssigem Fett bepinselt (geschmolzene Butter oder Öl).
7) Dann die Füllung je nach Rezept auf dem Teig verteilen, wobei Sie einen

kleinen Rand (2 – 3 cm) an allen Seiten frei lassen sollten. Jetzt werden alle Ränder über die Füllung geschlagen, damit sie beim Zusammenrollen und Backen nicht herausquellen kann.

8) Rollen Sie nun den Strudel auf und lassen Sie ihn vorsichtig mit Hilfe der Frischhaltefolie (und noch besser mit Hilfe einer zweiten Person) auf ein gefettetes Backblech mit der Naht nach unten gleiten.

9) Vor, während und nach dem Backen wird der Strudel mit flüssigem Fett bepinselt, damit er schön knusprig wird.

Mohnstrudel

Mohnsamen werden im Ayurveda gern gegen nervöse Verdauungsstörungen bei Kindern und bei Menschen mit übermäßigem Vata-Element eingesetzt. Doch allzu viel ist ungesund, denn längerer Konsum von Mohn kann die Aufmerksamkeit herabsetzen.

Ergibt einen Strudel

Für den Strudelteig:
200 g fein gemahlener und ausgesiebter Dinkel
50 g zerlassene Butter
5 – 6 EL warmes Wasser
1 Prise Meersalz
Fett für das Blech

Für die Füllung:
50 g Rosinen
etwas heißes Wasser zum Einweichen
50 g Butter
250 g fein gemahlener Mohn
125 g Vollrohrzucker
½ TL Zimt
½ TL Ingwerpulver
¼ TL gemahlene Bourbon-Vanille
125 ml Milch

Zum Bestreichen:
50 g zerlassene Butter

So wird's gemacht:

1) Mehl auf die Arbeitsfläche sieben und in die Mitte eine Vertiefung drücken. Zerlassene Butter, Wasser und Salz in diese Vertiefung hineingeben. Alles zu einem festen, glatten Teig kneten und zu einer Kugel formen. Mit den Fingern in den Teig greifen und ihn auf die Arbeitsfläche schlagen. Dann mit einer kleinen Drehung diesen Vorgang mehrmals wiederholen, bis der Teig zu glänzen beginnt. Nun den Teig in einen warmen (trockenen) Topf geben und zugedeckt 30 Minuten ruhen lassen.
2) Rosinen in heißem Wasser waschen und einweichen. Butter für die Füllung in einem Topf schmelzen, den gemahlenen Mohn und alle restlichen Zutaten hinzufügen. Geben Sie nur so viel Milch hinzu, dass die Füllung gerade streichfähig, aber nicht zu weich wird. Kurz aufkochen und dann die Füllung abkühlen lassen. Backofen auf 190 – 200 °C (E)/175 – 180 °C (H) vorheizen.
3) Den Strudelteig zwischen zwei Silikonback- bzw. Frischhaltefolien zu einem Rechteck ausrollen, mit einem Teil der zerlassenen Butter bestreichen und dann die Mohnfüllung darauf füllen (dabei sollten jedoch an den Längsseiten ein 3 cm breiter Rand frei bleiben).
4) Rosinen abtropfen lassen und auf der Füllung verteilen. Die füllungsfreien Ränder wie einen Saum über die Füllung schlagen und den Strudel von der Querseite her aufrollen. Die offenen Enden gut zusammendrücken und mit der Naht nach unten auf ein gefettetes Backblech legen.
5) Strudel mit zerlassener Butter bestreichen und bei 190 – 200 °C (E)/175 – 180 °C (H) 45 – 50 Minuten goldbraun und knusprig backen. Während und nach dem Backen immer wieder mit Butter einpinseln.

Apfelstrudel

»An apple a day keeps the doctor away« (ein Apfel am Tag hält den Doktor fern). Schon das alte englische Sprichwort besagt es: Der Apfel ist eine vollkommene Schöpfung im Garten von Mutter Natur. Auch wenn die Wissenschaftler noch nicht alle Inhaltsstoffe enträtseln konnten, so steht fest, dass er weder von Menschenhand »nachgebaut« noch durch die Genmanipulation »verbessert« werden kann.

Ergibt einen großen Strudel

Für den Strudelteig:

450 g fein gemahlener und ausgesiebter Dinkel oder Weizen
1 Prise Meersalz
100 g Butter (vegan: Pflanzenmargarine)
180 – 200 ml warmes Wasser
Fett für das Blech

Für die Füllung:

1 kg Äpfel
150 g Rosinen
100 g Vollrohrzucker
1 Prise Kardamom
1 – 2 TL Zimt
nach Belieben 50 g Mandelstifte oder Sonnenblumenkerne
20 g ausgesiebte Dinkelkleie oder gemahlene Haselnüsse bzw. Mandeln

Zum Bestreichen:

etwa 50 g zerlassene Butter (vegan: Pflanzenmargarine)

So wird's gemacht:

1) Dinkelmehl auf die Arbeitsfläche sieben, mit Salz mischen und eine Mulde hineindrücken. In die Mulde nach und nach die geschmolzene Butter (Pflanzenmargarine) und das Wasser hineingießen und alles zu einem glatten und geschmeidigen Teig verkneten. Dann gönnen Sie dem Teig etwas Ruhe, indem Sie ihn in eine Schüssel oder einen Topf legen und mit einem Deckel zugedeckt für mindestens 30 Minuten ruhen lassen.
2) In der Zwischenzeit Äpfel waschen, schälen und in kleine Schnitze schneiden. Rosinen mit heißem Wasser waschen, abtropfen lassen und zusammen mit Apfelschnitzen, Vollrohrzucker, Kardamom und Zimt und eventuell Mandelstiften oder Sonnenblumenkernen mischen.
3) Den Teig auf den Silikonback- bzw. Frischhaltefolien ausrollen. Mit zerlassener Butter (Pflanzenmargarine) bestreichen. Dinkelkleie darüber streuen und die Apfelfüllung darauf verteilen (den Saft zurückbehalten). Alle Ränder 3 cm frei lassen und auf die Füllung umschlagen. Strudel von der Längsseite her einrollen und mit der Nahtstelle nach unten auf ein gefettetes Backblech legen.
4) Strudel mit zerlassener Butter bestreichen und bei 190 °C (E)/175 °C (H) 40 – 45 Minuten goldbraun backen. Zwischendurch und nach dem Backen mit zerlassener Butter (Pflanzenmargarine) bestreichen.

Tipp: Am besten schmeckt der Apfelstrudel, wenn Sie ihn mit warmer Vanillesauce oder – für Veganer – Vanille-Sojadrink servieren.

Blätterteig

Einfach zu machen ist er ja, der Blätterteig. Aber er braucht viel Zeit, wenn man die Kühlzeiten dazurechnet. Wir stellen uns immer einen Wecker, um die Kühlzeiten nicht zu vergessen, und wenden uns in der Zwischenzeit anderen Tätigkeiten zu. Sie können aber auch gleich die doppelte Menge des Grundrezepts herstellen und einen Teil davon einfrieren (s. S. 131). Dann geht es das nächste Mal schneller.
Blätterteig ist ein Verwandlungskünstler. Mit ihm können Sie süße Pies oder pikante Gemüse-Pasteten zaubern, aber auch Teeblätter, gefüllte Teigtaschen, Hörnchen, Knusperstangen, Torten usw. Wer einmal Blätterteig selbst gemacht hat, wird in Zukunft gerne den gekauften im Kühlfach des Supermarktes lassen.

Es gibt drei Arten von Blätterteig

Halbblätterteig
Halbblätterteig lässt sich am schnellsten und einfachsten zubereiten. Allerdings geht er nicht so hoch auf und hat auch nicht so feine Schichten wie der klassische Blätterteig. Für ihn ist fein gemahlener, ausgesiebter Dinkel das Richtige. Halbblätterteig eignet sich wunderbar für Blätterteig-Tarte Tatin (s. Rezept S. 132), süße oder pikante Pies.

Schneller Blätterteig
Schneller Blätterteig lässt sich ebenso schnell herstellen wie Halbblätterteig, geht jedoch mehr auf und sieht besser aus. Fein gemahlener, ausgesiebter Weizen bzw. Dinkel erzielen hier gute Resultate.

Klassischer Blätterteig
Dieser gehaltvolle Blätterteig geht in vielen goldbraunen Schichten auf. Er eignet sich hervorragend für kleine gefüllte Pastetchen, Holländer Kirschtorte, Teeblätter u. Ä. Vollkornmehl kann man allerdings für klassischen Blätterteig nicht nehmen; er ist zu schwer, der Teig geht nicht in die vielen feinen Schichten auf, und zudem müssen Sie auch noch mehr Zeit investieren. Deshalb verwenden wir hier Weizenmehl Type 1050.

Grundrezept für Halbblätterteig

Für 250 g Teig

250 g fein gemahlener und ausgesiebter Dinkel
1 Prise Meersalz
175 g gekühlte Butter
4 TL Zitronensaft
7 – 8 EL eiskaltes Wasser

So wird's gemacht:

1) Dinkel und Meersalz in einer Schüssel mischen und mit einem groben Reibeeisen die Butter darüber raspeln. Zitronensaft und Wasser hinzufügen und rasch zu einem ziemlich weichen Teig kneten. Den Teig zu einer Kugel formen und zugedeckt mindestens 1 Stunde in den Kühlschrank legen.
2) Teig auf einer leicht bemehlten Fläche zu einem Rechteck ausrollen (Sie können dazu ein Lineal verwenden, um den Teig etwas »gerade zu biegen«). Nun wie bei einem Briefpapier das untere Drittel des Rechtecks nach oben umschlagen und das obere Drittel nach unten, so dass drei übereinander liegende Schichten entstehen (ein kleines gefaltetes Rechteck).
3) Teigränder mit dem Nudelholz leicht zusammenpressen, damit die Luft nicht entweichen kann. Drehen Sie nun das Teigstück mit der Schmalseite zu sich.
4) Ausrollen, Falten und Drehen viermal wiederholen. Der Teig ist jetzt zur Weiterverarbeitung fertig, jedoch sollten Sie ihn vorher noch in Frischhaltefolie wickeln und für mindestens 30 Minuten kalt stellen (Sie können ihn auch im Kühlschrank für ein bis zwei Tage aufbewahren).
5) Backofen auf 220 °C (E)/200 °C (H) vorheizen. Den Teig auf der Arbeitsfläche etwa 5 mm dick ausrollen. Auf ein mit kaltem Wasser ausgespültes Backblech legen und je nach Rezept backen.

Grundrezept für schnellen Blätterteig

Für 250 g Teig

250 g fein gemahlener und ausgesiebter Dinkel
1 Prise Meersalz
150 g gekühlte Butter
125 ml eiskaltes Wasser

So wird's gemacht:

1) Dinkel und Meersalz in einer Schüssel mischen. Butter in vier gleiche Stücke teilen. Ein Viertel der Butter (ca. 35 g) mit dem Mehl zusammenreiben. Wasser hinzufügen und alles miteinander verkneten. Den Rest der Butter kühlen.
2) Teig auf eine leicht bemehlte Fläche legen und kneten, bis er glatt ist. Zu einem Rechteck formen und auf etwa 12 × 25 cm ausrollen. Nehmen Sie am Ende ein Lineal zu Hilfe, damit die Ecken rechtwinklig und die Teigränder gerade sind.
3) Ein weiteres Viertel der Butter (ca. 35 g) in dünne Scheiben schneiden und in Reihen auf die oberen zwei Drittel des Teiges verteilen (die Ränder dabei frei lassen). Nun das untere Drittel des Teiges (ohne Butter) nach oben und das obere Drittel nach unten schlagen, so dass drei übereinander liegende Schichten entstehen.
4) Die Ränder mit dem Nudelholz leicht zusammendrücken. Drehen Sie das Teigstück mit der Schmalseite zu sich. Teig erneut (ohne Fettzugabe) ausrollen und zusammenfalten.
5) Die Schritte 3 und 4 zweimal wiederholen – jetzt ist alle Butter verbraucht.
6) Teig in Frischhaltefolie einschlagen und mindestens 30 Minuten kalt stellen. Dann wieder ausrollen und wie oben zusammenfalten (ohne Fettzugabe). Der Teig ist jetzt fertig zur Weiterverwendung. Je nach Bedarf ausrollen und im vorgeheizten Ofen bei 220 – 230 °C (E)/200 – 210 °C (H) backen.

Grundrezept für klassischen Blätterteig

Für 450 g Teig (entspricht einer Packung tiefgefrorenem Blätterteig)

250 g Weizenmehl Type 1050
½ TL Meersalz
25 g gekühlte Butter
1½ TL Zitronensaft
125 ml eiskaltes Wasser
225 g gekühlte Butter

So wird's gemacht:

1) Mehl mit Meersalz in einer Schüssel mischen. Butter (25 g) mit dem Mehl zwischen den Fingern zu groben Bröseln reiben. Zitronensaft und Wasser hinzufügen und alles zu einem Teig verkneten.
2) Teig auf der Arbeitsfläche kräftig durchkneten und zu einem Quadrat formen. Sodann in Frischhaltefolie wickeln und 1 Stunde kalt stellen. Butter zwischen zwei Folien mit dem Nudelholz etwas breit schlagen, damit sie weicher wird. Dann auf einem bemehlten Brett zu einem Butterquadrat von je 15 cm Länge ausrollen.
3) Nun den Teig auf einer leicht bemehlten Fläche zu einem Quadrat von je 25 cm Seitenlänge ausrollen und das Butterquadrat diagonal auf das Teigstück legen. Die Teigecken übereinander schlagen, so dass sie etwas überlappen (wie ein Brief, in dem die Butter vollständig eingeschlossen ist).
4) Teig auf einer leicht bemehlten Fläche mit kurzen Rollbewegungen (vor und zurück) zu einem etwa 1 cm dicken Rechteck ausrollen.
5) Nun das untere Drittel nach oben umschlagen und das obere Drittel nach unten falten. Die Teigränder mit dem Nudelholz leicht zusammendrücken. Drehen Sie das Teigstück mit der Schmalseite zu sich und rollen Sie es etwa 5 mm dick aus, und zwar so, dass das Rechteck dreimal so lang wie breit ist.
6) Den Teig erneut zu drei Lagen zusammenfalten. Der Teig ist jetzt zweimal gefaltet worden (= 2 Touren). Zur Erinnerung drücken Sie zwei Finger in den Teig, wickeln ihn in Frischhaltefolie und stellen ihn für 1 Stunde in den Kühlschrank (oder länger, wenn Sie noch etwas anderes zu tun haben).
7) Teig auswickeln (falls er zu kalt ist, 10 Minuten vor dem Ausrollen »auftauen« lassen). Jetzt den Teig wie zuvor beschrieben jeweils zweimal ausrollen und zusammenfalten; mit vier Fingern markieren. Teig wieder einwickeln und 1 Stunde kalt stellen.
8) Schritt 7 wiederholen.
9) Nun ist der Teig fertig zur Weiterverwendung und kann je nach Rezept verarbeitet werden. Stellen Sie den Teig aber nach dem Ausrollen nochmals 30 Minuten kalt. (Sie können ihn auch mehrere Tage im Kühlschrank bzw. mehrere Wochen in der Tiefkühltruhe aufbewahren).
Im vorgeheizten Ofen bei 220 – 230 °C (E)/200 – 210 °C (H) backen.

Allgemeine Tipps

Damit beim Ausrollen alles gut geht, muss der Grundteig die richtige Konsistenz haben: weich, glatt und gut formbar.

Die **Butter sollte gut gekühlt,** aber nicht hart sein, sie darf während des »Tourens« (Ausrollens) auf keinen Fall schmelzen.

Gutes Touren, wie der Fachmann zum Ausrollen sagt, lohnt sich. Je genauer Sie das längliche Rechteck ausrollen und immer wieder zu je einem Drittel von oben und unten einschlagen und je öfter Sie dem Teig die »Touren geben«, desto besser kommt die dünne Butterschicht zwischen jede Teigschicht. Diese Butterschichten nämlich sind es, die einerseits das Zusammenkleben des Teigs verhindern und andererseits mit ihrem Wasserdampf den Teig in die Höhe treiben – Schicht für Schicht.

Ideal ist eine Arbeitsfläche aus Marmor, Granit oder Schiefer, da sie den Teig schön kühl hält.

Das **Backblech immer mit kaltem Wasser spülen und einpinseln** – niemals mit Fett. Durch den entstehenden Wasserdampf bekommt der Teig eine zusätzlich »Triebhilfe«.

Niemals den Teig kneten, sondern immer **nur ausrollen,** sonst werden die einzelnen Teigschichten zerstört und kleben zusammen. Sollten nach dem Ausstechen von z. B. kleinen Pastetchen noch Teigreste übrig geblieben sein, können Sie die Teigreste übereinander legen, ausrollen und noch einmal ausstechen – so lang, bis der ganze Teig verarbeitet ist.

Tipps zum Aufbewahren

Wenn Sie eine Tiefkühltruhe besitzen, lohnt es sich, gleich die doppelte Menge Grundteig zu machen. Eine Hälfte verwenden Sie jetzt, die andere irgendwann später. Das spart Zeit.

Im Kühlschrank hält sich nicht verbrauchter Teig bis zu zwei Tage – im Gefrierfach bis zu drei Monate.

Immer nur kleine Portionen einfrieren: Den Teig in gleich große Platten ausrollen, ausschneiden, anfrieren und erst dann aufeinandergestapelt verpacken. Vor dem Backen die Teigportionen vor dem Ausrollen einige Minuten auftauen lassen.

Am besten frieren Sie die schon fertig ausgerollten Teigböden bzw. gefüllten Teigtaschen ein. Diese können Sie – ohne Auftauen – direkt backen.

Blätterteig-Tarte Tatin

Im Früchteparadies rangiert er ganz oben, für die meisten Deutschen ist der Apfel das Lieblingsobst. Zu seinen über 300 wertvollen Inhaltsstoffen gehören organische Säuren, die der Leber helfen zu entgiften, Gerbstoffe, ätherische Öle und vor allem Pektin mit seiner Heil- und Schutzwirkung für den Darm. Da die wertvollsten Substanzen aber direkt unter der Schale liegen, lohnt es sich bei diesem Obst besonders, auf biologischen Anbau zu achten, damit man die Schale guten Gewissens mitessen kann.
Dieses nordfranzösische Tarte-Rezept der Schwestern Tatin stellt alles auf den Kopf. Alles wird umgekehrt gebacken, der Belag ist unten und der Teigboden oben. Fehlt nur noch eine feuerfeste Pfanne, und es kann losgehen.

Für eine feuerfeste Pfanne Ø 30 cm

Für den Blätterteig:
Hälfte des Grundrezeptes Halbblätter- bzw. schneller Blätterteig (S. 128)

Für den »Belag«:
3 – 4 Äpfel
4 EL Butter
4 EL Vollrohrzucker
1 EL Mandelblättchen

Tipp: Dieses Rezept macht sich auch mit einer Mürbteigschicht recht gut. Und selbstverständlich schmecken dazu Früchte wie Aprikosen, Birnen, Pflaumen, Pfirsiche usw. ebenso köstlich wie Äpfel.

So wird's gemacht:

1) Blätterteig nach Grundrezept (S. 97) herstellen und halbieren. Für dieses Rezept brauchen wir nur eine Hälfte, die andere Hälfte können Sie einfrieren oder anderweitig verwenden.
2) Eine runde Teigplatte in Größe der Pfanne ausrollen und kühl stellen.
3) Äpfel waschen, schälen, vom Kernhaus befreien und vierteln. Butter und Vollrohrzucker in der Pfanne karamellisieren lassen und die Mandelblättchen dazugeben. Die Äpfel dachziegelartig in die Pfanne legen und für wenige Minuten bei kleiner Hitze andünsten.
4) Backofen auf 190 °C (E)/175 °C (H) vorheizen. Blätterteig auf die Äpfel legen und für 30 – 35 Minuten goldbraun backen. Nach dem Backen sofort auf eine Platte stürzen und noch warm servieren!

Erdbeer-Blätterteig-Torte

»Früchte voller Süße« nannte Goethe sie. Doch Erdbeeren sind mehr als nur das: Sie enthalten über 300 Substanzen, u. a. ätherische Öle, Pektin, Flavone, Kalium, Calcium, Phosphor, Eisen und einen extrem hohen Anteil an Vitamin C. Das schenkt Energie, Frische, Gelassenheit, Appetit und viele rote Blutkörperchen.
Wer noch Blätterteig im Gefrierschrank eingefroren hat, kann selbst unangemeldeten Gästen mit dieser Torte aufwarten. Doch probieren Sie selbst!

Für einen Springformrand Ø 28 cm

Für den Tortenboden:

200 g Halbblätterteig bzw. schneller Blätterteig (s. Grundrezept S. 128)

Für den Belag:

500 g frische Erdbeeren (oder auch andere Beeren)
300 g Johannisbeergelee bzw. Aprikosenmarmelade
2 – 3 EL Vollrohrzucker
ggf. 1 EL Apfelsaft
200 g Schlagsahne

So wird's gemacht:

1) Blätterteig nach Grundrezept herstellen.
2) Backofen auf 190 °C (E)/175 °C (H) vorheizen. Den Blätterteig auf einer leicht bemehlten Fläche 4 mm dick ausrollen. (Teig niemals kneten, sonst werden die Butterschichten zerdrückt.) Springformrand auflegen und ausradeln bzw. ausschneiden. Backblech mit kaltem Wasser abspülen, Teigboden darauf legen und für 15 Minuten backen.
3) Blätterteig auf einem Gitter auskühlen lassen. In der Zwischenzeit die Erdbeeren waschen und trockentupfen.
4) Johannisbeergelee in einem Topf mit 1 EL Vollrohrzucker verrühren und bei mittlerer Hitze für 1 Minute köcheln und anschließend etwas abkühlen lassen (falls Sie Aprikosenmarmelade verwenden, fügen Sie gegebenenfalls noch 1 EL Apfelsaft hinzu). Sahne steif schlagen und mit 1 – 2 EL fein gemahlenem bzw. gesiebtem Vollrohrzucker süßen. Erdbeeren auf den gebackenen Teigboden verteilen, Gelee darüber gießen und mit Schlagsahne servieren.
5) Die Torte sofort servieren, da die Früchte den Tortenboden bald aufweichen.

Tipp: Diese Torte lässt sich immer wieder in einem neuen »Kleid« zaubern. Versuchen Sie einmal exotisch frische Mangostreifen als Belag oder Bananen, Kiwis oder auch (Wald-)Beeren aller Art. Sie können die Früchte ebenfalls in ein Bett von Vanillecreme setzen und mit Mandelstiften verzieren.

Teeblätter

Diese Spezialität schmeckt nicht nur zu Tee, sondern auch als Nachtisch mit einer Kugel Vanilleeis. Übrigens, probieren Sie doch einmal anstelle des schwarzen Tees mit seinen gesundheitsbedenklichen Inhaltsstoffen Tein, Theobromin, Koffein und Gerbstoffen den aus Südafrika stammenden Rooibush-(Rotbusch-)Tee. Im Geschmack kommt dieser koffein- und gerbstofffreie Kräutertee Schwarztee sehr nahe, er besitzt allerdings nicht dessen negative Auswirkungen auf den Körper.

Für den Blätterteig:
450 g klassischer Blätterteig (s. Grundrezept S. 130)
150 g Roh-Rohrzucker

Für die Glasur:
Carobglasur (s. S. 172)

So wird's gemacht:

1) Klassischen Blätterteig nach Grundrezept herstellen.
2) Die eine Hälfte des Blätterteiges kühlen. Die andere Hälfte auf einer gezuckerten Arbeitsfläche etwa 7 – 9 mm dick ausrollen. Mit einem Glas (6 cm Durchmesser) Scheiben aus der Teigplatte ausstechen. Die Scheiben auf der gezuckerten Fläche in eine Richtung ausrollen, wenden und in der gleichen Richtung nochmals ausrollen (Teigreste niemals zusammenkneten, sondern übereinander legen und ausrollen; s. S. 131).
3) Backofen auf 220 °C (E)/200 °C (H) vorheizen. Die ovalen Scheiben auf ein mit kaltem Wasser gespültes Backblech legen und 5 Minuten lang ruhen lassen. Anschließend für etwa 8 Minuten backen (mittlere Schiene bei Elektroherd). Zum Auskühlen auf ein Kuchengitter legen. Dann mit der anderen Teighälfte ebenso verfahren.
4) Carobglasur zubereiten. Teeblätter mit beiden Enden hineintauchen. Die Teeblätter zum Abtropfen auf ein Kuchengitter legen, bis die Glasur fest geworden ist.

Kleingebäck und andere (Sch)leckereien ...

Nussecken

Nüsse sind ideale Energiespender für Körper und Geist. Der Ayurveda empfiehlt sie ganz besonders im Winter, da sie erhitzend wirken und dem Organismus viel Fett zuführen. Ihre herzfreundlichen ungesättigten Fettsäuren, ihr extrem hoher Eiweißanteil und ihr Mineralstoff- und Vitamin-B-Gehalt machen sie zu gesunden Kraftpaketen, aber auch zur hervorragenden Nahrung für Diabetiker und Nierenkranke.

Für ein Backblech von ca. 36 × 40 cm

Für den Mürbteigboden:
250 g fein gemahlener Dinkel
1 Msp Natron
125 g kalte Butter
65 g gesiebter Vollrohrzucker oder Jaggery
1 EL Wasser oder Joghurt
Fett für das Blech

Für den Belag:
150 g grob gehackte, geröstete Haselnüsse
150 g fein gemahlene, geröstete Haselnüsse
150 g Butter
100 g Jaggery (oder Vollrohrzucker)
20 ml (2 EL) Birnendicksaft (entfällt bei Verwendung von Jaggery)
½ TL gemahlene Bourbon-Vanille
1 – 2 EL Sahne
3 EL Aprikosen-, Orangen- oder Maronenmarmelade

Zum Bestreichen:
Carobglasur (s. S. 172)

So wird's gemacht:

1) Alle Zutaten für den Mürbteig rasch zu einem geschmeidigen Teig kneten und mindestens 30 Minuten kalt stellen.
2) Die Zutaten für den Belag (außer Marmelade) in einer Pfanne erwärmen und leicht abkühlen lassen.
3) Teig zwischen zwei Silikonback- bzw. Frischhaltefolien zu einer dünnen Platte ausrollen und auf das gefettete Backblech verteilen, bis es vollständig mit einer dünnen Schicht bedeckt ist. Mit einer Gabel mehrmals einstechen und im vorgeheizten Ofen bei 190 °C (E)/175 °C (H) 12 – 15 Minuten vorbacken. Die Marmelade auf den leicht abgekühlten Boden streichen, die Füllung darüber verteilen und bei gleicher Temperatur weitere 15 Minuten backen.
4) Den abgekühlten Teigboden in Quadrate schneiden und diese wiederum diagonal durchschneiden, so dass Dreiecke entstehen. Die Ecken in die Carobglasur tauchen (s. S. 172) und auf einem Gitter erstarren lassen.

Rosinenschnecken

Rosinenschnecken sind einfach der Renner. Da Quark meist mit Hilfe von tierischem Lab (einem Ferment aus dem Magen geschlachteter Kälber) hergestellt wird, sollten Sie sich ruhig direkt bei der betreffenden Molkerei erkundigen, ob tierisches Lab verwendet wurde. Vegetarier- und Veganerverbände helfen hier auch gerne. Wem das alles zu umständlich ist, kann Quark bzw. Joghurtquark auch ganz leicht selbst machen.

Für 20 Schnecken

Für den Joghurtquark-Butterteig:

250 g selbst gemachter Quark bzw. Joghurtquark (aus 500 g Joghurt) (vegan: cremig gerührter Tofu)
280 g fein gemahlener Dinkel
1 Msp Natron
250 g kalte Butter (vegan: Pflanzenmargarine)

Für die Füllung:

125 g Rosinen
etwas heißes Wasser zum Einweichen
50 g Butter (vegan: Pflanzenmargarine)
50 g gemahlene oder gehackte Haselnüsse
150 g Vollrohrzucker oder Jaggery
1 TL Zimt
2 – 3 EL Sahne (vegan: Reismilch)

So wird's gemacht:

1) Joghurtquark nach Anleitung (s. S. 178) herstellen. Der Joghurt sollte sich auf die Hälfte des ursprünglichen Gewichts reduziert haben. Dies dauert etwa 2 Stunden.
2) Vollkornmehl mit Natron vermischen und auf die Arbeitsplatte sieben. Butter (Pflanzenmargarine) in Flöckchen schneiden und zusammen mit dem Quark bzw. Joghurtquark (cremig gerührten Tofu) rasch zu einem geschmeidigen Teig kneten. Den Teig zugedeckt am besten über Nacht (oder mindestens 8 Stunden) kalt stellen.
3) Rosinen waschen und in etwas heißem Wasser einweichen. Die Hälfte der Butter (Pflanzenmargarine) in einer Pfanne schmelzen und darin die gemahlenen bzw. gehackten Nüsse mit Vollrohrzucker oder Jaggery und Zimt anrösten. Dann die Sahne (Sojadrink) dazugeben. Pfanne von der Flamme nehmen und abkühlen lassen. Die andere Hälfte der Butter (Pflanzenmargarine) ebenfalls schmelzen und damit später die Teigplatte bepinseln.
4) Quarkteig auf einer bemehlten Arbeitsfläche zu einer Platte von 40 × 60 cm ausrollen. Die Teigplatte mit Butter bepinseln, die abgekühlte Füllung auf dem Teig verteilen, dabei an den Seiten einen kleinen Rand frei lassen. Die gefüllte Teigplatte von der schmalen Seite her aufrollen und mit einem in kaltes Wasser getauchten Messer in 20 Scheiben schneiden.
5) Die Schnecken auf ein mit Backpapier ausgelegtes Blech legen und im vorgeheizten Ofen bei 190 – 200 °C (E)/ 175 – 180 °C (H) 25 – 30 Minuten backen.

Orangen-Nuss-Schnecken

Schon legendär ist der hohe Vitamin-C-Gehalt von Orangen. Dabei ist das noch längst nicht alles, was sie zu bieten haben: Beta-Carotin, Mineralien und zellschützende Flavonoide sind in ihnen enthalten. Frische Orangen regen laut Ayurveda den Appetit an und haben eine kühlende Wirkung auf den Körper – das erklärt, weshalb frisch gepresster Orangensaft gerne in der Rekonvaleszenz, vor allem nach Fieber- und Durchfallerkrankungen, gegeben wird. Frisch gepresster Orangensaft enthält auch relativ viel Selen, was die Abwehrkräfte stärkt.

Für 15 – 20 Schnecken

Für den Hefeteig:

500 g fein gemahlener Dinkel
250 ml Orangensaft oder Milch
20 g Hefe
100 g Vollrohrzucker
50 g weiche Butter (vegan: Pflanzenmargarine)
abgeriebene Schale einer halben unbehandelten Orange
Fett für das Blech

Für die Füllung:

350 g geröstete Haselnüsse oder Cashewnüsse
100 g Vollrohrzucker oder Jaggery
3 EL Birnendicksaft
3 EL Orangeat
3 EL Orangensaft
¼ TL Zimt

Zum Bestreichen:

3 EL Orangenmarmelade
eventuell Orangenglasur (s. S. 174)

So wird's gemacht:

1) Stellen Sie aus den Zutaten einen Hefeteig her (s. S. 81). Zugedeckt an einem warmen, zugfreien Ort 30 – 40 Minuten gehen lassen, bis sich sein Volumen verdoppelt hat.
2) In der Zwischenzeit die je zur Hälfte gemahlenen und gehackten Haselnüsse in einer Pfanne leicht anrösten. Vollrohrzucker bzw. Jaggery und die restlichen Zutaten darunter rühren und von der Flamme nehmen.
3) Kneten Sie den Hefeteig noch einmal kräftig auf der Arbeitsplatte durch und rollen Sie ihn (ohne Mehl) zu einem Rechteck aus (etwa ½ cm dünn). Damit der Teig nicht anklebt, während des Ausrollens immer wieder wenden. Die Teigplatte mit 2 EL Orangenmarmelade bestreichen.
4) Die zur Handwärme abgekühlte Masse auf die Teigplatte verteilen und zu einer Rolle fest aufrollen. Mit einem scharfen Messer 2 cm dicke Scheiben abschneiden und auf ein gefettetes Backblech legen.
5) Schnecken erneut mit einem Tuch zugedeckt für etwa 10 Minuten gehen lassen und anschließend bei 190 °C (E)/175 °C (H) für 30 – 35 Minuten backen. (Die Backzeit richtet sich nach der Dicke der Schnecken.)
6) Die noch heißen Schnecken mit Orangenmarmelade bestreichen und eventuell mit Orangenglasur bepinseln.

Pfannkuchen ohne Ei (Grundrezept)

Sie sind die Favoriten der Kinder: Pfannkuchen mit allen möglichen Füllungen. Aber auch Erwachsene dürfen sie genießen. Denn Pfannkuchen ohne Eier sind nicht nur kinderleicht und schnell selbst gemacht, sondern schmecken auch gut – und sind so ganz nebenbei viel gesünder.
Natürlich können Sie die Pfannkuchen auch mit einer pikanten Füllung servieren. Dafür können Sie die entsprechenden Gewürze auch direkt in den Teig geben. Wie Sie sehen, sind Ihrer eigenen Kreativität und Fantasie wahrlich keine Grenzen gesetzt.

Ergibt ca. acht Pfannkuchen

Für den Teig:
200 g sehr fein gemahlener und gesiebter Dinkel
200 ml Milch
150 ml Mineralwasser
1 Prise Meersalz
¼ TL Kurkuma
eventuell 1 Msp Natron bzw. Pottasche

Zum Braten:
Ghee oder Pflanzenöl

Vorschläge für Füllung(en):
Apfelmus oder anderes Kompott
Quittengelee
Ahornsirup mit Zimt oder gemahlener Bourbon-Vanille

Carob-Nusscreme:
geröstete, fein gemahlene Haselnüsse, 2 EL Carob, etwas Butter, Honig und ein Schuss Sahne

So wird's gemacht:
1) Den fein gemahlenen Dinkel in eine Schüssel sieben und die restlichen Zutaten mit einem Schneebesen zu einem flüssigen Teig rühren. Den Pfannkuchenteig für etwa 15 Minuten ruhen lassen. (Falls der Pfannkuchenteig nach der Ruhezeit etwas zu dickflüssig geworden ist, rühren Sie noch einen Schuss Mineralwasser darunter.)
2) In einer heißen, gefetteten Pfanne dünne Pfannkuchen ausbacken und nach Wunsch mit einer beliebigen süßen oder auch pikanten Füllung servieren.

Variation:

Apfelpfannkuchen

Ein in kleine Stückchen geschnittener Apfel und eventuell Rosinen werden im Pfannkuchenteig gleich mitgebacken.

Tipp: Sollte von den Pfannkuchen noch etwas übrig bleiben, können Sie am Abend Pfannkuchensuppe mit Gemüsebrühe servieren.

Florentiner

Wer liebt es nicht, dieses kleine, süße und knackige italienische Gebäck? Gerade in der kalten Jahreszeit sind Mandeln die Powernahrung der Wahl. In Nordindien gibt man Kindern morgens frische Mandelpaste mit Honig.
Die stärkende Wirkung der Mandeln für Nerven, Gehirn und Körper tut aber auch geistig und körperlich arbeitenden Erwachsenen, Sportlern und vor allem Frauen sehr gut.

Für 24 Stück

100 g Butter
(vegan: Pflanzenmargarine)
220 g Mandelstifte
50 g Orangeat
150 g Vollrohrzucker (oder Jaggery)
1 EL Ahornsirup

Für die Glasur:
Carobglasur (s. S. 172)

So wird's gemacht:

1) Butter (Pflanzenmargarine) in der Pfanne schmelzen, Mandelstifte mit dem Orangeat leicht anrösten, Vollrohrzucker dazugeben und so lange rühren, bis sich alles zu einer homogenen Masse verbunden hat. Zum Schluss den Ahornsirup dazufügen und die Pfanne nach wenigen Minuten von der Flamme nehmen. Die Masse in der Zwischenzeit leicht abkühlen lassen.
2) Es gibt verschiedene Möglichkeiten, die Florentiner zu backen:
Da die zu kleinen Talern geformten Florentiner während des Backens (auf einem mit Backpapier ausgelegtem Blech) stark zerlaufen, müssen sie nach dem Backen (noch im warmen Zustand) wieder in ihre ursprüngliche Form gebracht werden.
Sie können aber auch in kleinen gefetteten Förmchen (oder Ringen) gebacken werden (s. Tipp).
3) Bei 200 °C (E)/180 °C (H) 10 – 15 Minuten goldbraun backen (Backzeit variiert je nach Größe und Form der Florentiner). Wenn sie erkaltet sind, die Rückseite in Carobglasur tauchen und kalt stellen, bis die Glasur fest geworden ist.

Tipp: Eine mit Backpapier ausgelegte oder gefettete Springform benutzen, Masse hineingeben, etwas andrücken und nach dem Backen (abgekühlte) Florentiner in kleine Tortenstückchen schneiden.

Zarte Joghurt-Hörnchen

Die Vorzüge von Joghurt haben wir bereits beschrieben, doch auch Butter hat es in sich. Nach dem Ayurveda verlängert Butter das Leben, stärkt den Körper und das Gedächtnis. Sie ist außerdem gut für die Augen und wird gezielt gegen chronische Vergiftungserscheinungen, Schwellungen und Lethargie eingesetzt.
Sehr an Blätterteig erinnert dieses Joghurtquark-Butterteig-Rezept, doch ist es viel einfacher zuzubereiten. Planen Sie aber die lange Ruhezeit (über Nacht) ein.

Ergibt ca. 24 Stück

Für den Teig:
250 g Joghurtquark (aus 500 g Joghurt)
(vegan: cremig pürierter Tofu)
250 g kalte Butter
(vegan: Pflanzenmargarine)
300 g fein gemahlener Dinkel
1 Prise Meersalz
1 Msp Natron

Für die Füllung:
150 g selbst gemachte Erdbeer-, Aprikosen- oder Holundermarmelade
50 g Rosinen

So wird's gemacht:

1) Joghurtquark nach Anleitung (s. S. 178) herstellen. Dies dauert 2 – 4 Stunden.
2) Joghurtquark (cremig pürierten Tofu) mit der in Flöckchen geschnittenen Butter auf die Arbeitsplatte geben. Dinkelmehl mit Meersalz und Natron mischen und darüber sieben. Mit einem Rührlöffel verrühren, den Teig rasch mit den Händen kneten oder mit dem Handrührgerät zusammenrühren, zu einer Kugel formen und in Folie eingewickelt über Nacht (oder 8 – 10 Stunden) ruhen lassen.
3) Am nächsten Tag den Teig auf einer bemehlten Fläche mit einem gut bemehlten Teigroller ca. 5 mm dick ausrollen. Die Teigplatte in Quadrate (10 cm) ausradeln bzw. schneiden. (Nicht zu viel Mehl zum Ausrollen verwenden, sonst wird der Teig mürbe.)
4) Die Zutaten für die Füllung mischen. In die Mitte der Quadrate je 1 EL der gewählten Füllung (s. auch Variationen) geben. Teigränder mit etwas kaltem Wasser bepinseln, über Eck zusammenschlagen und gut andrücken. Durch ein Biegen der Ecken zu Hörnchen formen. Wahlweise Ecken, Taschen oder Rollen formen.
5) Das Gebäck auf ein mit Backpapier ausgelegtes Blech setzen und bei 200 – 220 °C (E)/170 – 190 °C (H) 15 – 20 Minuten backen, bis es goldbraun und knusprig ist.

Variationen:

Mango-Bananen-Füllung

Mangos wachsen an ostasiatischen Riesenbäumen. Sie haben einen hohen Eisengehalt, was sie für die Blutbildung wertvoll und für Frauen während der Menstruation besonders interessant macht. Daneben stimulieren Mangos Nervensystem, Gehirn, Lunge und Magen, beseitigen Verstopfung und lindern Nieren- und Dickdarmentzündungen. Unter den Früchten sind Mangos der Hauptlieferant von Vitamin A (mehr noch als Karotten). Um den gesamten Organismus zu energetisieren, empfiehlt der Ayurveda ein Glas warme Milch vor dem Verzehr einer Mango.

1 Mango
1 – 2 Bananen
1 Orange
3 EL Birnendicksaft, Ahornsirup oder Jaggery
1 TL gemahlene Bourbon-Vanille

Zubereitung der Füllung:
Mango waschen, schälen und in kleine Würfelchen schneiden. Bananen und Orange ebenfalls schälen und würfeln. Alle Zutaten in einem Topf bei mittlerer Hitze köcheln lassen, bis die Früchte eindicken. Abkühlen lassen und wie ab Punkt 4 beschrieben weiterverarbeiten.

Carob-Nuss-Füllung

150 g gemahlene Mandeln oder Nüsse
100 g Vollrohrzucker
100 ml Milch
1 EL Carob
1 TL gemahlene Bourbon-Vanille

Zubereitung der Füllung:
Alle Zutaten in einem Topf bei mittlerer Hitze unter ständigem Rühren köcheln, bis die Masse eindickt. Abkühlen lassen und wie ab Punkt 4 beschrieben weiterverarbeiten.

Aprikosentörtchen

Wer hätte das gedacht – Törtchen ohne Getreide. Das sieht man ihnen nicht an! Im Sommer machen sich frische Früchte oder Beeren als Belag gut mit Schlagsahne und gehackten Pistazienkernen als Verzierung. Und im Winter geben ihnen getrocknete Aprikosen das gewisse Etwas. Getrocknete Aprikosen enthalten dreimal mehr Vitamin A als ihre frischen Schwestern. Nach dem Ayurveda können sie auch in Milch eingeweicht und gekocht werden. Das macht sie besonders kräftigend und leicht verdaulich (ein Geheimtipp bei chronischer Verstopfung). Außerdem helfen Aprikosen mit ihrem hohen Eisen- und Calciumgehalt bei Anämie und fördern die Blutbildung.

Für etwa 16 – 18 Törtchen Ø 10 cm

Für die Törtchenböden:

350 g selbst gemachter Frischkäse (aus 2 l Milch)
Saft von 1 – 1½ Zitronen
1 EL Joghurt
100 g gemahlene Mandeln
150 g Vollrohrzucker
100 g Kartoffelstärke oder Wildpfeilwurzelmehl
eventuell 1 Msp Natron
Butter für die Förmchen

Für den Belag:

200 g getrocknete Aprikosen
100 ml heißes Wasser zum Einweichen
4 EL Birnendicksaft, Ahornsirup oder Honig
¼ TL Zimt
400 ml Sahne
4 – 5 EL Vollrohrzucker
1 TL Zimt

Verzierung:

Schlagsahne
Zimt

So wird's gemacht:

1) Frischkäse aus 2 l Milch zubereiten (Anleitung s. S. 176), Aprikosen waschen und in heißem Wasser einweichen.
2) Den leicht gepressten Frischkäse weich kneten und mit den restlichen Zutaten für die Tortenböden zu einem geschmeidigen Teig kneten, bis sich alles gut miteinander vermengt hat.
3) Förmchen mit Butter einfetten. Aus dem Teig kleine Kugeln formen, diese in der Hand flachdrücken und die Förmchen damit auskleiden.
4) Bei 190 °C (E)/175 °C (H) 12 – 15 Minuten goldbraun backen. Dann aus den Förmchen stürzen und weitere 3 – 5 Minuten backen. Die Backzeit ist abhängig von der Größe der Förmchen, die Sie benutzen. Auf einem Kuchengitter auskühlen lassen.
5) Aprikosen im Mixer zu einer cremigen Paste pürieren. Etwas Einweichwasser nach Bedarf dazugeben. Mit Birnendicksaft bzw. Honig und ¼ TL Zimt mischen. Sahne steif schlagen, fein gemahlenen Vollrohrzucker und 1 TL Zimt darunter heben und kalt stellen.
6) Die Törtchen mit Aprikosencreme füllen und mit Schlagsahne verzieren. Jeweils 1 kleine Prise Zimt auf die Sahnehaube streuen.

Sesamwaffeln

Klein mögen sie ja sein, die Sesamkörnchen, aber ihre Nährstoffe sind nicht ohne: ungesättigte Fettsäuren, Phosphor, Niacin und so viel Calcium, dass 4 Esslöffel Sesam den gesamten Tagesbedarf an diesem Mineralstoff decken. Im Ayurveda empfiehlt man Sesam bei Arteriosklerose, Bluthochdruck oder Diabetes. Auch zur Stärkung der Nerven- und Gehirnfunktion nimmt man ihn. Und wer Thrombosen vorbeugen will, tut gut daran, Sesam in die täglichen Mahlzeiten einzubauen – das ist auch eine geschmackliche Bereicherung.

Für sechs knusprige Waffeln

Für den Hefeteig:

250 g fein gemahlener Dinkel oder Weizen
30 g ungeschälter Sesam
40 g Vollrohrzucker
1 Msp gemahlene Bourbon-Vanille
½ TL Zimt
1 TL Trockenhefe
50 g Butter
250 – 280 ml lauwarme Milch
etwas Butter für das Waffeleisen

So wird's gemacht:

1) Mehl mit Sesam, Vollrohrzucker, Gewürzen und Trockenhefe in einer Schüssel mischen. Milch lauwarm erwärmen und die Butter darin schmelzen. Alle Zutaten zu einem glatten, flüssigen Teig verrühren (z. B. mit dem Handrührgerät).
2) Den Teig zugedeckt an einem warmen Ort 20 Minuten gehen lassen. Danach noch einmal mit einem Löffel kräftig durchrühren. Falls er durch das Vollkornmehl ein wenig fester geworden ist, können Sie noch etwas lauwarme Milch oder Wasser hinzufügen. Die Konsistenz sollte etwas fester als Pfannkuchenteig sein.
3) Waffeleisen vorheizen. Mit etwas Butter auspinseln. Waffelteig mit Schöpflöffel einfüllen und knusprig ausbacken.

Tipp: Frisch und warm aus dem Waffeleisen schmecken die Sesamwaffeln am besten! Also sofort servieren oder warm stellen. Fruchtsalat oder selbst gemachtes Kompott dazu und fertig ist die Gaumenfreude.

Einfache Waffeln

Wer's einfach liebt, liegt bei Waffeln richtig. Gleichzeitig werden sie auch nie langweilig, denn Variationen gibt es viele. So können Sie anstelle von Zimt z. B. auch gemahlenen Anis, Kardamom oder andere Gewürze verwenden.
Apropos Anis: Anis regt nicht nur den Appetit an und fördert die Verdauung, sondern heilt auch Krankheiten. Der Ayurveda setzt ihn bei Fieber, Schmerzen, Wunden, Magen- und Darmbeschwerden sowie Augenkrankheiten ein.

Für zehn Waffeln

50 g Vollrohrzucker
80 g weiche Butter (vegan: Pflanzenmargarine)
½ TL Natron
½ TL gemahlene Bourbon-Vanille
½ TL Zimt
250 g fein gemahlener und ausgesiebter Dinkel
375 – 400 ml Mineralwasser
etwas Butter für das Waffeleisen

So wird's gemacht:

1) Vollrohrzucker, Butter (Pflanzenmargarine), Natron, Gewürze und gesiebten Dinkel mischen und mit Mineralwasser zu einem pfannkuchenartigen Teig verrühren. 10 Minuten ruhen lassen.
2) Waffelteig portionsweise in das gefettete und heiße Waffeleisen füllen und backen.

Tipp: Am besten schmecken die Waffeln ganz warm und frisch. Sie können sie aber auch im Backofen bei 50 °C warm halten und dann alle zusammen servieren.
Und zu den Waffeln lassen sich nicht nur Fruchtsalate oder Kompotte servieren, sondern auch Quarkspeisen, Schlagsahne, indische Chutneys usw.

Holunderkrapfen

Im Mai und Juni bezaubert der strauchähnliche Holunderbaum an Wald- und Wegrändern die vorbeiziehenden Spaziergänger mit seinem aromatischen Duft. Aus den gelbweißlich blühenden Holunderdolden mit ihren kleinen sternförmigen Blütchen entwickeln sich im August und September die dunkelvioletten Holunderbeeren. Die reifen Beeren strotzen übrigens nur so vor dem Spurenelement Selen, das für die Abwehrkraft so wichtig ist. Auch mit Vitamin A, B und C sind sie reichlich ausgestattet und wirken, als heißer Holundersaft getrunken, schweißtreibend gegen Erkältungen. Doch vergessen Sie nicht: Holunderbeeren sollten niemals roh verzehrt werden! Roh können sie zu starken Durchfällen und Erbrechen führen.
Ob mit zarten Holunderblüten im Frühjahr oder mit fruchtigen Beerendolden im Herbst, diese Krapfen schmecken immer vorzüglich – und am allerbesten noch warm und frisch zu selbst gemachtem Kompott oder Fruchtsalat.

Für 20 Holunderblüten-Krapfen

Für den Teig:

200 g fein gemahlener und ausgesiebter Dinkel
200 ml Milch
150 ml Mineralwasser
¼ TL Pottasche (Kaliumkarbonat)
1 Prise Meersalz
2 EL Vollrohrzucker
1 TL gemahlene Bourbon-Vanille
½ TL Zimt
¼ TL Ingwerpulver
¼ TL Kurkuma

Außerdem:

Ghee bzw. Pflanzenöl zum Ausbacken
20 Holunderdolden

So wird's gemacht:

1) Beim Spaziergang Holunderblütendolden (mit einer Schere) abschneiden. Achten Sie darauf, dass keine Insekten in den Blüten sind (eventuell abschütteln). Holunderblüten zu Hause sofort verarbeiten: in ein Sieb legen, kurz Wasser darüber laufen lassen und auf Küchenkrepp zum Trocknen auslegen.
2) Alle Zutaten für den Teig mit dem Schneebesen in einer Schüssel zu einem pfannkuchenartigen Teig verrühren. Teig etwas ruhen lassen (5 – 10 Minuten).
3) Butterschmalz (Ghee) bzw. Pflanzenöl in einem flachen Topf erhitzen. (Die Krapfen sollten in dem Fett bzw. Öl schwimmen können.)
4) Holunderblüten in den Teig tauchen, abtropfen lassen und einzeln frittieren. Die fertigen Krapfen auf ein weiteres Küchenkrepp legen, um das überschüssige Fett aufzusaugen.

Tipp: Holunderbeeren mit der ganzen Dolde lassen sich ebenfalls zu köstlichen Krapfen frittieren. Außerdem lässt sich aus den Beeren wunderbares Kompott oder Marmelade herstellen (eventuell auch gemischt mit Äpfeln, Birnen, Quitten oder Pflaumen). Und frische oder getrocknete Holunderblüten sind ein wirkungsvoller Erkältungstee.

Bananen-Nuss-Samosas

Samosas heißen diese gefüllten Teigtaschen in Indien. Gefüllt werden sie mit Obst, Nüssen, Frischkäse, Pudding oder einer pikanten Füllung. Unverkennbar ist ihr kunstvoll mit der Hand gedrehter Rand, was einiger Übung bedarf. Wer es einfacher liebt, kann in manchen indischen Lebensmittelgeschäften Samosa-Formen aus Kunststoff mit einem schönen Prägemuster kaufen. Der Teig muss nur in die gefettete Form gelegt, die Füllung darauf gegeben, zusammengedrückt und der überstehende Teig abgeschnitten werden – und fertig ist der Samosa zum Backen bzw. Frittieren.
In Indien werden Samosas sowohl in heißem Butterfett (Ghee) frittiert als auch im Backofen gebacken. Welche Methode Sie wählen, bleibt Ihrem Geschmack überlassen. Wir haben die Backmethode gewählt.

Für 15 Samosas

Für den Teig:
50 g zerlassene Butter
300 g fein gemahlener und ausgesiebter Dinkel oder Weizen
1 Prise Meersalz
150 – 180 ml Wasser
Fett für das Blech

Für die Füllung:
200 g Haselnüsse oder Cashewnüsse
150 ml Milch
150 g Vollrohrzucker
½ TL Zimt
1 Msp Ingwerpulver
2 EL Carob
1 Banane

So wird's gemacht:

1) Butter in einem Topf schmelzen. Mehl in eine Schüssel sieben und mit Butter, Salz und Wasser zu einem geschmeidigen Teig kneten. Der Teig darf noch etwas feucht sein, da er in der Ruhezeit (30 Minuten) etwas quillt. Den Teig mit einem Deckel abgedeckt ruhen lassen.
2) In der Zwischenzeit die Füllung bereiten. Nüsse rösten und mahlen. Milch und Nüsse bei mittlerer Hitze unter ständigem Rühren köcheln lassen. Vollrohrzucker dazugeben. Hitze reduzieren. Sorgen Sie durch ständiges Rühren dafür, dass nichts anbrennt. Zimt, Ingwer und Carob unterheben. Die Masse sollte so lange köcheln, bis sie etwas eingedickt ist. Topf von der Flamme nehmen, zerdrückte Banane hinzugeben und abkühlen lassen.
3) Samosateig noch einmal kräftig durchkneten, zu einer Rolle formen und in 15 Teile schneiden. Die Teigteile auf der leicht mit Ghee eingeriebenen Arbeitsfläche zu runden Fladen ausrollen.

4) Jeweils 1 EL Füllung auf eine Hälfte des Teigfladens setzen und die andere Hälfte darüber klappen. Nun die beiden Teigschichten am Rand fest zusammenpressen. Den Samosa in eine Hand nehmen und mit der anderen Hand (zwischen Daumen und Zeigefinger) Stück für Stück den Rand übereinander falten, so dass die Rundung plisseeartig verschlossen ist. Jeder Samosa sollte 10 – 12 dieser gepressten Falten haben.
5) Die Samosas auf ein gefettetes Blech legen und bei 190 °C (E)/170 °C (H) 15 – 18 Minuten backen (bzw. in Ghee für 10 – 12 Minuten frittieren).

Variation:

Obst-Samosas

3 Äpfel
1 Orange
1 TL Zimt
¼ TL Ingwerpulver
½ TL gemahlener Kardamom
5 EL Vollrohrzucker
1 Banane

So wird's gemacht:

Äpfel und Orangen waschen, schälen und klein schneiden. Dann mit Gewürzen und Vollrohrzucker auf kleiner Stufe zu einer Fruchtfüllung köcheln, bis die Masse etwas eingedickt ist. Zerdrückte Bananen hinzugeben und abgekühlt als Füllung verwenden.

Tipp: Samosas schmecken sowohl heiß als auch kalt, als Nachspeise zu einem indisch-vegetarischen Festmahl oder zum Nachmittagskränzchen.

Kürbis-Dattel-Konfekt

Kürbiskerne enthalten reichlich Vitamin A, B und E, Phosphor, Eisen, Magnesium und vor allem Zink. In der Naturheilkunde schätzt man Kürbiskerne schon seit langem bei Blasenschwäche und Prostatavergrößerung. Datteln stärken die Nerven und regen bei der geistigen Arbeit an. Wer Zucker in Speisen, Gebäck und Kuchen ersetzen möchte, sollte es gleich einmal mit Datteln versuchen.
Drei Vorteile bietet dieses Konfekt. Es ist schnell gemacht, füllt Ihre verbrauchten Energiereserven wieder auf – und es schmeckt auch noch gut.

Für 24 Kugeln

200 g frische oder getrocknete Datteln
eventuell etwas heißes Wasser zum Einweichen
200 g geschälte grüne Kürbiskerne
2 – 3 EL fester, kaltgeschleuderter (Lavendel-)Honig
einige Tropfen Rosenwasser

Für die Dekoration:
Kokosflocken zum Wälzen oder Carobglasur zum Eintauchen

Für die Glasur:
Carobglasur (s. S. 172)

So wird's gemacht:

1) Datteln waschen, entkernen (falls es getrocknete Datteln sind, in heißem Wasser einweichen) und anschließend zu Mus fein hacken bzw. durch einen Früchtewolf drehen. Kürbiskerne fein mahlen.
2) Datteln, Kürbiskerne, Honig und einige Tropfen Rosenwasser miteinander verkneten, zu Bällchen rollen und in Kokosflocken wälzen bzw. in Carobglasur tauchen. Oder erst in Carobglasur tauchen und anschließend mit Kokosflocken bestreuen. Auf einem feinen Gitter abtropfen lassen und kalt stellen, damit die Glasur fest wird.

Kokos-Sahne-Trüffel

Gekaufte Kokosriegel werden vor Neid erblassen, denn diese zarten Trüffel zergehen regelrecht auf der Zunge. Und: Sie sind leicht und schnell zu machen.
Zudem ist Kokos auch noch gesund für Haut, Haar und Magen. In den Tropen ist die Kokosmilch der unreifen grünen Kokosnüsse ein köstliches erfrischendes Getränk, das mit seinem Mineralstoffgehalt die beim Schwitzen verloren gegangenen Elektrolyte wieder ersetzt. Gründe genug, am besten gleich dieses Rezept zu probieren!

Für 18 – 20 Bällchen

200 g Kokosflocken
3 EL frische Sahne
2 – 3 EL fester, kaltgeschleuderter (Lavendel-)Honig
1 TL gemahlene Bourbon-Vanille
½ TL Rosenwasser

Für die Glasur:
Carobglasur (s. S. 172)

So wird's gemacht:

1) Kokosflocken fein mahlen (z. B. in der elektrischen Kaffeemühle). Sahne, Honig, Vanille und Rosenwasser dazugeben und alles zu einer Masse kneten.
2) Kugeln formen und in Carobglasur ganz oder nur zur Hälfte eintauchen. Bällchen auf einem feinen Gitter abtropfen lassen. Die Bällchen in einen kühlen Raum bzw. Kühlschrank stellen, bis die Glasur festgeworden ist.

Indische Schokolade – Besan Laddu

Eine völlig neue Gaumenfreude für viele Europäer ist dieses indische Konfekt. Beim langsamen Rösten des Kichererbsenmehles entsteht ein wunderbarer, nussartiger Geruch, der für diese Köstlichkeit charakteristisch ist. Auch die Inhaltsstoffe brauchen sich nicht zu verstecken: Das Öl der Kichererbse kann den Cholesterinspiegel senken, sein Gehalt an Kalium und Magnesium stärkt den Herzmuskel, und sein Calcium und Phosphor sind wertvoll für den Knochenbau.
Wer in die Stadt Vrindavana in Indien kommt, wird dieses Rezept wiedererkennen. In den dortigen Tempeln werden diese Süßigkeiten gerne an die Pilger verteilt, die voller Freude und Dankbarkeit die Speise akzeptieren, die zuvor Radha und Krishna auf dem Altar mit Liebe und Hingabe dargebracht wurde.

Für etwa 30 Stück

200 g Butter
200 g Kichererbsenmehl
3 EL Cashewnüsse (Hasel- oder Walnüsse)
¼ TL Zimt
¼ TL gemahlener Kardamom
1 EL Carob
abgeriebene Schale einer halben unbehandelten Zitrone
175 – 200 g cremiger Honig

So wird's gemacht:

1) Butter in einem Topf bzw. einer Pfanne mit schwerem Boden bei mittlerer Hitze schmelzen und Kichererbsenmehl hineinsieben. Mit einem Holzlöffel unter ständigem Rühren anrösten, bis es (nach etwa 15 Minuten) einen nussartigen Geruch verströmt.
2) Nüsse hacken, hinzufügen und für einige Minuten weiter rösten. Anschließend Gewürze, Carob und Zitronenschale dazugeben. Nun die Masse auf 40 °C abkühlen lassen und dann den Honig darunter rühren.
3) Die Masse auf ein mit Backpapier ausgelegtes Tablett streichen und kalt stellen. Nach dem Erkalten in kleine Rechtecke oder Rauten schneiden.

Variation:

Nougat-Laddus

Die Cashewnüsse und Gewürze werden durch 100 g geröstete und in der Küchenmaschine cremig vermahlene Haselnüsse ersetzt.

Tipp: Kichererbsenmehl bekommen Sie in indischen, persischen oder asiatischen Lebensmittelgeschäften, aber auch in gut sortierten Gewürz- bzw. Naturkostläden
Frisches Kichererbsenmehl ist leicht selbst gemacht: Kaufen Sie dazu *Channa dal* (gespaltene, kleine indische Kichererbsen). In einer Pfanne ohne Fett anrösten und nach dem Abkühlen in Ihrer Getreidemühle zu staubfeinem Puder mahlen. (*Channa dal* gibt es ebenfalls in indischen Lebensmittelläden.)

Energiebällchen

Diese Süßigkeit hält, was ihr Name verspricht. Denn Hafer ist der ideale Energiespender. Sechs von acht essenziellen Aminosäuren enthält er, einen hohen Anteil an (für Herz und Gefäße so wichtigen) ungesättigten Fettsäuren, viele Mineralien und Vitamine, insbesondere das Antistress-Vitamin Pantothensäure und den Blut- und Zellerneuerer Folsäure.
Auf Reisen, im Büro und in der Schule oder als Abschluss einer Mahlzeit: Energiekugeln finden in jedem Fall ihre Abnehmer. Weil diese kleinen Bällchen so begeisterten Zuspruch finden, machen wir meist mehr davon – auf Vorrat.

Ergibt ca. 45 Stück

250 g Haferflocken
125 g Kokosflocken
40 g (4 EL) Carob
90 g Butter
200 – 250 g Honig
2 EL Ahornsirup
1 TL gemahlene Bourbon-Vanille
¼ TL Zimt
100 ml Milch, Sahne, Wasser oder Apfelsaft

Zum Wälzen:
Kokosflocken

So wird's gemacht:

1) Haferflocken in einer Kaffeemühle fein mahlen (eventuell auch Kokosflocken) und mit den restlichen Zutaten zu einer homogenen Masse kneten.
2) Bällchen formen und in Kokosflocken wälzen.

Tipp: Dieses Energiebällchen-Rezept können Sie beliebig variieren bzw. erweitern, z. B. mit gerösteten und gemahlenen Haselnüssen, Mandeln, Kürbiskernen, Cashewnüssen und/oder Trockenfrüchten nach Wahl. Je nach Geschmack lässt sich die Honigmenge auch reduzieren bzw. durch eingeweichte und pürierte Trockenfrüchte ersetzen. Ihrer Fantasie sind keine Grenzen gesetzt. Mit der Zeit haben Sie bestimmt Ihr eigenes Hausrezept entdeckt!

Erdnussriegel

Selbst gemachte Erdnussriegel stellen die gekauften völlig in den Schatten. Ideal sind sie für alle, die mal schnell Energie brauchen, für die Reise und als Pausensnack bei langen Wanderungen. Die etwas aufwendige Herstellung wird mehr als belohnt. Erdnüsse sind die optimale Powernahrung im Winter. Cashewnüsse steigern ebenfalls Energie und Vitalität. Ihr hoher Gehalt an Thiamin, Eisen und Riboflavin sind für Blutbildung, Nerven- und Verdauungssystem von großer Bedeutung – und auch für die Jungerhaltung des Organismus.

Ergibt ca. 32 Stück

Für den Mürbteig:

250 g fein gemahlener Weizen
1 Msp Natron
125 g kalte Butter
75 g Vollrohrzucker
1 EL Sahne
1 TL gemahlene Bourbon-Vanille
Fett für das Blech

Für den Belag:

200 g Erdnüsse
250 g Vollrohrzucker
50 ml Wasser
250 ml Sahne
3 EL Ahornsirup
150 g gehackte Cashewnüsse

Für die Glasur:

Carobglasur (s. S. 172)

Tipp: Die Erdnüsse können Sie auch durch Mandeln oder andere Nüsse ersetzen.

So wird's gemacht:

1) Alle Zutaten für den Mürbteig rasch miteinander verkneten und mindestens 30 Minuten kalt stellen. Teig zwischen zwei Silikonback- bzw. Frischhaltefolien zu einem großen, dünnen Quadrat ausrollen und auf ein gefettetes Backblech legen und dünn darauf verteilen. Den Teig mit einer Gabel mehrmals einstechen und bei 190 °C (E)/175 °C (H) 10 – 12 Minuten backen.
2) In der Zwischenzeit die Erdnüsse schälen, im Backofen rösten und abkühlen lassen. Vollrohrzucker in Wasser auflösen und etwa 15 Minuten köcheln lassen. Jetzt nach und nach die Sahne beigeben und unter ständigem Rühren zu einer cremigen Masse einkochen (etwa 30 Minuten). Gegen Ende Ahornsirup mit halbierten Erdnüssen und gehackten Cashewnüssen hinzufügen.
3) Erdnusscreme auf dem abgekühlten Teigboden verteilen. Mit einem scharfen Messer schmale Streifen (in Riegelgröße) schneiden. Die Riegel mit Carobglasur begießen, auf einem kleinen Gitter abtropfen und hart werden lassen.

Plätzchen

Mandelspritzgebäck

Mandeln sind die Powernahrung für Nerven, Gehirn und Körper, u. a. wegen ihres hohen Anteils an Vitalstoffen wie Vitamin A, B_1, B_2, Phosphor, Magnesium, Eisen und Calcium. Kein Wunder, dass die kleinen Kraftpakete bei Jung und Alt zu den beliebtesten Nüssen zählen.
Besonders dünn und gut wird dieses Gebäck mit der Kekspresse. Wer den Spritzbeutel verwendet, braucht etwas Kraft, um den Teig durch die Teigtülle zu drücken – daher eventuell etwas mehr Wasser verwenden.

Für 50 Stück mit dem Spritzbeutel
Für 80 Stück mit der Kekspresse

Für den Teig:
200 g fein gemahlener und ausgesiebter Dinkel
100 g Maisstärke
1 Msp Natron oder Pottasche
125 g Vollrohrzucker
1 TL gemahlene Bourbon-Vanille
100 g fein gemahlene Mandeln
200 g Butter (vegan: Pflanzenmargarine)
2 EL Wasser
4 – 5 Tropfen Bittermandelöl
Fett für das Blech

Für die Glasur:
Carobglasur (s. S. 172)

So wird's gemacht:
1) Alle trockenen Zutaten mischen, die Butter (Pflanzenmargarine) in Flöckchen hacken und mit dem Wasser, dem Bittermandelöl und den trockenen Zutaten rasch zu einem geschmeidigen Teig kneten.
2) Den Teig in einen Spritzbeutel oder eine Kekspresse füllen und auf ein gefettetes Backblech breite Streifen, S-Formen u. Ä. spritzen.
3) Im vorgeheizten Backofen bei 200 °C (E)/180 °C (H) 12 – 15 Minuten backen.

Tipp: Besonders schön sehen die Plätzchen aus, wenn Sie sie noch halb in Carobglasur tauchen.

Vanillekipferl

Vanille, eine Orchideenart aus den Tropen Südamerikas, zählt neben Safran und Kardamom zu den kostbarsten und teuersten Gewürzen. Echte Vanille enthält nicht nur Vanillin, sondern noch mindestens 35 weitere Bestandteile, die synthetisch nicht herstellbar sind. Vanille stärkt den Magen, fördert die Verdauung und regt die Nierenfunktion an. Wie wunderbar doch die Vielfalt von Mutter Natur ist. Echte Vanille erkennen Sie an den kleinen schwarzen Pünktchen (des herausgeschabten Marks), die allerdings nicht gelb färben, wie es uns die Nahrungsmittelindustrie mit ihren künstlichen Farbstoffen anerzogen hat.

Für etwa 50 Stück

100 g fein gemahlener Dinkel
100 g Maisstärke
120 g enthäutete und gemahlene Mandeln
150 g kalte Butter (vegan: Pflanzenmargarine)
70 g Vollrohrzucker bzw. Roh-Rohrzucker
2 EL Ahornsirup
1 TL gemahlene Bourbon-Vanille

So wird's gemacht:

1) Alle Zutaten rasch zu einem geschmeidigen Knetteig verarbeiten und für mindestens 45 Minuten kalt stellen.
2) Die Hälfte des Teiges aus dem Kühlschrank nehmen und zu fingerdicken Rollen formen. In etwa 5 cm lange Stücke schneiden, die Enden etwas spitzer formen und zu Kipferln (kleinen Hörnchen) biegen.
3) Kipferl auf ein mit Backpapier ausgelegtes Blech legen und im vorgeheizten Backofen bei 190 °C (E)/175 °C (H) 12 – 15 Minuten backen. Danach sofort vom Blech nehmen. (Das Backpapier können Sie mehrfach verwenden.)

Rahmkekse

Sahne, die Crème de la Crème der Milch, heißt in Süddeutschland Rahm. Mit ihren über 100 Inhaltsstoffen ist Milch nicht nur ein ideales Lebensmittel, sondern nach dem Ayurveda auch ein bedeutendes Heilmittel. Ob Jung oder Alt, krank oder gesund, Denker oder körperlich Arbeitender, Rohmilch ist für jeden ein Garant der Gesundheit und des langen Lebens – vorausgesetzt, sie wurde weder homogenisiert noch ultrahocherhitzt und stammt aus artgerechter Haltung.
Rahmkekse sind luftig-leicht und erinnern daher etwas an Blätterteig. Sie lassen sich beliebig variieren: gefüllt mit selbst gemachten Konfitüren oder Früchtemus aus pürierten Beeren und Honig. Vergessen Sie nicht, dass der Teig über Nacht im Kühlschrank ruhen sollte.

Für etwa 85 Stück

Für den Teig:
375 g fein gemahlener und ausgesiebter Dinkel
280 g kalte Butter
150 g saure Sahne
160 g Vollrohrzucker
½ TL gemahlene Bourbon-Vanille
eventuell ein paar Tropfen ätherisches Orangenöl
(eventuell 1 Msp Natron)

Für die Füllung:
Nach Belieben Früchtemus aus frischen Beeren und Trockenfrüchten oder Hagebutten-, Orangenmarmelade bzw. selbst gemachtes Maronenmus

So wird's gemacht:
1) Alle Zutaten für den Teig rasch zu einem geschmeidigen Teig kneten und zugedeckt über Nacht (oder mindestens 8 Stunden) kalt stellen.
2) Den Teig auf einer leicht bemehlten Arbeitsfläche ausrollen und kleine Förmchen ausstechen (z. B. kleine Kränzchen).
3) Rahmkekse im vorgeheizten Ofen bei 190 °C (E)/175 °C (H) für 10 – 12 Minuten backen. Danach die eine Hälfte der Kekse mit Füllung bestreichen und die andere Hälfte als Deckelchen (z. B. Kränzchen) darauf setzen.

Haferflocken-Ingwer-Häufchen

Wer trotz wenig Zeit gesund und vollwertig backen will, liegt hier goldrichtig. Denn in der Tat ist Hafer eine wahre Goldgrube an wichtigen Nähr- und Heilstoffen. Von allen Getreiden besitzt er den höchsten Anteil an Mineralien und Vitaminen. Doch nicht nur das, er beeinflusst auch unsere Psyche positiv. Seine Nervenvitamine B_1 und B_6, aber auch seine psychotropen Botenstoffe machen einfach gute Laune. Diese Erkenntnis ist nicht neu, heißt es doch im Volksmund: »Dich sticht wohl der Hafer.«

Für 45 – 50 Stück

125 g Butter
(vegan: Pflanzenmargarine)
50 g kandierter Ingwer
120 g fein gemahlener Dinkel
200 g Haferflocken
120 g Vollrohrzucker
1½ TL Natron oder Pottasche
1 TL Zimt
4 EL Milch oder Apfelsaft

So wird's gemacht:

1) Butter (Pflanzenmargarine) in einem Topf schmelzen. Kandierten Ingwer sehr fein hacken (am besten mit dem elektrischen Hackmesser). Die trockenen Zutaten in einer Schüssel mischen, Butter, Milch und Ingwer hinzugeben und zu einem Teig kneten.
2) Den Teig 20 Minuten bei Zimmertemperatur stehen lassen.
3) Mit einem Teelöffel kleine Häufchen abstechen und auf ein mit Backpapier ausgelegtes Blech geben. Im vorgeheizten Ofen bei 190 – 200 °C (E)/ 175 – 180 °C(H) 10 – 12 Minuten backen.

Orangen-Kokos-Kekse

»Wer hat die Kokosnuss geklaut ...«. Nicht nur in dem Kinderlied ist die Kokosnuss von allen Nüssen die auffälligste und exotischste. Dabei schmeckt sie nicht nur gut und erfrischend, sondern ist auch noch gesund. Mit ihren vielen Mineralien und ihrem hohen Gehalt an Vitamin A, C, D und E und den Vitaminen des B-Komplexes stärkt die Kokosnuss Magen, Darm, Nerven und Herz. Zudem ist sie leicht verdaulich, harntreibend und mild abführend. Roh gegessen stärkt sie sogar das Zahnfleisch. Kein Wunder, dass sie selbst bei den Affen so begehrt ist ...

Für 45 – 50 Stück

250 g fein gemahlener Dinkel
50 g Maisstärke
120 g Vollrohrzucker
125 g kalte Butter
(vegan: Pflanzenmargarine)
(eventuell 1 Msp Natron)
100 g feine Kokosflocken
50 g fein gehacktes Orangeat
1 EL Orangenmarmelade
4 EL frisch gepresster Orangensaft
geriebene Schale einer ungespritzten Orange
Fett für das Blech

So wird's gemacht:

1) Alle Zutaten rasch miteinander zu einem Mürbteig kneten, zu einer langen Rolle formen und in Frischhaltefolie eingewickelt 30 Minuten kalt stellen.
2) Die Rolle in dünne Scheiben schneiden und auf ein gefettetes Backblech legen. Bei 200 °C (E)/175 °C (H) 10 – 12 Minuten backen.

Tipp: Wer die Kekse noch hübsch verzieren möchte, kann sie nach 8 – 10 Minuten aus dem Ofen holen, mit Orangenmarmelade bepinseln und Kokosflocken bestreuen und dann für weitere 2 – 3 Minuten fertig backen. Oder man bestreicht die Kekse einfach nach dem Backen mit Orangenglasur (s. S. 174).

Orangenkekse mit Carobraspeln

Das Geheimnis dieser Kekse liegt in den Carobraspeln und der geriebenen Orangenschale. Sie verleihen den Keksen die ganz besondere Geschmacksnote. Wer auf seine Gesundheit achtet, sollte allerdings nur ungespritzte Orangen nehmen. Denn nur die ätherischen Öle ungespritzter Schalen wirken erfrischend und sogar keimtötend.

Für etwa 35 Stück

200 g fein gemahlener Dinkel
1 TL Natron oder Pottasche
125 g Vollrohrzucker
125 g kalte Butter
(vegan: Pflanzenmargarine)
abgeriebene Schale einer unbehandelten Orange
4 EL Orangensaft
50 g Carobraspel

So wird's gemacht:

1) Alle Zutaten rasch zu einem glatten Teig kneten und mit einem Teelöffel kleine Häufchen abstechen.
2) Die Häufchen nicht zu dicht nebeneinander auf ein mit Backpapier ausgelegtes Blech legen, da sie während des Backens noch etwas zerlaufen. Im vorgeheizten Backofen bei 190 °C (E)/175 °C (H) 8 – 12 Minuten backen.

Tipp: Carobraspel erhalten Sie im Bioladen oder Reformhaus.

Schwarz-Weiß-Gebäck

Dieser Verwandlungskünstler in Schwarz-Weiß lässt sich in vielen Variationen backen, mal mit Spiral-Muster (wie unten angegeben), mal mit Schachbrett-Muster, mal mit schwarz-weißen Zöpfchen oder auch als runde, dunkle Taler mit weißem Rand.
Wie in vielen anderen Rezepten ist auch hier Dinkel das Getreide der Wahl. Betrachtet man die ideale Kombination von Vitaminen, organischen Mineralien, Spurenelementen, Kohlenhydraten, Fetten und Ballaststoffen, so versteht man schnell, warum Hildegard von Bingen ihn »das Getreide für den Menschen« nannte. All dies macht ihn auch in der Medizin so wertvoll. Bei Magen-Darm-Beschwerden, Stoffwechselerkrankungen, Allergien, zur Stärkung und sogar bei psychischen Erkrankungen hilft Dinkelkost als Basistherapie.

Für etwa 45 Stück

200 g fein gemahlener Dinkel
65 g Vollrohrzucker
2 EL Birnendicksaft oder Ahornsirup
125 g Butter
(vegan: Pflanzenmargarine)
1 – 2 EL Carob
Fett für das Blech

So wird's gemacht:

1) Vollkornmehl, Vollrohrzucker, Birnendicksaft und Butter (Pflanzenmargarine) zu einem Teig kneten. Ein Drittel des Teiges abnehmen und den Carob darunter kneten. Beide Teige für 10 Minuten kalt stellen.
2) Den dunklen und den hellen Teig jeweils zwischen Silikonback- bzw. Frischhaltefolien zu einer rechteckigen Platte ausrollen. Die helle Platte mit kaltem Wasser bepinseln, die dunkle darauf legen, leicht andrücken und die überstehenden Ränder abschneiden.
3) Teig nun von einer Seite her aufrollen und dabei darauf achten, dass keine Zwischenräume entstehen. Die Rolle in Folie eingepackt 30 Minuten kalt stellen.
4) Rolle in dünne Scheiben schneiden, auf ein gefettetes Backblech legen und im vorgeheizten Ofen bei 190 °C (E)/ 175 °C (H) etwa 10 – 15 Minuten backen.

Cashewtaler

Cashewnüsse schmecken nicht nur gut, sondern besitzen auch wichtige Heilwirkungen. Ayurveda-Ärzte setzen sie gerne bei Anämie und Magersucht ein, aber auch, um die Abwehrkraft des Organismus zu stärken. Nebenbei sind ihre B-Vitamine reinstes Gehirn- und Nervenfutter.

Für 90 – 100 Taler

Für den Teig:

350 g fein gemahlener Dinkel oder Weizen
½ TL Pottasche (Kaliumkarbonat)
200 g gesiebter Vollrohrzucker
60 g gemahlene Cashewnüsse
250 g Butter (vegan: Pflanzenmargarine)

Für die Verzierung:

ca. 100 Cashewnusshälften
eventuell etwas Sahne

So wird's gemacht:

1) Vollkornmehl mit Pottasche, gesiebtem Vollrohrzucker und gemahlenen Cashewnüssen mischen und rasch mit der Butter (Pflanzenmargarine) zu einem glatten Teig kneten. Eine Rolle formen und in Frischhaltefolie gewickelt für mindestens 30 Minuten kalt stellen.
2) Dünne Scheiben von der Teigrolle abschneiden, jeden Taler mit einer Cashewnusshälfte dekorieren und eventuell mit etwas Sahne bepinseln.
3) Im vorgeheizten Ofen bei 200 °C (E)/ 180 °C (H) 10 – 12 Minuten backen.

Nürnberger Lebkuchen

»Das Land, in dem der Pfeffer wächst« – damit meinte man im Mittelalter Indien. Denn damals bezeichnete man alle fremden Gewürze schlicht und einfach als Pfeffer, und Indien war das Königreich der Gewürze. Aus dieser Zeit hat sich in manchen Gegenden noch der Name Pfefferkuchen für dieses traditionelle Weihnachtsgebäck erhalten. Zumindest von ihrer Wirkung her haben Gewürze wie Nelken, Zimt, Muskat, Kardamom usw. eine Ähnlichkeit mit Pfeffer: Sie erwärmen den Körper. Kein Wunder, dass sie in der winterlichen Bäckerei so gerne verwendet werden, denn all diese Gewürze heizen uns in der kalten Jahreszeit von innen ein.

Für 30 runde oder
15 rechteckige Lebkuchen

Für den Teig:

5 EL Sojamehl und 10 EL Wasser oder Milch als Ei-Ersatz oder Ei-Ersatz für 5 Eier (aus dem Reformhaus)
200 g Vollrohrzucker
½ TL gemahlene Bourbon-Vanille
je 1 Msp Nelken, Kardamom, Macis (Muskatblüte)
1 TL Zimt
250 g fein gemahlener Dinkel
1 TL Natron
etwa 4 EL Sahne oder Wasser
200 g gemahlene Mandeln
50 g grob gehackte Mandeln
100 g fein gehacktes Zitronat oder Orangeat

Für die Verzierung:

gehäutete Mandelhälften und Aprikosenmarmelade (für den Glanz)
oder Glasur nach Wahl (s. S. 172)

So wird's gemacht:

1) Die entsprechende Menge Wasser und Sojamehl bzw. Ei-Ersatz für 5 Eier nach Anleitung mit einem Handrührgerät in der Rührschüssel schaumig schlagen. Vollrohrzucker und Gewürze dazurieseln lassen.
2) Mehl mit Natron mischen und löffelweise im Wechsel mit der Sahne unterrühren. Mandeln und Zitronat unterheben. Die Teigmasse auf runde oder rechteckige Oblaten streichen (dazu das Messer immer wieder in kaltes Wasser tauchen). Die Lebkuchen mit Mandelhälften verzieren (oder nach dem Backen mit Glasur nach Wahl bepinseln).
3) Bei 180 – 200 °C (E)/160 – 175 °C (H) 25 – 30 Minuten backen.
4) Verzierte Lebkuchen mit heißer Aprikosenmarmelade bepinseln (für den Glanz) bzw. nicht verzierte Lebkuchen glasieren.

Tipp: Schön weich werden die Lebkuchen, wenn Sie sie zusammen mit einem Apfel für mindestens eine Woche in einer Dose aufbewahren. Also rechtzeitig anfangen zu backen!

Knusprige Ingwerchips

Der Ayurveda kennt Ingwer sowohl als Gewürz als auch als Heilmittel. Denn die Natur hat ihm eine geballte Ladung von Bitterstoffen und ätherischen Ölen mitgegeben. Damit unterstützt Ingwer die Verdauung und hilft vor allem in der kalten Jahreszeit bei Halsschmerzen, Husten und Erkältung.

Für etwa 30 Stück

Für den Teig:

150 g fein gemahlener Dinkel
100 g gesiebter Vollrohrzucker
75 g Butter
(vegan: Pflanzenmargarine)
2 EL Ahornsirup
50 g fein gehackter, kandierter Ingwer

Für die Glasur:

Carobglasur (s. S. 172)

So wird's gemacht:

1) Alle Zutaten in eine Schüssel geben und rasch zu einem Mürbteig kneten. Kleine Kugeln formen, auf ein mit Backpapier ausgelegtes Blech legen und ganz flach drücken (sie sollten sehr dünn sein).
2) Im vorgeheizten Backofen bei 190 – 200 °C (E)/175 – 180 °C (H) für 5 – 6 Minuten backen.
3) Ingwerchips noch warm vom Blech nehmen, über die Stiele von Holzkochlöffeln legen, rundbiegen und darauf auskühlen lassen, bis sie starr geworden sind. Dadurch erhalten sie ihre schön geschwungene Form.
4) Die Ingwerchips zur Hälfte in die selbst gemachte Carobglasur tauchen.

Mandelröschen

Mandelröschen erfreuen im doppelten Sinne die Augen. Sie sind nicht nur schön anzuschauen, sondern auch gut für Augen, Gehirn und Nerven. Nicht umsonst heißt es im Ayurveda, dass Mandeln Lebenskraft schenken. Ähnlich gesund ist das Rosenwasser der »Röschen«. Der Ayurveda verwendet es schon lange zur Stärkung von Herz, Augen, Zahnfleisch und Haut.
Falls Sie zu den glücklichen Besitzern von ungespritzten Rosenstöcken gehören, sollten Sie unbedingt einmal Ihre eigene Rosenkonfitüre einkochen. Denn Rosenkonfitüre ist mehr als eine Versuchung.

Für etwa 55 Stück

Für den Teig:
250 g fein gemahlener Dinkel oder Weizen
75 g Roh-Rohrzucker oder Vollrohrzucker
200 g Butter (vegan: Pflanzenmargarine)
1 EL Sahne oder Rosenwasser
1 TL Rosenwasser

Für die Füllung und Verzierung:
eventuell etwas Sahne
40 g Mandelblättchen
100 g Johannisbeergelee oder Rosenkonfitüre

So wird's gemacht:

1) Alle Zutaten rasch zu einem Teig kneten und für 1 Stunde kalt stellen. Den Teig auf einer bemehlten Arbeitsfläche ausrollen und mit runden Ausstechförmchen ausstechen.
2) Die Hälfte der Plätzchen eventuell mit Sahne bepinseln und mit Mandelblättchen belegen. Mandelblättchen leicht andrücken und die Kekse auf ein mit Backpapier ausgelegtes Blech legen. Im vorgeheizten Backofen bei 190 °C (E)/175 °C (H) 10 – 12 Minuten backen.
3) Die Plätzchen ohne Mandeln mit einem Klecks Füllung versehen und die Deckelchen (mit Mandelblättchen) darauf setzen.

Dattel-Mandel-Kekse

Datteln sind die wahren Schatzkästchen der Wüste, sind sie doch äußerst reich an Calcium, Eisen, Kalium und B-Vitaminen. All diese Inhaltsstoffe machen Datteln nicht nur sehr nahrhaft und leicht verdaulich, sondern beruhigen auch »flatternde« Nerven und regen bei geistiger Arbeit positiv an.

Für etwa 70 Stück

200 g frische Datteln
100 g Mandeln
250 g gemahlener Dinkel
125 g kalte Butter
(vegan: Pflanzenmargarine)
100 g gesiebter Vollrohrzucker
1 Msp Natron oder Pottasche
1 EL Joghurt oder Fruchtsaft
2 EL Zitronensaft

Zimt- oder Zitronenglasur (s. S. 174)

1) Datteln waschen, entkernen und fein hacken oder pürieren. Mandeln hacken und mit allen anderen Zutaten zu einem glatten Teig kneten, zu einer viereckigen Rolle formen, in Frischhaltefolie wickeln und 30 Minuten kalt stellen.
2) Die Rolle in dünne Scheiben schneiden, auf ein gefettetes Backblech legen und im vorgeheizten Ofen bei 190 °C (E)/175 °C(H) 12 – 15 Minuten backen.
3) Nach Belieben mit Zimtglasur oder Zitronenglasur bestreichen.

Tipp: Probieren Sie auch einmal 100 g fein gehackte, grüne Kürbiskerne anstelle der Mandeln.

Walnuss-Nougat-Taler

Täglich einige Nüsse sind gut für Herz und Gefäße. Das gilt auch für Walnüsse. In kleinen Mengen genossen haben sie eine positive Wirkung, sowohl auf das Gehirn und Nervensystem als auch auf das allgemeine Wohlbefinden. Ihr hoher Anteil an Zink und Kalium stärkt die Leber, die Haare und den Herzmuskel. Ihre ungesättigten Fettsäuren senken den Cholesterinspiegel im Blut und schützen damit vor Arteriosklerose.

Für etwa 25 – 30 Stück

Für den Mürbteig:
200 g gemahlener Dinkel oder Weizen
1 Msp Natron oder Pottasche
100 g Butter
100 g gesiebter Vollrohrzucker
1 EL Birnendicksaft
70 g gemahlene Walnüsse
20 g gemahlene Haselnüsse
1 Msp Zimt
2 Tropfen Bittermandelöl
Fett für das Blech

Für die Nougatfüllung:
100 g Haselnüsse
1 EL Carob
2 EL Honig
1 – 2 EL Ahornsirup

Für die Verzierung:
etwa 30 ganze Haselnüsse

So wird's gemacht:

1) Alle Zutaten für den Teig rasch verkneten und 30 Minuten kalt stellen.
2) Die Haselnüsse auf ein Blech verteilen und bei 200 °C rösten, bis die Häutchen gesprungen sind (etwa 10 Minuten).
3) Teig zwischen zwei Silikonback- bzw. Frischhaltefolien dünn ausrollen, mit runden (3 cm Durchmesser) Förmchen ausstechen und auf ein mit Backpapier ausgelegtes Blech legen. Im vorgeheizten Ofen bei 190 – 200 °C (E)/175 – 180 °C (H) 10 –15 Minuten backen.
4) Schale der abgekühlten Haselnüsse zwischen den Händen abreiben, die Nüsse sehr fein mahlen und mit Carob, Honig und Ahornsirup zu Nougat verarbeiten.
5) Auf die Hälfte der Taler etwas Nougat geben und diese mit der anderen Hälfte der Taler bedecken. Die Doppeltaler zum Schluss noch mit einer kleinen Kugel Nougat verzieren und eine ganze (geröstete) Haselnuss darauf setzen.

Amaretti (Italienische Mandelmakronen)

Wer Italien und seine Küche näher kennt, hat bestimmt schon Bekanntschaft mit Amaretti geschlossen. Veganer müssen auf die knusprigen Makronen allerdings nicht verzichten – dieses Rezept zeigt, wie überflüssig Eier in der Küche sind.
Bei diesen Mandelmakronen übernimmt Sojamehl die Bindefunktion – das Ergebnis kann sich wirklich sehen und schmecken lassen. Probieren Sie es ruhig einmal selbst.

Für etwa 45 – 50 Stück

300 g Mandeln
6 Bittermandeln
300 g fein gemahlener Vollrohrzucker oder Roh-Rohrzucker
1 TL gemahlene Bourbon-Vanille
3 EL Soja-Vollmehl
8 EL (= 120 ml) Milch oder Wasser
½ TL Pottasche
kleine Oblaten (44 mm Durchmesser)

So wird's gemacht:

1) Am besten am Vorabend Mandeln in kochendheißes Wasser geben und 2 Minuten ziehen lassen. Mit kaltem Wasser abschrecken, Schale abziehen und auf einem Tuch ausgebreitet trocknen lassen.
2) Alle Mandeln fein mahlen, mit der Hälfte des Vollrohrzuckers und der Vanille mischen.
3) Soja-Vollmehl mit Milch (bzw. Wasser) und Pottasche in einen Rührbecher geben und mit dem Schneebesen des Handrührgerätes schaumig schlagen. Die andere Hälfte des Vollrohrzuckers nach und nach hineinrieseln lassen. Nun die Mandel-Zucker-Mischung unterrühren.
4) Da der Teig relativ klebrig ist, mit zwei kleinen Teelöffeln kleine Häufchen auf die Oblaten setzen und diese auf ein mit Backpapier ausgelegtes Blech legen. (Sie können die Makronen auch direkt auf das Backpapier setzen – ohne Oblaten.)
5) Makronen bei 175 °C (E)/155 °C (H) 20 – 25 Minuten backen. Danach sofort vom Blech nehmen.

Spekulatiuskekse

Winterzeit ist Spekulatiuszeit – nicht zuletzt wegen der Ingredienzen dieses Gebäcks. Denn nach dem Ayurveda steigern Kardamom, Nelken und Macis das Feuerelement (Pitta). Das fördert die Verdauung, regt den Appetit an und ist schleimlösend. Spekulatius sind in der Tat die optimalen »Aufwärmer« für kalte Wintertage. Original-Spekulatiuskekse macht man seit alters her mit Holzmodeln, die Sie in Haushaltsgeschäften erhalten. Doch es geht auch ohne Modeln. Mit beliebigen Ausstechformen oder einer Kekspresse lassen sich ebenfalls verschiedene schöne Formen zaubern.

Für 45 Plätzchen oder 30 Modeln

250 g fein gemahlener Dinkel
125 g kalte Butter
(vegan: Pflanzenmargarine)
1 Msp Natron oder Pottasche
125 g fein gemahlener Vollrohrzucker
200 g fein gemahlene Mandeln
1½ EL Rosenwasser
1 TL Zimt
¼ TL gemahlener Kardamom
1 Msp gemahlene Nelken
1 Msp Macis (gemahlene Muskatblüte)

So wird's gemacht:

1) Alle Zutaten in einer Schüssel mischen, rasch zu einem Mürbteig kneten und zugedeckt für 2 – 3 Stunden kalt stellen, bis der Teig fest ist.
2) Holzmodeln leicht mit (weißem) Mehl bestäuben (dadurch lösen sich die Teigfiguren später besser heraus). Den kalten Teig in kleine Portionen teilen. Nur immer eine Portion ausrollen, während der restliche Teig kalt gestellt wird. Kleine Teigstücke in die Modeln drücken, überstehenden Teig abschneiden und die Figuren auf ein mit Backpapier ausgelegtes Blech stürzen.
3) Im vorgeheizten Ofen bei 180 °C (E)/ 165 °C (H) 10 – 15 Minuten backen und danach gleich auf einem Kuchengitter auskühlen lassen.

Biscotti di Prato (Mandelzwieback aus der Toskana)

Knusprig, knackig und klein sind diese italienischen Mandelzwiebacke – ein herrliches Gebäck zu heißer Milch oder heißem Kräutertee. Es stimmt schon: Nüsse gehören zu den wertvollsten Geschenken, die uns Mutter Natur gemacht hat. Auch in der Natur- und Vollwertküche sind sie heute unentbehrlich. Mandeln bilden da keine Ausnahme, sie sind ebenfalls ein Energiespender par excellence. Und so ganz nebenbei liefern sie noch reichlich Vitamin A, B und C sowie viele Mineralien wie Kalium, Calcium, Eisen, Phosphor und Schwefel.
In einer Dose aufbewahrt halten sie sich lange frisch – vorausgesetzt, sie werden nicht von Naschkatzen entdeckt.

Ergibt 50 – 60 Stück

Für den Teig:

Ei-Ersatz für 3 Eier (bzw. 3 EL Sojamehl und 6 EL Wasser)
2 EL gesiebtes Sojamehl
170 g Roh-Rohrzucker
300 g fein gemahlener Dinkel
1 Msp Meersalz
1 TL Natron oder Pottasche
6 Tropfen Bittermandelöl
150 g Mandeln

Zum Bestreichen:

etwas frische Sahne oder Wasser

So wird's gemacht:

1) Ei-Ersatz für 3 Eier (aus dem Reformhaus) mit der entsprechenden Menge kalten Wassers in einer Rührschüssel mit dem Handrührgerät steif schlagen, das Sojamehl hineinsieben und den Zucker nach und nach unter ständigem Rühren hineinrieseln lassen.
2) 100 g der Mandeln fein mahlen, 50 g grob hacken. Mehl mit Salz mischen und ebenfalls löffelweise darunter rühren. In den letzten Rest des Mehls das Natron untermischen. Bittermandelöl und Mandeln dazugeben und alles mit dem Handrührgerät gut durchrühren. Die Masse ist jetzt sehr fest und klebrig.
3) Teigmasse auf eine leicht bemehlte Arbeitsfläche geben und zu drei Rollen von je 30 cm Länge und 2½ cm Durchmesser formen. Die Teigrollen in etwas Mehl rollen, bis sie nicht mehr kleben.
4) Die Rollen auf ein mit Backpapier ausgelegtes Backblech legen, mit Sahne oder Wasser bestreichen und bei 180 °C (E)/165 °C (H) 20 Minuten backen.
5) Die leicht abgekühlten, jedoch noch nicht fest gewordenen Rollen in 12 mm dicke Scheiben schneiden, mit genügend Abstand auf das Backblech legen und für weitere 5 Minuten backen (bis die Schnittkante trocken ist).

Tipp: Anstelle der Mandeln können Sie auch Haselnüsse verwenden. Und am besten schmecken die Biscotti, wenn Sie sie – wie in Italien – eintauchen, z. B. in Getreidekaffee, Milch oder Kräutertee.

Sesamkekse

Das Krümelmonster aus der Sesamstraße hätte seine Freude an diesen Keksen. Sesam ist ein wichtiger Calciumlieferant: 40 g ungeschälter Sesam hat so viel Calcium wie ein halber Liter Milch. Auch der Ayurveda kennt die Heilwirkungen von Sesam: Sesam energetisiert Pitta sanft und wird als verjüngendes und stärkendes Tonikum für Vata-Konstitutionen empfohlen. Darüber hinaus wirkt sich sein hoher Lecithingehalt positiv bei nervösen Erschöpfungszuständen aus.

Für 75 knusprige Kekse

300 g fein gemahlener Dinkel
125 g Butter
175 g Vollrohrzucker
90 g ungeschälter Sesam
1 TL gemahlene Bourbon-Vanille
2 – 3 EL Joghurt
Fett für das Blech

So wird's gemacht:

1) Alle Zutaten rasch zu einem Mürbteig verkneten, zwei Rollen daraus formen und in Frischhaltefolie eingewickelt 30 Minuten kalt stellen.
2) Die Rollen in dünne Scheiben schneiden und diese auf ein gefettetes Backblech legen. Sie können den Teig auch ausrollen und Sterne ausstechen. Bei 200 °C (E)/180 °C (H) für 10 – 12 Minuten backen.

Tipp: Als Variation können Sie noch 1 Msp Nelkenpulver und 1 Msp Macis (Muskatblüte) beimengen.

Sonnenblumen-Nuss-Häufchen

Sonnenblumenkerne sind eine wahre Powernahrung für Organismus und Gehirn – gerade das Richtige für viele von uns. Ihr hoher Anteil an ungesättigten Fettsäuren, insbesondere Linolsäure, machen sie aber auch für unsere Blutgefäße sehr wertvoll. Bei diesem Rezept können Sie Ihre Kreativität einmal richtig spielen lassen: mal mit Nüssen, mal mit Rosinen oder Gewürzen, mal als Plätzchen ausgestochen oder zu Häufchen aufs Blech gesetzt. Sonnenblumen-Nuss-Häufchen sind ein schnelles Rezept für kreative Verwandlungskünstler.

Für etwa 55 Stück

75 g Haferflocken
100 ml Milch, Wasser oder Fruchtsaft
100 g Haselnüsse
50 g Cashewnüsse
250 g fein gemahlener Dinkel
1 TL Natron oder Pottasche
125 g Vollrohrzucker
100 g Sonnenblumenkerne
150 g Butter (vegan: Pflanzenmargarine)
2 EL Zitronensaft
3 EL Ahornsirup oder Birnendicksaft
Fett für das Blech

Für die Verzierung:
ganze Haselnüsse, Sonnenblumenkerne oder halbierte Cashewnüsse

So wird's gemacht:

1) Haferflocken in Milch, Wasser oder Fruchtsaft einweichen. Nüsse mahlen, Haselnüsse anschließend rösten. Mehl, Natron, Vollrohrzucker, Nüsse und Sonnenblumenkerne in einer Schüssel miteinander mischen. (Falls Sie Pottasche verwenden, diese in der Flüssigkeit auflösen.) Die Butter (Pflanzenmargarine) mit den trockenen Zutaten verkrümeln. Dann Haferflocken, Zitronensaft und Ahornsirup dazugeben und alle Zutaten miteinander verkneten.
2) Mit den Fingern kleine Häufchen vom Teig »reißen« und auf ein gefettetes Blech setzen. Mit Nüssen oder Sonnenblumenkernen verzieren.
3) Im vorgeheizten Ofen bei 190 °C (E)/ 175 °C (H) etwa 12 Minuten backen.

Lebkuchenteig zum Ausstechen

Lebkuchen als essbarer Weihnachtsschmuck, hier ist das Rezept: Mit Carobglasur, Mandelkernen, Walnüssen oder (Vollrohr-)Zuckerguss verziert, sehen sie nicht nur ansprechend aus, sondern schmecken auch gut. Im Gegensatz zu weißem Zucker ist Vollrohrzucker ein gesundes Süßungsmittel. Er enthält noch alle Nährstoffe des Zuckerrohrs, wie Vitamin A und B sowie Calcium, Kalium, Schwefel, Eisen und Phosphor. Vollrohrzucker regt den Stoffwechsel an und stärkt Herz, Leber und den ganzen Körper.

Für 30 Lebkuchen

Für den Teig:
100 g Vollrohrzucker
100 g Butter (vegan: Pflanzenmargarine)
250 g Zuckerrübensirup oder Apfelkraut
500 g fein gemahlener Dinkel
1½ TL Natron
2 TL Lebkuchengewürz
2 TL Zimt
je 1 Msp Nelken, Kardamom, Piment
2 EL Carob
abgeriebene Schale je einer ungespritzten Zitrone und Orange
2 EL Rosenwasser
eventuell 2 EL Wasser oder Milch
Fett für das Blech

Für die Glasur:
Aprikosenmarmelade
Carob-Wasser-Glasur (s. S. 172)

Tipp: Bewahren Sie die Lebkuchen in einer Dose zusammen mit einem Apfel auf. Sie werden nämlich erst nach 1 – 2 Wochen weich und so richtig schmackhaft.

So wird's gemacht:

1) Vollrohrzucker mit Butter (Pflanzenmargarine) und Sirup bzw. Apfelkraut erwärmen, bis sich der Zucker vollständig aufgelöst hat. Anschließend abkühlen lassen. Dinkelvollkornmehl mit Natron, Gewürzen, Carob, Zitronen- und Orangenschale mischen.
2) Nun die Zucker-Butter-(Pflanzenmargarine-)Mischung mit Rosenwasser verrühren und mit der Mehlmischung zu einem glatten, festen Teig verarbeiten (eventuell noch 1 – 2 EL Wasser oder Milch hinzufügen). Über Nacht stehen lassen.
3) Lebkuchenteig auf leicht bemehlter Fläche ¾ cm dick ausrollen und beliebige Formen oder große Sterne ausstechen. Lebkuchen auf ein gefettetes Blech legen und bei 180 °C (E)/ 165 °C (H) 20 – 25 Minuten backen.
4) Die Lebkuchen mit heißer Aprikosenmarmelade bepinseln, trocknen lassen und mit Carob-Wasser-Glasur bestreichen (eventuell mit Mandelblättchen o. Ä. verzieren). Oder eine Zuckerglasur aufspritzen und mit Nüssen verzieren.

Glasuren für Kuchen und Gebäck

»Grundierung«: Bevor Sie eine der Glasuren auswählen, sollten Sie Ihr Gebäck mit heißer Aprikosenmarmelade bestreichen. Das macht alles saftiger, hält länger frisch und lässt die Glasuren (besonders Carobglasuren) noch schöner glänzen.
Die jeweilige Glasur sollte eine dickflüssige Konsistenz haben und schnell verarbeitet werden. Die Mengenangaben sind Richtlinien, manchmal jedoch benötigen Sie noch etwas mehr Wasser oder Saft bzw. Vollrohrzucker oder Carob, um die richtige Konsistenz zu erreichen.

Carob-Wasser-Glasur

50 g fein gemahlener Vollrohrzucker
2 EL (20 g) Carob
2 EL (20 ml) heißes Wasser
½ TL geschmolzenes Kokosfett (bzw. Butterschmalz oder Ghee)

Vollrohrzucker in der Kaffeemühle fein mahlen. Mit Carob und heißem Wasser verrühren. Nun das geschmolzene Fett hineinträufeln lassen und schnell unterrühren. Die Glasur braucht auf dem Gebäck etwas Zeit zum Trocknen!

Carobglasur

50 g Kokosfett
20 g fein gemahlener Vollrohrzucker
20 g (2 EL) Carob

Kokosfett schmelzen, Vollrohrzucker in der Kaffeemühle fein mahlen und mit dem Carob unter das Kokosfett rühren. Glasiertes Gebäck, das kurz in den Kühlschrank gestellt wird, wird schnell fest und trocken.

Schnelle Carobglasur

50 – 100 g Carobraspel
(aus dem Reformhaus)
½ TL Kokosfett
(oder Butterschmalz bzw. Ghee)
Aprikosenmarmelade

Carobraspel und Kokosfett in einem kleinen Topf im Wasserbad unter Rühren erwärmen, bis sie schmelzen. Sofort auf das jeweilige (mit Aprikosenmarmelade bestrichene) Gebäck pinseln. Ohne Aprikosenmarmelade sieht diese Glasur stumpf aus.

Variationen für Carobglasuren:

Carob-Zimt-Glasur

½ TL Zimt zu der gewählten Carobglasur hinzufügen.

Carob-Pfefferminz-Glasur

Fünf Tropfen Pfefferminzöl hinzufügen.

Carob-Rum-Glasur

Fünf Tropfen Rumaroma hinzufügen.

Carob-Orangen-Glasur

Abgeriebene Schale einer halben unbehandelten Orange hinzufügen.

Haselnussglasur

30 g Haselnüsse
50 g fein gemahlener Vollrohrzucker
1 EL (10 g) Carob
2 – 3 EL (20 – 30 ml) heißes Wasser
(eventuell einige Tropfen Bittermandelöl und/oder Rum-Aroma)

Haselnüsse rösten und sehr fein mahlen. Vollrohrzucker in einer Kaffeemühle fein mahlen. Alle Zutaten mischen und mit heißem Wasser verrühren.

Zimt- oder Vanilleglasur

1 – 2 EL heißes Wasser
50 g fein gemahlener Vollrohrzucker
½ TL Zimt oder gemahlene Bourbon-Vanille

Heißes Wasser mit Vollrohrzucker, Zimt oder Vanille verrühren. Gebäck bestreichen.

Kirschglasur

1 – 2 EL Kirschsaft (oder Johannisbeersaft)
50 g fein gemahlener Vollrohrzucker

Heißen Saft mit Vollrohrzucker verrühren und damit das Gebäck bestreichen.

Mandarinen- / Orangen- / Zitronenglasur

frisch gepresster Saft einer Mandarine, Orange oder Zitrone
50 g fein gemahlener Vollrohrzucker

Saft in einem Töpfchen erwärmen, Zucker hineinstreuen, verrühren und das Gebäck damit bestreichen.

Anhang: Kleine Warenkunde

Vegetarischer Ei-Ersatz

Auf Eier kann problemlos verzichtet werden, denn eifreie Bindemittel gibt es genug.

Ei-Ersatz (pflanzlich)

Im Reformhaus oder Naturkostladen gibt es einen speziellen Ei-Ersatz zum Backen. Mit etwas Erfahrung und Experimentierlaune können Sie jedoch bald schon auf ihn verzichten. Beachten Sie die jeweilige Herstelleranleitung.
Vorsicht: Das Produkt »Dotter-frei« ist kein Ei-Ersatz. Lediglich der cholesterinhaltige Dotter wurde entfernt, das Eiweiß des Eies ist immer noch enthalten.

Sojamehl

Sojamehl ist ein effektiver Ei-Ersatz. Es besitzt einen leicht nussartigen Geschmack und eignet sich hervorragend zum Backen und Binden von Saucen, Suppen und Eintöpfen.
1 EL Sojamehl + 2 EL Wasser (bzw. Milch) = Ersatz für ein Ei.
Speziell für **Rührteig** (z. B. Nusskuchen) und zum »Überkrusten« (z. B. Rhabarberkuchen mit Nussgratin) ist Sojamehl eine wunderbare Alternative. Sojamehl aus dem Naturkostladen und Reformhaus ist gentechnikfrei.
Bei **Pfannkuchenteig** kann man auf Ei völlig verzichten. Man rührt das Mehl einfach nur mit Milch und Mineralwasser (halb/halb) an und lässt den Teig vor dem Ausbacken ein wenig ruhen (s. Rezeptteil S. 138).
Selbst **Rührkuchen** lassen sich ohne Eier herstellen: Die Eimenge wird einfach durch Sahne, Milch oder ein Halb-Milch-Halb-Wasser-Gemisch und ein Triebmittel, wie selbst gemachtes Backpulver, ersetzt. Noch besser gelingt Rührkuchen jedoch mit Sojamehl als Ei-Ersatz (s. o.).
Bei **Mürbteigen** benötigt man ebenfalls kein Ei. Nehmen Sie einfach anstelle von einem Ei 1 EL kaltes Wasser oder Mineralwasser (für knusprigen Mürbteig) oder 1 EL Joghurt bzw. Sahne.
Hefeteig, Strudelteig, Blätterteig sind ohnehin die klassischen Teige ohne Ei. Sollten Sie in anderen Backbüchern auf Rezepte mit Ei stoßen, können Sie die Eier problemlos ohne jeden Ersatz weglassen.
Bei Tortenböden aus **Biskuitteig** werden die Eier mit Wasser und etwas mehr Triebmittel (s. S. 183) ersetzt.
Zum **Bestreichen von Backwaren** vor dem Backen können Sie anstelle von Eigelb einfach Wasser, Milch oder Sahne verwenden.

Frischkäse selbst gemacht (Panir)

Da zur Herstellung von herkömmlichem Hart-, Weich-, Frischkäse und Quark meist tierisches Lab (Enzym aus dem Magen geschlachteter Kälber) verwendet wird, steigen viele Vegetarier auf Panir (und Veganer auf Tofu bzw. Lopino) um. Panir heißt der Frischkäse, der schon seit Jahrtausenden in Indien hergestellt wird. Er hat einen angenehmen Geschmack, ist reich an Proteinen (Eiweiß) und sehr vielseitig verwendbar.

Diese Art Käse zu machen, ist die einfachste, schnellste und von allen Herstellungsarten die ergiebigste. Und nicht nur das, Panir ist auch der bekömmlichste Käse überhaupt.

Milchsorte

Für Panir nimmt man frische, im Idealfall unbehandelte Kuhmilch. Frische, Qualität und Fettgehalt der Milch beeinflussen das Ergebnis wesentlich. Je naturbelassener die Milch ist, desto besser wird der Käse, d. h., Rohmilch oder Vorzugsmilch direkt vom Bauern oder aus dem Naturkostladen oder Reformhaus liefern die besten Resultate. (Frischkäse aus Milch mit niedrigem Fettgehalt wird krümelig und hart. Aus der ohnehin gesundheitsbedenklichen H-Milch gelingt er erst gar nicht.)

Verwendung

Panir macht sich gut für Gemüse- und Reisgerichte, als herzhafter Brotaufstrich mit Gewürzen oder Kräutern, als Füllung für Aufläufe, Pfannkuchen, Lasagne, Canellonis, Brote oder auf Pizza. Doch auch als Grundlage für Käsekuchen, Tortenfüllungen (s. Pistazien-Marzipan-Torte S. 104), cremige Dips, Salate, Süßigkeiten (wie Sandesh, eine indische Süßigkeit) oder für pikante Snacks (wie Pakoras, Gemüsespieße im Teigmantel) passt er hervorragend.
Ihrer Kreativität sind keine Grenzen gesetzt. Sie können Panir zerkrümelt über Salat streuen, zum Überbacken verwenden, frittieren, anbraten, roh essen, marinieren, pürieren, in Würfel oder Scheiben schneiden oder in Olivenöl einlegen.

Wie viel Frischkäse erhalte ich aus der Milch?
1 l Milch ergibt 150 g Panir (oder 115 g, 10 Minuten gepresst).
2 l Milch ergeben 285 g Panir (oder 250 g, 10 Minuten gepresst).
(Zum Vergleich: 1 l Milch ergibt 40 – 70 g konventionellen Hartkäse oder 100 – 130 g konventionellen Weichkäse.)

Wie viel Zitronensaft brauche ich?

Milch	**frischer Zitronensaft**	
1 l	2 EL	(30 ml)
1½ l	3 EL	(45 ml)
2 l	4 EL	(60 ml)
2½ l	5 EL	(75 ml)
4 l	8 EL	(120 ml)

Benötigte Utensilien

Ein (Edelstahl-)Topf mit schwerem Boden, ein Baumwoll- oder Käsetuch (Baumwollwindel aus der Babyabteilung) und ein Sieb.

Und so wird's gemacht:

1) Den sauberen Topf mit kaltem Wasser ausspülen (damit die Milch nicht anbrennt!) und die Milch darin zum Kochen bringen. In der Zwischenzeit den Saft einer Zitrone (s. Tabelle) auspressen.
2) Wenn die Milch zu steigen beginnt, den Zitronensaft nach und nach hineingießen und mit einem Holzlöffel umrühren. Jetzt trennen sich die weißen, kleinen Käsestückchen von der gelbgrün schimmernden Molke. Wenn die Molke noch nicht klar ist, noch einmal leicht aufkochen lassen und – falls nötig – noch ein paar Tropfen Zitronensaft hineinträufeln.

3) Käsetuch über das Sieb legen und Sieb in eine Schüssel stellen, um die wertvolle Molke aufzufangen. Nun den Topfinhalt durch das Sieb gießen.
4) Anschließend Panir mit dem Käsetuch kurz unter fließendes, kaltes Wasser halten, Käsetuch an den vier Enden zusammenknoten, aufhängen und etwas abtropfen lassen (= **weicher Panir,** beispielsweise für Pistazien-Marzipan-Torte, s. S. 104) oder Käsetuch in den Sieb legen und mit einem schweren Gewicht (Stein oder gefüllter Topf) pressen (= **fester Panir** für z. B. Gemüsespieße im Teigmantel).

Verschiedene Gerinnungsmittel
Zitronensaft verleiht dem Käse einen leicht säuerlichen Geschmack.
Joghurt wird von manchen Köchen als Gerinnungsmittel bevorzugt, weil der Käse dann voll und weich wird. Bevor Sie jedoch den Joghurt in die kochende Milch geben, lösen Sie ihn in etwas warmer Milch. Für 1 l Milch benötigt man 8 – 9 EL Joghurt.
Saure Molke ist ebenfalls ein gutes Gerinnungsmittel. Man kann sie einen Tag nach ihrer Gewinnung zur Käseherstellung verwenden. Lässt man die Molke zwei Tage stehen, wird sie sauer und deswegen noch wirksamer. Man kann auch die Molke von abgehängtem Joghurt (Srikhand bzw. Joghurtquark) für diesen Zweck verwenden. Sie benötigen mindestens 300 ml saure Molke für 1 l Milch.
Zitronensäure (Citrat): Synthetisch hergestellte Zitronensäure sollte nicht verwendet werden, da sie störend in den Stoffwechsel des Menschen eingreift. Sie beeinträchtigt nicht nur die Knochen- und Blutbildung, sondern fördert auch die Aufnahme von Giftstoffen.

Noch ein paar praktische Tipps:
Achten Sie darauf, dass die Milch nicht anbrennt, dies verdirbt den guten Geschmack des Panir.
Verwenden Sie nicht unnötig viel Gerinnungsmittel. Sobald sich die Käsestückchen von der gelb-grünlichen Molke trennen, ist es genug. Der Panir neigt sonst zu säuerlichem Geschmack.
Die bei der Käseherstellung anfallende Molke sollte nicht fortgeschüttet werden. Sie lässt sich vielseitig weiterverwenden, z. B. für Suppen, Brotteige, Joghurt-Mix-Getränke und sogar als Spülmittel und Badezusatz.

Joghurtquark

Nicht nur in der indischen Küche ist der frische Joghurtquark (Shrikand) beliebt. Auch die Syrer und Griechen kennen und schätzen ihn. Und im Westen wird Joghurtquark zunehmend zum Geheimtipp für Genießer. Auch Vegetarier haben den selbst gemachten Joghurtquark entdeckt, der neben selbst gemachtem Quark eine labfreie Alternative für konventionellen Quark ist, der heutzutage meist tierisches Lab (Enzym aus dem Magen geschlachteter Kälber) enthält.

Joghurtquark selbst gemacht:
Einfacher geht es fast nicht mehr: Hängen Sie Joghurt in einem Käsetuch auf, bis keine Molke mehr heraustritt (1½ Liter Joghurt benötigen fünf bis acht Stunden).

Verwendung

Den fertigen Joghurtquark können Sie nun für das jeweilige Rezept als Quarkersatz (für z. B. Käsekuchen, Quark-Ölteig, Teigfüllungen usw.) verwenden oder als leckeres indisches Dessert (Shrikhand): Joghurtquark mit einem Süßungsmittel (s. S. 180) und einer pürierten Fruchtart (wie Erdbeeren, Mango, Himbeeren o. Ä.) oder aber mit Safran bzw. Carob vermischen. Wer es gerne reichhaltig mag, kann noch geschlagene Sahne unter den Joghurtquark heben.
Wenn Sie Joghurtquark lieber pikant aufs Brot mögen, dann würzen Sie ihn mit frischen Kräutern oder Gewürzen.

Lopino (Süßlupine)

Seit kurzem gibt es eine Alternative zu Sojaprodukten: eiweißreiche Lebensmittel aus der Süßlupine. Botanisch gesehen sind Lupine und Sojabohne enge Verwandte. Beide gehören zu den Leguminosen.

Herstellung

Die Herstellung ist sehr einfach. Die Süßlupinensamen werden gemahlen und mit Wasser versetzt. Die Masse wird gekocht, damit das Eiweiß gerinnt. Das Eiweiß wird abgeschöpft und gepresst – und fertig ist ein eierstichartiger Lupinen-»Tofu«.

Verwendung

Lopino macht sich gut mit Gewürzen als Brotaufstrich, in Suppen und Gemüsegerichten, aber auch für Füllungen, z. B. Torten (Erdbeer-Lopino-Torte s. S. 110).
Lopino in der Pfanne angebraten, gewürzt mit Gelbwurz (Kurkuma), Asafötida und Black Salt (Steinsalz), schmeckt und sieht aus wie Rührei. Lopino kann anstelle von Käse, Quark und Tofu verwendet werden.

Quark (selbst gemacht)

Herkömmlicher Quark wird vom Käser in der Molkerei oder Käserei aus Magermilch hergestellt. Nachdem die Magermilch mehrere Stunden lang mit Milchsäurebakterien (sog. Säureweckern) gesäuert wurde, wird ihr zur Gerinnung meist tierisches Lab zugesetzt. (Da dieses Lab aus dem Magen von geschlachteten Kälbern gewonnen wird, verwenden Vegetarier keinen Quark mit tierischem Lab. Sie greifen auf Quark mit pflanzlichem oder mikrobiellem Lab, das mit Hilfe von Mikroorganismen im Labor produziert wird, zurück.) Durch das Rühren der festen Milchgallerte scheidet sich Molke ab, die durch Zentrifugieren getrennt wird.
Die verschiedenen Fettstufen im Speisequark werden durch Mischung des Magerquarks mit einer entsprechenden Menge Rahm hergestellt.

Welches Lab?

99 % des heute angebotenen Quarks und Käses werden mit tierischem Lab hergestellt. Da Lab nicht deklariert werden muss, fragen Sie am besten direkt bei der betreffenden Molkerei nach.

Gesunder Quarkersatz

Wer Quark ersetzen will, kann selbst gemachten Joghurtquark (s. S.178) verwenden. Veganer oder Allergiker, die tierisches Eiweiß meiden müssen, können Quark durch cremig weichen oder pürierten Tofu oder Lopino ersetzen (s. Göttertraumkuchen S. 55, Erdbeer-Lopino-Torte, S. 110).

Und so wird's gemacht:
Es gibt zwei Methoden, Quark selbst herzustellen. Beide sind sehr einfach.

Quark aus Sauermilch (4 l Magermilch ergeben ca. 500 g Quark):

1) **Sauermilchherstellung:** Die traditionelle Methode zur Herstellung von Sauermilch haben wir in einem alten Kochbuch von Großmutter gefunden: Rohe Milch (Vorzugsmilch) entrahmen, um Magermilch zu bekommen. Die Magermilch in flache Schüsseln gießen, mit einem sauberen Tuch abdecken und an einem warmen (aber nicht sonnigen) Ort der Selbstsäuerung überlassen (zwei bis drei Tage). Die Sauermilch ist fertig, wenn sie in der ganzen Masse gallertartig fest geworden ist. Nicht völlig gesäuerte Milch ist unbekömmlich, ebenso zu alte Sauermilch, die aufgrund von Schimmelbildung bitter schmeckt.

Tipp: Damit die Säuerung der Milch schneller vor sich geht und in der Zwischenzeit keine anderen Bakterien den Geschmack des Quarks verändern, können Sie 3 EL Buttermilch oder Dickmilch verwenden (Molkereien nehmen so genannte Säurewecker; die Adresse zum Bezug von Säureweckern, mikrobiellem (nicht gentechnisch verändertem) Lab und anderem Zubehör zur Käseherstellung entnehmen Sie bitte dem Anhang S. 189).

2) **Quark aus Sauermilch:** Sauermilch handwarm (auf 37 °C) erwärmen, aber nicht kochen, damit sich die Molke absetzt. Wird die Sauermilch zu stark erwärmt, wird der Quark hart, bröselig und trocken. (Sichere Methode: Sie können dafür auch die angesäuerte Milch in den auf 50 °C angewärmten und wieder abgeschalteten Ofen stellen und für 30 Minuten darin stehen lassen.) Anschließend die Masse in ein mit einem Käsetuch ausgelegtes Sieb schöpfen und für etwa 2 Stunden abtropfen lassen. Die abgeschöpfte, gekühlte Sahne (Rahm) wieder unter den fertigen Quark geben.

Quark aus Frischmilch oder pasteurisierter Milch (1 l Milch ergibt ca. 200 – 300 g Quark):

1) Wenn Sie nur pasteurisierte Milch zur Hand haben oder den Vorgang zur Säuerung beschleunigen wollen, impfen Sie die Milch mit 3 EL Buttermilch oder Dickmilch. Mit einem Tuch abgedeckt, ist sie dann bei Zimmertemperatur (20 – 22 °C) in 18 – 24 Stunden gesäuert.
2) Nun die dicke saure Milch wie oben beschrieben für 30 Minuten auf 35 °C erwärmen (im abgeschalteten Ofen, der auf 50 °C erwärmt war). Dabei trennt sich die Molke vom Milcheiweiß. Nach 30 – 45 Minuten Quarkmasse vorsichtig in ein Käsetuch schöpfen und für zwei Stunden abhängen.

Süßungsmittel

Weißer Zucker macht krank. Das weiß inzwischen fast schon jedes Kind. Vitamin-B- und andere Mangelerscheinun-

gen bzw. -krankheiten werden von weißem, raffiniertem Fabrikzucker verursacht. Wer dennoch nicht auf Süßes verzichten will, findet zahlreiche gesunde und ebenso süße Alternativen.
Gehen Sie Schritt für Schritt zu alternativen Süßungsmitteln über. Sie werden merken, wie die abgestumpften Geschmacksnerven wieder so sensibel werden, dass sogar frisches Obst, wie Birne oder Banane, wieder zufriedenstellend süß schmeckt. Doch vergessen Sie auch bei gesunden Alternativen nicht: Zu viel tut selten gut.

Jaggery oder Gur

Jaggery ist der heruntergekochte Saft des Zuckerrohrs. Gur besteht aus dem heruntergekochten Saft von verschiedenen Palmenarten, wie Dattelpalme und Kokospalme. Trotz ihrer zahlreichen wertvollen Inhaltsstoffe sind Jaggery und Gur bei uns noch schwierig zu bekommen, erhältlich sind sie meist bei indischen Gewürzversendern oder -händlern (s. S. 189).
Küchentipp: Um Jaggery, der in festen oder pastenartigen Blöcken erhältlich ist, beim Backen und Kochen schneller zur Hand zu haben, gehen Sie folgendermaßen vor: **Lösen Sie Jaggery bei schwacher Hitze zunächst in einem Topf mit etwas Wasser auf (etwa 100 ml Wasser für eine 450-g-Packung).** Einige Minuten köcheln lassen und dann durch ein feines Sieb abseihen. Er hat nun die Konsistenz von sehr flüssigem Honig. In einem Schraubglas ist er am besten aufbewahrt; so können Sie ihn jederzeit zum Backen weiter verwenden. Nach dem Abkühlen dickt Jaggery noch etwas nach (wenn Sie jedoch genug Wasser dazugegeben haben, bleibt er wie flüssiger Honig). Kühl aufbewahren und bald verbrauchen.

Honig

Honig ist der von Bienen gesammelte Blütennektar. Um seine wertvollen Inhalts- und Heilstoffe nicht zu zerstören, sollte Honig niemals erhitzt werden (also auch nicht zum Backen verwenden!). Aus diesem Grund verwenden wir Honig nur für manche Konfekte, die nicht erhitzt werden (z. B. Honigmarzipan). Außerdem könnten die Bienen gar nicht so viel Honig sammeln, wenn der Honigkonsum jedes Einzelnen so hoch wäre wie der Zuckerverbrauch.

Trockenfrüchte

Trockenfrüchte, wie Rosinen, Datteln, Feigen usw., sind ebenfalls eine sehr gesunde Alternative zum Süßen, vor allem in Backrezepten, Konfekt, Obstsalaten oder zum Knabbern.

Vollrohrzucker

Eine ebenso wertvolle Süßungsalternative ist Vollrohrzucker, der aus dem eingedickten Saft des Zuckerrohres besteht. Man erhält ihn im Naturkostladen, Eine-Welt-Laden und Reformhaus unter den Handelsnamen Sucanat, Rapadura, Ursüße usw. Es gibt ihn dort aus kontrolliert biologischem Anbau.

Palmzucker

In Eine-Welt-Läden gibt es den unraffinierten Vollpalmzucker, der aus Palmblüten gewonnen wird. Palmzucker ist als feinkörniges Granulat erhältlich.

Roh-Rohrzucker

Auch Roh-Rohrzucker ist eine gute Alternative zum weißen Zucker. Er wird ähnlich wie Vollrohrzucker aus Zuckerrohr hergestellt. Sie erhalten ihn im Naturkostladen als Muskovado.

Achtung: Roh-Rohrzucker wird manchmal irrtümlich mit »Rohrzucker« verwechselt, eine etwas unglückliche Bezeichnung für den gesundheitsschädlichen weißen Fabrikzucker aus Zuckerrohr.

Birnen- oder Apfeldicksaft/ Apfelkraut

Die Dicksäfte werden aus dem frisch gepressten Saft von Äpfeln oder Birnen durch mehrstündiges Einkochen gewonnen, meist in einem Verhältnis von 1:7 bis zu 1:30.

Bei Apfelkraut wird die Maische von gedünsteten und zerkleinerten Äpfeln abgepresst und im Vakuum bei niedrigen Temperaturen eingedickt. Durch den Herstellungsprozess gehen zwar die meisten Vitamine verloren, doch macht der hohe Mineralstoffgehalt Dicksaft und Apfelkraut zu einer gesünderen Alternative als Fabrikzucker, wenn sie sparsam verwendet werden. Das Gleiche gilt auch für Ahornsirup.

Ahornsirup

Ahornsirup besteht aus dem heruntergekochten Saft der Zucker-Ahornbäume Kanadas und Amerikas. Der Saft wird im Verhältnis von 1:40 eingedickt.

Zuckerrübensirup

Zuckerrübensirup ist der eingekochte Saft der Zuckerrübe, der noch weitgehend Vitamine und Mineralstoffe enthält. Der Ayurveda schätzt Zucker aus Zuckerrohr höher ein als Zucker aus Zuckerrüben. Aus diesem Grund verwenden wir Zuckerrübensirup nur äußerst selten.

Melasse

Melasse ist ein Abfallprodukt der industriellen Zuckerproduktion. Der dunkelbraune, zähflüssige, nicht auskristallisierte Rückstand enthält zwar noch einige Mineralstoffe (vor allem Eisen) und andere Spurenelemente, doch stellt Melasse wegen ihres Mangels an B-Vitaminen keinen »gesunden Ersatz« für Zucker dar. Aus diesen Gründen verwenden wir keine Melasse.

Malzextrakt

Malzextrakt ist der sirupartige Extrakt, der aus Gerste, Mais oder Reis gewonnen wird. Das Getreide wird einige Tage gekeimt, dann gedarrt, geschrotet und mit Wasser vermischt zu Maische verwandelt. Die Maische wird gefiltert und unter Vakuum zu einer sirupartigen Masse eingedickt. In den Rezepten verwenden wir keine Malzextrakte.

Vollzucker

Vollzucker ist keine Alternative zum Fabrikzucker, auch wenn er im Reformhaus erhältlich ist. Ähnlich wie »brauner Zucker« entsteht er bei der Zuckerraffinierung aus der Zuckerrübe, nur ist er nicht dem letzten Bearbeitungsschritt (Bleichen) unterzogen worden. Deshalb verwenden wir ihn nicht (siehe: *Die süßeste Versuchung,* S. 24).

Triebmittel

Triebmittel sollen den Teig von Backwaren lockern. Dies geschieht, indem sich im Teig während des Backvorgangs viele kleine Luftbläschen entwickeln. Einige der Triebmittel sind als natürlich zu bezeichnen, chemische sollte man sparsam oder gar nicht verwenden.
Doch nicht für alle Backwaren braucht man Triebmittel. Es gibt auch genügend Rezepte ganz ohne Triebmittel, z. B. Knäckebrot, Mineralwasserbrötchen, Essener Brot, Mürbteig, Kekse, Blätterteig, Strudelteig, Chapatis usw.

Kohlensäure

Bei der Zubereitung von Pfannkuchenteigen, Waffeln, Fladenbrot, Knäckebrot und Mineralwasserbrötchen kann man gut gekühltes Mineralwasser verwenden (frisch geöffnete Flasche). Die Kohlensäure wird bei der Wärmeentwicklung im Ofen frei und treibt etwas.

Einrühren von Luft

Auch das mechanische Einschlagen oder Einrühren von Luft bewirkt eine Teiglockerung. Jedoch ist dies nur bei flüssig weichen Teigen (wie Waffelteig oder Rühr- und Biskuitteigen) möglich. Dies ist der Grund, warum man die Butter schaumig schlägt.

Natron (= Natriumhydrogencarbonat; doppelt kohlensaures Natron oder Natriumbicarbonat)

Natron ist das Triebmittel, das in herkömmlichem, selbst gemachten und Weinstein-Backpulver enthalten ist. Allein und ohne andere Hilfsstoffe eignet es sich nur zum Backen von Flachgebäck (Waffeln, Kekse).
Natron spaltet zwar schon für sich allein beim Erhitzen Kohlendioxid ab, in hohen Gebäcken (Kuchen) bleibt es jedoch als alkalischer Rückstand mit einem laugigen Geschmack zurück. Deshalb wird Backpulver eine Säure bzw. sauer reagierende Verbindung zugesetzt, um diese Nachteile zu vermeiden. (Die Backmittelindustrie verwendet dafür – wie bereits erwähnt – saure Phosphate.)
Anstelle von Ascorbinsäure können Sie auch **frischen Zitronensaft** verwenden. (Auf 500 g Mehl benötigen Sie ca. 5 g Natron und etwa 2 – 3 EL Zitronensaft.)

Pottasche (Kaliumcarbonat)

Pottasche ist ein basisches Salz, das wassertreibend wirkt. Es eignet sich auch zum Backen, vor allem von Flach- und Kleingebäck wie Keksen, Lebkuchen usw. (Auf 500 g Mehl benötigen Sie 5 g Pottasche – vorher in etwas Flüssigkeit auflösen.)

Sauerteig

Sauerteig (bestehend aus Roggenmehl und Wasser) ist das älteste Brottriebmittel. Man nimmt ihn speziell zum Backen von Roggen- bzw. Mischbroten.
Natursauerteig können Sie leicht selbst herstellen bzw. im Naturkostladen oder Reformhaus kaufen.
Industrieller Fertigsauer wird heute in nahezu jeder Bäckerei verwendet (bis auf kleine und Vollkornbäckereien).
Beim Fertigsauer benötigt der Teig statt der klassischen 15 Stunden Sauerteigführung nur noch 30 Minuten.

Hefe

Hefepilze sind Kleinstlebewesen und werden im Labor auf zuckerhaltigen

Rohstoffen (Melasse) gezüchtet. Empfindliche Menschen reagieren auf Hefe mit Blähungen und anderen Vata-Störungen. Da Brot jedoch für viele ein nicht mehr wegzudenkender Bestandteil unserer westlichen Ernährung geworden ist, sollte man die Hefemengen, soweit es geht, reduzieren und Brot vor dem Verzehr toasten oder besser noch auf Sauerteigbrot umsteigen.
Die gesündeste Brotart sind jedoch indische Fladenbrote (Chapati), da sie immer frisch und ohne Triebmittel zubereitet werden.

Weinstein-Backpulver

Weinstein-Backpulver ist ebenfalls eine phosphatfreie Alternative zum herkömmlichen Backpulver. Als Säuerungsmittel enthält es Weinstein (= Kaliumhydrogentatrat), das sich bei der Weinherstellung in den Fässern ablagert. Es gibt Menschen, die aus verschiedenen Gründen Nahrungsmittel bzw. Zutaten meiden, die aus Alkohol bestehen oder mit ihm in Kontakt kamen. Aus diesem Grund ziehen wir in diesem Buch selbst gemachtes Backpulver dem Weinstein-Backpulver vor. Weinstein-Backpulver besteht aus Natriumhydrogencarbonat (Triebmittel), Weinstein (organisches Säuerungsmittel) und Maisstärke (Trennmittel).

Backpulver (herkömmliches)

Herkömmliches Backpulver enthält als Säuerungsmittel gesundheitsschädliche anorganische, saure Phosphate. Ebenso wie anorganische Phosphate (z. B. in Waschpulver) in der Natur schwer abbaubar sind, sind sie auch für den menschlichen Körper unlöslich und schwer abbaubar. Ein Teil der Phosphate wird über die Nieren ausgeschieden, der Rest jedoch lagert sich im Zwischenzellgewebe (Muskel-, Fettgewebe und Blutgefäßen) ab. Dadurch steigt das Krebsrisiko. Der Stoffwechsel von Calcium-Phosphor wird gestört, was sich bei Kindern in Konzentrationsstörungen und im Hyperaktivitätssyndrom (Zappelphillip) äußern kann. Außerdem erhöhen saure Phosphate die Allergiebereitschaft des Körpers und schwächen seine Abwehrkraft.
Die verschiedenen Phosphatsalze werden als Stabilisatoren und Emulgatoren in verschiedenen Industrie-Erzeugnissen und Fertigprodukten, wie Backpulver, Fischstäbchen, Cola- und Kakao-Fertiggetränken, und vor allem Wurstwaren und Schmelzkäse verwendet. Herkömmliches Backpulver besteht aus Natriumhydrogencarbonat (Triebmittel), sauren Phosphaten (Säuerungsmittel) und modifizierter Stärke (Trennmittel).

Tipp: Vermeiden Sie herkömmliches Backpulver, Fertignahrung und Speisen, die Phosphate enthalten! Stellen Sie am besten Ihr eigenes Backpulver zusammen.

Backpulver (selbst gemachtes)

Backpulver lässt sich auch ganz leicht selbst machen. Es hat nur den kleinen Nachteil, dass es länger aufbewahrt Klümpchen bildet. Dafür ist es aber immer schnell frisch hergestellt. Statt gesundheitsbedenklicher anorganischer Phosphate enthält es als Säuerungsmittel reines Vitamin-C-Pulver (Ascorbinsäure). Vitamin C erfüllt dabei nur den Zweck, den Laugengeschmack von Natron zu neutralisieren, seine Vitaminwirkung selbst geht bei den hohen Backtemperaturen verloren. Weitere Zutaten sind Natriumhydrogencarbonat, auch unter dem Begriff Natron bekannt, und Wildpfeilwurzelmehl oder Maisstärke als Trennmittel. Diese Zutaten sind im Naturkostladen, Supermarkt und/oder der Apotheke erhältlich (s. S. 40).

Hirschhornsalz

Ist eine Ammoniumverbindung mit salzartigem Charakter, die auch zum Backen (von Weihnachtsgebäck) verwendet wird. Hirschhornsalz fällt durch seinen starken Ammoniakgeruch unangenehm auf. Bei Hitzeeinwirkung zerfällt Hirschhornsalz in Kohlendioxyd, Wasser und stechend riechendes Ammoniakgas. Die Bestandteile verflüchtigen sich beim Backen weitgehend. Hirschhornsalz eignet sich nur für Flachgebäcke (Kekse, flache Lebkuchen, Amerikaner), da dicke Backwaren mit hoher Krumenfeuchtigkeit das entstehende Ammoniakgas zurückhalten. Sie weisen dadurch, besonders im frischen Zustand, einen scharfen Geruch und Geschmack auf.
(Für 500 g Mehl benötigen Sie 5 g Hirschhornsalz – vorher in etwas Flüssigkeit auflösen.)

Ei-Ersatz

Es gibt viele Möglichkeiten, Eier als Triebmittel auf gesunde Weise zu ersetzen (s. Ei-Ersatz S. 176).

Backferment

Backferment ist ein Back- und Triebmittel auf der Grundlage von Honig und Getreide, das in einem speziell entwickelten Verfahren von Hugo Erbe entwickelt wurde.
Da in Backferment erhitzter Honig enthalten ist, verwenden wir es nicht.

Literatur

Binder, Franz u. Wahler, Josef:
Das neue Handbuch der gesunden Ernährung
dtv

Bruker, Dr. med. M.O.:
Krank durch Zucker
Helfer Verlag E. Schwabe

Bhishagratna, Kunjalal:
Sushruta Samhita Vol. 1 – 3
Chaukhambha Sanskrit Series

Dash, Bhagavan:
Materia Medica of Ayurveda – Madanapala's Nighantu
B. Jain Publishers

Dash, Bhagavan u. Kashyap Lalitesh:
Materia Medica of Ayurveda – Todarananda Ayurveda Saukhyam Nr. 1
Concept Publishing Company

Devi, Yamuna:
Lord Krishna's Cuisine, The Art of Indian Vegetarian Cooking
Bala Books, Angus & Robertson Publishers

Frawley, David:
Das große Ayurveda Heilungsbuch
Knaur

Günther, Winfried:
Lebensbuch
Verlag Bruno Martin

Johari, Harish:
Dhanwantari
Rupa & Co

Lad, Vasant:
Das Ayurweda Heilbuch
Edition Schangrila

Lad, Vasant u. Frawley David:
Die Ayurweda Pflanzen-Heilkunde
Edition Schangrila

Morningstar, Amadea u. Desai, Urmila:
The Ayurvedic Cookbook
Motilal Banarsidass Publishers

Münzing-Ruef, Ingeborg:
Kursbuch gesunde Ernährung
Zabert Sandmann Verlag

Pahlow, Mannfried:
Das große Buch der Heilpflanzen
Gräfe und Unzer

Pollmer, Udo u. Kapfelsberger, Eva:
Iss und Stirb
Kiepenheuer und Wisch

Pollmer/Fock/Haug/Gonder:
Prost Mahlzeit – krank durch gesunde Ernährung
Kiepenheuer und Wisch

Ranade, Subash:
Ayurveda – Wesen und Methodik
Karl F. Haug Verlag

Sharma, Priyavrat:
Caraka-Samhita Vol. 1 – 4
Chaukhambha Orientalia

Skibbe, Petra:
Ayurveda-Handbuch für Frauen
pala-verlag

Skibbe, Petra u. Skibbe, Joachim:
Backen nach Ayurveda
Brot, Brötchen & Pikantes
pala-verlag

Skibbe, Petra u. Skibbe, Joachim:
Ayurveda – Die Kunst des Kochens
pala-verlag

Skibbe, Petra u. Skibbe, Joachim:
Ayurveda – Feiern und Genießen
pala-verlag

Svoboda, Dr. Robert E.:
Prakruti – Your Ayurvedic Constitution
Motilal Banarsidass Publishers

Willfort, Richard:
Gesundheit durch Heilkräuter
Rudolf Trauner Verlag

Bezugsquellen

Surabhi Natural Products
Moststraße 25a
93326 Abendsberg
www.surabhi.de

Govinda Natur GmbH
Feckweilerhaide 2
55765 Birkenfeld
www.govinda-versand.de

Sat Nam Versand
Ringstraße 98
64823 Groß-Umstadt
www.satnam.de

Indu-Versand
Turmstraße 7
35085 Ebsdorfergrund
www.indu-versand.de

Seva Akademie Ayurveda
Zweigstraße 10
80336 München
www.ayurveda-seva.de

Deutsche Sankirtan-Allianz e. V.
Hochwaldstraße 16
55767 Brücken
www.krishna-culture.de

Amla Natur Vertriebs GmbH
Schulstraße 38
21224 Rosengarten
www.bioayurveda.de

Handelskontor Barg GmbH
Bornhöveder Landstraße 40
24601 Wankendorf
www.kamala-shop.de

Ayurveda-Versand, Wolfgang Kaiser
St. Ludwigstraße 27
41844 Wegberg
www.ayur-veda-versand.de/kaiser/

Arogyam
Im Göttinger Bogen 34
36179 Bebra
www.ayurvedaprodukte-arogyam.de

Schweiz:
Govinda Veda Kultur
Berikonerstraße 63
8966 Oberwill
www.govinda-shop.ch

Österreich:
Govinda Kulturtreff
Lindengasse 2a
1070 Wien
www.govinda.at

Säurewecker, mikrobielles (nicht gentechnisch verändertes) Lab und anderes Zubehör zur Käseherstellung

Bunte Kuh, Käsereibedarf
Hinterdorfstraße 18
36154 Hosenfeld-Hainzell
www.kaesereibedarf.de

Käsereibedarf Corinna Leidinger
Beruser Str. 17
66798 Wallerfangen-Ittersdorf
www.kaesereibedarf-leidinger.com

Petra Skibbe

Petra Skibbe, Jahrgang 1965.
Petra Skibbe lebt und arbeitet heute als selbstständige Physiotherapeutin in Nürnberg. Schon immer hat sie einen ganzheitlichen Heilansatz und holistische Heilmethoden (Shiatsu oder Fußreflexzonen-Massage) in ihre Arbeit integriert.
Als sie vor mehr als 20 Jahren die Ayurveda-Heilkunde und -Ernährung kennenlernte, war sie besonders fasziniert von dem sowohl individuellen, typgerechten als auch ganzheitlichen und philosophischen Ansatz dieser Heilmethode.
Der Schwerpunkt ihres Interesses liegt darin, die universellen Prinzipien des Ayurveda vor allem in Bezug auf Ernährung und Lebensstil in unseren Kulturkreis zu übersetzen, um so die Bedeutung der persönlichen Gesundheitsvorsorge zu betonen. Petra Skibbe studierte intensiv verschiedene Aspekte des Ayurveda, besonders die Bereiche der Ayurveda-Ernährung, die physiotherapeutischen Behandlungstechniken und Massagen, aber auch die altindische Philosophie und Kultur, zu einem großen Teil auch in langjährigen Aufenthalten im Ursprungsland Indien.
Neben ihrer beruflichen Tätigkeit gibt sie ihr Wissen in ayurvedischen Ernährungsberatungen, Vorträgen, Seminaren und Workshops weiter.

Joachim Skibbe

Joachim Skibbe, Jahrgang 1958. In seiner Naturheilpraxis behandelt Joachim Skibbe nach dem Prinzip, dass Körper, Geist und Seele eine Einheit sind und körperliche Beschwerden nur unter Berücksichtigung der individuellen Konstitution und Persönlichkeitsmerkmale erfolgreich therapiert werden können.

Nach eingehender Beschäftigung mit klassischer Homöopathie, Bachblütentherapie, Fußreflexzonen-Massage und Shiatsu traf er vor 25 Jahren auf den Ayurveda. Beim Ayurveda faszinierte ihn besonders die Einbeziehung einer individuellen, typgerechten Ernährung in die Heilkunde.
Joachim Skibbe studierte intensiv verschiedene Aspekte der Ayurveda-Medizin, insbesondere die Bereiche der Ayurveda-Ernährung und der Ayurveda-Lebenskunde, ebenso wie altindische Philosophie und Kultur, zu einem großen Teil auch in langjährigen Aufenthalten im Ursprungsland Indien.
Joachim Skibbe lebt mit seiner Familie in der Nähe von Mainz, wo er auch praktiziert.
Neben seiner beruflichen Tätigkeit bietet Joachim Skibbe auch Vorträge, Seminare und Workshops an. Aktuelle Angebote sind auf seiner Website zu ersehen: www.naturheilpraxis-skibbe.de

Im pala-verlag sind von Petra Skibbe und Joachim Skibbe außerdem erschienen:

- *Ayurveda – Die Kunst des Kochens*
- *Backen nach Ayurveda – Brot, Brötchen & Pikantes*
- *Ayurveda-Handbuch für Frauen – typgerecht essen, rundum wohl fühlen*
- *Ayurveda – Feiern und Genießen*
- *Köstliche Kürbis-Küche*
- *Toskana – vegetarisch genießen*

Rezeptindex

pala verlag

Print CO_2 geprüft

Wir engagieren uns noch stärker für den Klimaschutz!

Seit mehr als 15 Jahren drucken wir unsere Bücher weitestgehend auf Recyclingpapier und versuchen damit, eine ressourcenschonende und umweltfreundliche Buchproduktion zu ermöglichen.

In den letzten Jahren ist der Klimawandel mit seinen weitreichenden Folgen für uns und vor allem unsere nachfolgenden Generationen immer mehr zum Thema geworden. Die Auswirkungen sind bereits jetzt spürbar – Wetterextreme, sich verschiebende Jahreszeiten, Erderwärmung. Auch wenn diese Entwicklungen nicht mehr völlig aufzuhalten sind, müssen wir – auch als Verlag – aktiv werden.

Die *freiburger graphische betriebe*, die Druckerei, in der unsere Bücher produziert werden, beteiligen sich an der Klimainitiative der Druck- und Medienverbände Deutschland und bieten die Möglichkeit, Buchproduktionen klimaneutral herstellen zu lassen. »Klimaneutral« bedeutet den Ausgleich von Treibhausgasen bzw. die Neutralisation durch die Einsparung einer bestimmten CO_2-Menge an anderer Stelle. Da die Wirkungen des Treibhauseffektes global schädigen, ist es irrelevant, an welchem Ort der Welt Emissionen entstehen und wo sie dann letztendlich eingespart werden. Der gesamte Prozess des Ausgleiches von Treibhausgasen basiert auf dem Kyoto-Protokoll von 1997.

Wir haben nun die Möglichkeit, für jedes Druckprodukt den genauen Wert des CO_2-Ausstoßes, der auf den Produktionsprozess in der Druckerei und deren Materialeinsatz zurückzuführen ist, zu ermitteln. Mit Hilfe eines vom Bundesverband der deutschen Druckindustrie entwickelten Rechners, mit dem viele Faktoren erfasst werden – Energieverbrauch, Farbe, Papier, Transportwege oder Einsatz von Personal – wird am Ende der Buchproduktion ein Wert ermittelt, der die relevante Wertschöpfungskette für die technische Herstellung des Buchs umfasst und den durch die Produktion verursachten CO_2-Ausstoß nachweist.

Für diesen Wert bezahlen wir als Verlag einen Ausgleich, der dann in anerkannte und zertifizierte Klimaschutzprojekte fließt. Die Zertifizierung erfolgt durch die Organisation *firstclimate* (www.firstclimate.com) und wird durch das Logo »Print CO_2« angezeigt.

Die aus dem Druck dieses Buchs resultierende Klimaabgabe fließt in ein Windparkprojekt in der Marmara-Region in der Türkei.

Das Projektgebiet liegt in der Marmara-Region an einem Höhenrücken etwa 350 m über Meereshöhe, nahe der Dörfer Elbasan und Catalca unweit Istanbuls. Im Rahmen des Projekts werden 20 Windenergieanlagen mit einer Nennleistung von je 3 MW errichtet.

Andere Bücher von Petra und Joachim Skibbe

Petra Skibbe und Joachim Skibbe:
Ayurveda
– Die Kunst des Kochens
ISBN: 978-3-89566-252-2

Petra Skibbe:
Ayurveda-Handbuch für Frauen
ISBN: 978-3-89566-176-1

Petra Skibbe und Joachim Skibbe:
Ayurveda – Feiern und Genießen
ISBN: 978-3-89566-187-7

Petra Skibbe und Joachim Skibbe:
Köstliche Kürbis-Küche
ISBN: 978-3-89566-150-8

Andere Bücher aus dem pala-verlag

Martina Kobs-Metzger:
Ayurvedaküche – leicht und schnell
ISBN: 978-3-89566-209-6

Yashoda Aithal:
Vegetarisch kochen – indisch
ISBN: 978-3-89566-153-2

S. Dourali und S. Durali-Müller:
Vegetarisch kochen – persisch
ISBN: 978-3-89566-233-1

Kerstin Lautenbach-Hsu:
Vegetarisch kochen – chinesisch
ISBN: 978-3-89566-259-1

Vegane Köstlichkeiten

Suzanne Barkawitz:
Vegan genießen
ISBN: 978-3-89566-266-9

Angelika Eckstein:
Vegan backen
ISBN: 978-3-89566-239-3

Heike Kügler-Anger:
Cucina vegana
ISBN: 978-3-89566-247-8

Heike Kügler-Anger:
Vegan unterwegs
ISBN: 978-3-89566-264-5

Gesamtverzeichnis bei:
pala-verlag • Postfach 11 11 22 • 64226 Darmstadt
www.pala-verlag.de • E-Mail: info@pala-verlag.de

5. korrigierte und überarbeitete Auflage 2009
ISBN: 978-3-89566-178-5
pala-verlag, Rheinstr. 35, 64283 Darmstadt
www.pala-verlag.de
Lektorat: Bettina Snowdon
Textillustrationen: Regina Heinelt
Titelillustration: Margret Schneevoigt
Tipp-Kastenzeichnungen: Sabine Hoff
Druck: freiburger graphische betriebe
www.fgb.de
Printed in Germany

Dieses Buch (Innenteil und Umschlag) ist auf Papier aus
100 % Recyclingmaterial gedruckt und klimaneutral produziert.

Print CO_2 geprüft